모든 사람을 위한 **요한계시록**

IVP(InterVarsity Press)는
캠퍼스와 세상 속의 하나님 나라 운동을 지향하는
IVF(InterVarsity Christian Fellowship)의 출판부로
생각하는 그리스도인을 위한 문서 운동을 실천합니다.

Copyright ⓒ 2011 Nicholas Thomas Wright
Originally published in English under the title
Revelation for Everyone published by SPCK
36 Causton Street, London SW1P 4ST, England.
All rights reserved.

This Korean edition is published by arrangement of SPCK
through rMaeng2, Seoul, Republic of Korea.

This Korean edition copyright ⓒ 2015, 2019 by Korea InterVarsity Press
156-10 Donggyo-Ro, Mapo-Gu, Seoul 04031, Republic of Korea.

이 한국어판의 저작권은 알맹2 에이전시를 통하여
SPCK와 독점 계약한 IVP에 있습니다.
신 저작권법에 의하여 한국 내에서 보호받는 저작물이므로
무단 전재와 무단 복제를 금합니다.

톰 라이트

모든 사람을 위한
요한계시록

이철민 옮김

차례

한국어판 서문 9
서론 11
지도: 아시아의 일곱 교회 15

계 1:1-8　보라! 그분이 오신다!　17
계 1:9-20　예수께서 나타나셨습니다　23
계 2:1-7　에베소에 보내는 편지　29
계 2:8-11　서머나에 보내는 편지　34
계 2:12-17　버가모에 보내는 편지　40
계 2:18-29　두아디라에 보내는 편지　46
계 3:1-6　사데에 보내는 편지　51
계 3:7-13　빌라델비아에 보내는 편지　56
계 3:14-22　라오디게아에 보내는 편지　61
계 4:1-6상　왕의 알현실에서　68
계 4:6하-11　창조주께 드리는 찬양　74
계 5:1-7　사자와 어린 양　79
계 5:8-14　어린 양은 합당하시다!　85
계 6:1-8　네 명의 기사　91
계 6:9-17　그날이 다가옵니다!　97
계 7:1-8　도장을 받은 하나님의 백성　102
계 7:9-17　큰 구원　107
계 8:1-5　금 향로　112
계 8:6-13　재앙의 시작　117
계 9:1-12　메뚜기의 공격　122
계 9:13-21　불타는 기수　126

계 10:1-11 작은 두루마리 132
계 11:1-14 두 증인 137
계 11:15-19 승리의 노래 143
계 12:1-6 여자와 용 149
계 12:7-18 성난 용 154
계 13:1-10 첫 번째 괴물 158
계 13:11-18 두 번째 괴물 164
계 14:1-5 어린 양의 정예군 170
계 14:6-13 인내하라는 요청 175
계 14:14-20 곡식 수확 181
계 15:1-8 마지막 재앙의 준비 186
계 16:1-9 처음 네 재앙 192
계 16:10-21 마지막 세 재앙 197
계 17:1-8 큰 도성 바빌론 203
계 17:9-18 괴물과 매춘부 209
계 18:1-8 바빌론의 재앙 214
계 18:9-24 바빌론의 심판 219
계 19:1-10 하나님의 승리 225
계 19:11-21 괴물의 패배 231
계 20:1-6 천 년간의 통치 236
계 20:7-15 최후의 심판 244
계 21:1-5 새 하늘과 새 땅 250
계 21:6-21 새 예루살렘 255
계 21:22-22:7 하나님과 어린 양이 거기 계십니다 262
계 22:8-21 "내가 곧 간다!" 269

용어 풀이 277

리버와 레베카에게
하나님의 새 피조물이 된 것을 축하하며

한국어판 서문

이제 이 시리즈가 한국어로도 출판된다니 참으로 기쁘다. 이 시리즈 집필을 시작하면서 내가 기도한 소망이 있다. 바로 세계 곳곳에서 여러 사람들이 이 시리즈의 도움으로 성경 읽기를 즐기고 유익을 얻는 일이다. 이제 그러한 소망과 기도가 실현되었으니, 하나님을 찬양할 뿐이다.

유럽 곳곳에서는 교회 수가 줄어드는 것처럼 보이는 반면, 지난 수십 년간 한국 교회가 성장하는 모습을 보면 매우 흥미진진하다. 수적으로 증가하다 보면, 어떻게 하면 새로운 신자들이 신앙을 배우고 온전한 그리스도인의 성숙에 이를 수 있는가 하는 문제가 언제나 새로운 도전으로 다가온다. 이를 위해서는 일반 회중이 스스로 성경을 읽고 연구하고 성경으로 기도하는 것이 아주 중요하다. 이것이 바로 이 시리즈가 이루고자 하는 목표다.

따라서 한국의 친구들에게 말하고자 한다. 여러분이 이 시리즈를 사용하여 신약을 읽을 때 나는 여러분을 위해 기도할 것이다. 여러분은, 사람들로 하여금 기독교 신앙이 낡아빠졌고 현실 적합성이 없다고 생각하게 하는 많은 세력과 세속주의에 맞서 분투하는 우리 서구인들을 위해 기도해 주면 감사하겠다. 다가오는 세대에 여러분과 나는 물론 전 세계의 형제자매들은 하나님과 성경, 서로에게서 점점 더 많은 것을 배워 이 세상에서 하나님을 섬김으로써 하나님의 이름과 나라를 알릴 기회를 맞았다. 우리가 이 기회를 지혜롭고 훌륭하게 사용할 수 있기를 기도한다. 또한 이러한 큰 과제를 수행하는 데 이 시리즈가 작은 몫이나마 감당할 수 있기를 기도한다.

그리스도 안에서 한국 독자들을 축복하며 따스한 마음을 전한다.

톰 라이트

서론

예수님을 전하려고 처음으로 공개석상에 선 그는 아주 분명하게 말했다. "이 메시지는 **모든 사람**을 위한 것"이라고.

그날은 위대한 날로서, 교회의 탄생일로 불리기도 했다. 하나님의 영이 큰 바람이 되어 예수님의 제자들을 휩쓸고 지나가자, 그들은 새로운 기쁨으로 충만하여 하나님의 임재와 권능을 깊이 의식하게 되었다. 그들의 지도자 베드로는 제 발로 일어서서, 세상을 영원히 바꾼 중요한 일이 일어났다고 많은 군중에게 설명했다. 불과 몇 주 전만 해도, 거짓말하고 저주하며 예수님을 안다는 사실조차 부인하고서 어린애처럼 목 놓아 울던 그가 아니었던가. 바로 그런 베드로를 위해 하나님이 하셨던 일을, 이제 베드로가 온 세상을 위해 시작했다. 새로운 삶과 용서, 새로운 희망과 권능이 오랜 겨울이 지난 후 봄꽃처럼 피어나고 있었다. 살아 계신 하나님이 세상에서 새 일을 행하실 새 시대가 이미 시작되었다. 새 시대는 바로 그때 그곳에서부터 하나님께 귀 기울이는 사람들과 함께 시작되었다. 베드로는 "이 약속은 **여러분**과 여러분의 자녀와 멀리 있는 모든 사람"을 위한 것이라고 말했다(행 2:39). 이 약속은 단지 당신 옆에 있는 사람만이 아니라 **모든 사람**을 위한 것이다.

이 약속은 놀라우리만치 순식간에 실현되었다. 갓 태어난 운동임에도 불구하고 당시에 알려진 세계 곳곳으로 널리 확산되었을 정도였다. 모든 사람을 위한 약속이 성취된 방법 가운데 하나는 바로 초기 기독교 지도자들의 저술을 통해서였다. 이 짧은 글들(대개 편지와 예수님에 대한 이야기)이 널리 회람되었고, 사람들은 열심히 읽었다. 그 저술들은 결코 종교적·지적 엘리트를 위한 것이 아니라, 애초부터 모든 사람을 위한 것이었다.

이는 오늘날도 마찬가지다. 물론, 일부 사람들이 시간과 노력을 기울여, 역사적 증거와 원어(초기 그리스도인들은 그리스어로 썼다)의 의미, 여러 저자가 하나님과 예수님과 세계와 그들 자신에 대해 말한 내용을 연구하는 것은 중요하다. 이 시리즈 역시 그러한 연구 작업에 밀접하게 기초한다. 그러나 이 시리즈의 주안점은 모든 사람, 특히 책을 읽으면서 통상 각주와 그리스어를 거들떠보지 않을 사람들도 핵심 메시지를 이해할 수 있어야 한다는 것이다. 이 시리즈는 그런 사람들을 위한 것이다. 책 뒤에 '용어 풀이'를 실은 것도 그런 이유에서다. 이 용어 풀이에는 반드시 의미를 알고 넘어가야 할 핵심 단어들을 수록하고, 그 의미에 간략한 해설을 달았다. 본문에서 별표(*)를 붙인 단어가 나올 때 '용어 풀이'를 참고하면 관련된 사항을 알 수 있을 것이다.

오늘날 다양한 신약 번역본이 나와 있지만, 이 시리즈에서는 일반 독자들을 염두에 두고 필자의 사역(私譯)을 사용했다. 이는 더 공식적이고 때로는 지루하기까지 한 일부 표준 번역본의 어조를 반드시 이해할 필요까지는 없는 독자들을 위한 것이다. 물론 최대한 원어에 가깝도록 최선의 노력을 기울였다. 다만, 나의 주된 목표는 말씀이 일부 사람들만이 아니라 모든 사람이 읽고 이해할 수 있도록 하는 것이다.

오늘날 많은 사람들이 신약성경에서 요한계시록을 가장 어려운 책이라고 여긴다. [게다가 계시록은 복수(Revelations)가 아니라 단수(Revelation)인데, 이걸 아는 사람도 드물다!] 요한계시록은 생소하고 충격적이며, 가끔은 기괴하고 폭력적인 이미지로 가득하다. 복잡한 상상 이미지로 가득 찬, 영리하게 만들어진 영화와 DVD가 범람하는 세상에서 우리는 요한계시록을 땅 짚고 헤엄치듯 쉽게 이해할 수 있다고 생각할지 모른다. 그러나 현실은 그렇지 않은 것 같다. 그 결과 복음서와 사도행전 및 바울에게 아주 친숙한 사람들도 계시록 주위를 살얼음판처럼 걸으며 자신과는 잘 맞지 않는다고 느낀다. 그런데 실은 잘 맞는다! 이 책은 사실 온 창조 세계를 향한 하나님의 궁극 목적에 대해, 특히 우상숭배적이고 독재적인 정치 체제 속에서 수천 가지 방법으로 활동하는 강력한 악의 세력이 메시아 예수님의 승리를 통해, 또 그 결과 그분의 제자들이 얻은 값진 승리를 통해 전복될 수 있고 전복되고 있다는 가장 예리하고 선명한 비전을 제시한다. 오늘 우리가 살고 있는 세계는 이 책이 쓰인 1세기 세계보다 더 단순하지도 않고 안전하지도 않다. 또 우리가 폭력과 증오, 회의로 가득한 세상에 하나님의 사랑을 보여 주는 신실한 증인이 되려고 애쓸 때, 우리는 당연히 요한의 영광스러운 그림을 우리의 마음과 생각에 받아들여야 한다. 하여 모든 사람을 위한 요한계시록을 여기에 내어놓는다!

일러두기
- 이 책에 나오는 성경 본문으로는 저자의 사역(私譯)을 우리말로 옮긴 『하나님 나라 신약성경』을 사용하였다. 국내의 다른 역본을 사용한 경우에는 괄호 안에 별도로 표기하였다.
- 본문 중 앞에 별표(*)가 붙은 단어는 책 뒤의 용어 풀이에 저자의 설명이 나와 있다.
- 본문에서 '요한계시록'을 '계시록'으로 축약해 썼다.

아시아의 일곱 교회

요한계시록 1:1-8

보라! 그분이 오신다!

¹메시아 예수의 계시입니다! 하나님께서 이 계시를 그분에게 주셔서, 곧 일어나야 할 일을 그분의 종들에게 보이게 하셨습니다. 그분은 천사를 통해 자기 종 요한에게 메시지를 보내 그것을 알려 주셨습니다. ²요한은 자기가 본 모든 것을 전달하여 하나님의 말씀과 메시아 예수의 증언을 증거했습니다. ³이 예언의 말씀을 읽는 사람과, 그 말씀을 듣고 거기 기록된 것을 지키는 사람들에게 하나님의 복이 있을 것입니다. 알다시피, 그때가 가깝습니다!

⁴요한이 아시아의 일곱 교회에게 씁니다. 지금 계시고 전에 계셨고 앞으로 오실 분으로부터, 그분의 보좌 앞에 있는 일곱 영들로부터, ⁵그리고 신실한 증인이요 죽은 사람들의 첫 열매요 또 지상의 왕들의 통치자인 메시아 예수로부터, 은혜와 평화가 여러분에게 있기를 빕니다. 우리를 사랑하셔서 자기 피로 우리를 죄에서 해방시키셨고, ⁶또 우리를 나라, 곧 그분의 하나님과 아버지의 제사장으로 삼으신 분에게 영광이 있기를 빕니다. 영광과 권세가 그분에게 영원무궁하기를 빕니다. 아멘.

⁷보십시오! 그분이 구름을 타고 오시고, 모든 눈이 그분을 볼 것입니다. 그렇습니다, 그분을 찔렀던 자들도 볼 것입니다. 땅의 모든 족속들이 그분 때문에 슬퍼할 것입니다. 그렇습니다! 아멘.

⁸"나는 알파요 오메가다." 지금 계시고 전에 계셨고 앞으로 오실 분이신 전능자 주 하나님께서 말씀하십니다.

강당 조명이 꺼지자 들뜬 청중들의 웅성대던 수다도 금방 수그러들었다. 극장 안은 이내 칠흑같이 어두워졌다. 그때 처음에는 부드럽고 신비롭게 시작된 음악이 이내 점차 커지고 풍성해져 한껏 고조되었다. 음악이 절정에 다다르자마자 커튼이 단숨에 걷혔고, 갑자기 쏟아지는 불빛과 함께 우리 앞에 펼쳐진 광경에 모두 숨을 죽였다.

무대가 휘황찬란하게 장식되어 청중들은 마치 한쪽 면이 진열대로 사용되는 커다란 방 안에 있는 것 같은 인상을 받았다. 거의 동시에 배우들이 객석의 비밀 장소에서 등장하기 시작했고, 그들이 무대로 올라가는 동안 배우들의 목소리가 마치 관객들 사이에서 나오는 것 같았다. 그리고 성 안의 커다란 방처럼 꾸며진 무대에는 이미 사람과 동물들로 가득했다. 기대감이 흘렀다. 분명 무언가 중요한 일이 일어나려고 한다….

이 연극이 무엇인지는 여러분의 상상에 맡겨 두겠다. 하지만 가장 경이롭고 난해한 이 성경 책 계시록의 출발점에서 지금 우리에게 중요한 과제는 '**계시**'(revelation)의 개념 자체를 이해하는 것이다. 이 단어가 이 책의 제목[복수형(revelations)이 아니라는 사실에 주의하라]으로 사용된 것은, 원래의 단어 '묵시'(Apocalypse)가 성경이 영어로 번역되던 초기에 알려지지 않았던 데서 부분적으로 기인한다. 물론 이제 '묵시'와 그 사촌 '묵시적'(apocalyptic)이란 단어는 영어에서 널리 사용된다. 아니 어쩌면 너무 많이 알려졌다. 그 결과 이 단어는 이전에 숨겨져 있던 진리의 갑작스런 계시를 가리키기보다 '묵시적' 사건, 다시 말해 자연재해(지진, 화산폭발, 쓰나미)나 천인공노할 인간의 행위 같은 폭력적이고 혼란스런 사건을 더 많이 가리키게 되었다. 그런 의미에서 2001년 9월 11일의 일은 '묵시적' 사건이었다.

그러나 이는 계시록에서 '계시' 혹은 '묵시'가 담고 있는 의미가 전혀 아니다. 이 책의 저자 요한—그는 종종 '예견자 요한'(John the Seer) 혹은 '성 요한'(John the Divine)이라 불리고, 종종 복음서와 서신을 기록한 요한과 (잘못일 수도 있지만) 동일 인물로 간주된다—은 그 당시 유대인 세계에서 잘 알려진 저술 방식을 채택한다. 이런 저술 방식은 하나님의 목적에 대한 질문을 안고 분투하던 거룩한 기도의 사람들이 본 환상과 '계시'에 응답하고, 그것을 활용하기 위한 것이었다. 극장의 청중들처럼 그들과 나머지 하나님의 백성들은 자신들이 어둠 속에 있다고 느꼈다. 옛 성경 구절을 연구하고 기도하는 동안 그들은 무슨 일이 일어날 것처럼 음악이 점차 커지고 있다고 믿었지만, 그게 무엇인지는 누구도 깊이 확신하지 못했다. 그런데 그때, 첫 공연을 보러 와 관객들만 있는 극장에 들어선 어떤 사람처럼, '예견자'—이 단어에는 다른 사람들이 보지 못하는 것을 '보는 사람'이라는 현실이 반영되었다—는 갑자기 커튼이 올라가는 것을 깨닫는다. 갑자기 '예견자'는 진행 중인 하나님의 드라마 속 장면을 목격하게 된다. 그리고 그 장면의 일부가 되도록 초대받는다.

'계시'라는 개념과 책 이름 '계시록'은, 하나님의 존재와 활동 영역(*'하늘')과 우리의 영역('땅')이 결국 거대한 심연을 사이에 두고 나뉘어 있지 않다는 유서 깊은 유대교의 신앙에 근거한다. 이 두 영역은 온갖 방법으로 서로 만나고 어우러지고 스며든다. 고대 유대인들에게 이 일이 일어났던 장소는 단연 예루살렘 *성전이었다. 연극이 진행되는 동안 이는 하찮은 부분이 아니다. 대부분의 사람들은 이것을 보지 못한 채 그저 땅 쪽에서 이루어지는 이야기만 바라본다. 어떤 사람들은 *삶에 그 이상의 무언가가 있다고 인식은 하지만 그게 무엇인지는 전혀 확신하지 못한다. 고대 유대인들은 엄청난 노력을 기울여야 하는 경우가 많았음에도 불구하고 이야기의 양쪽 모두를 보려고 애썼다.

초기 그리스도인들은 나사렛 예수가 하늘과 땅이 한 인격 안에서 만나는 장소가 되었다고 믿었다. 그분을 바라보면서, 특히 그분의 죽음과 *부활을 묵상하면서 그들은 자기들이 하나님의 세계를 제대로 파악할 수 있다고 믿었다. 그래서 그들은 이전에 누구도 상상하지 못했던 그분의 목적을 이해할 수 있었다.

하지만 거기에 머물지 않았다. 초기 기독교 운동이 성장하며 탄력이 더해지자 추가 질문들이 등장했다. 하나님은 지금 무엇을 하고 계신가? 지중해 세계 주변에 흩어진 작은 교회들을 향한 하나님의 계획은 무엇인가? 이 모든 것은 어디로 가고 있는가?

무엇보다 왜 하나님은 예수님의 제자들이 박해를 받도록 허용하시는가? 당시 가장 급속하게 성장하던 '종교'였던 소위 로마 황제 카이사르 숭배에 맞닥뜨렸을 때, 그들은 어떤 노선을 취해야 하는가? 저항해야 하는가?

요한이 근거지로 삼았다고 보이는 고대 터키에는 몇 개의 기독교 그룹이 있었을 것이다. 그들은 대부분은 가난해서 서로의 가정에서 만났을 것이다. 이와 대조적으로 사람들은 여러 도시에 황제와 그의 가문을 위해 거대하고 사치스런 신전을 건축해 자신들이 얼마나 충성스러운지 로마에 과시하는 데 열을 냈다. 이에 대해 예수님은 무슨 말씀을 하실 것인가? 결국 그리스도인들은 자타가 공인하는 '세상의 군주'가 아니라 십자가에 달려 죽은 한 유대인을 뒤따르며 시간을 허비하고 있는 것인가?

계시록은 이 질문에 '아니다'라고 말하기 위해, 덧붙여 그 이상을 말하기 위해 쓰였고, 그 중심에 새로운 "*메시아 예수의 계시"가 있다(1절). 머리와 마음속에 온통 이스라엘의 성경으로 가득했던 요한은 기도하던 중 한 어느 순간 커튼이 올라가는 것을 발견했다. 그는 예수님과 직접 얼굴을 맞대고 있었다.

우리는 다음 본문에서 그 내용을 다룰 것이다. 그러나 이 본문, 계시록의 서론을 시작하는 서두에서 우리는 이미 이 책이 어떤 종류의 책이고, 또 어떻게 읽어야 하는지에 대해 다섯 가지 중요한 내용을 배운다. (하나님이 커튼을 올려 주셔서, 우리가 상상했던 것보다 많은 것을 엿볼 마음의 준비를 하고 세밀한 기도 및 묵상과 함께 우리가 이 책을 읽어야 한다는 건 두말할 필요도 없다.)

먼저 이 책은 네 단계의 **계시**다. 이 책에서 하나님은 어떤 내용을 예수님께 직접 계시했고(1절), 그것을 예수님이 한 천사를 거치고 다시 한 종 요한을 통해 '자기 종들'에게 전달하신다. 하나님-예수님-천사-요한-교회들. 이 흐름은 계시록이 전개되면서 흐려지지만, 기본 틀은 계속 남는다.

둘째, 이 책은 확장된 **편지**의 형태를 취한다. 2장과 3장에는 터키 서쪽의 일곱 교회들에게 보내는 개별 편지가 있다. 그러나 이 책 전체는 모든 교회에게 자신이 본 것을 전해 주는 요한의 편지다.

셋째, 이 책은 **예언**이다(3절). 고대 이스라엘의 여러 예언자처럼, 요한은 이전 시대의 성경 전승을 자유롭게 인용한다. 이 전승은 그 자체로 하나님과 그분의 뜻에 대한 계시였다. 이 전승은 반복해서 새로운 형태로 참신하게 등장한다.

넷째, 이 책은 **증언**의 역할을 한다(2절). 여기서 우리는 익숙한 문제를 접한다. '증언'(witness)과 '증거'(testimony)를 가리키는 단어는 기본적으로 동일하고, 이 두 영어 단어 중 하나를 확정하고 다른 단어를 배제하기 어려워서 나는 둘 다 사용했다. 물론 우리는 이 두 단어를 볼 때마다 다음 두 가지 사실을 기억해야 한다.

(1) 이 두 단어는 대개 하나님이 거대한 하늘 법정을 궁극적으로 관할하신다는 의미를 담는다. 그 법정에서 예수님과 그분의 제자들이 내놓는 '증언'이 궁극적 심판과 평결의 열쇠다.
(2) 이 두 단어는 보통 헬라어 원어 '순교자'(martyr)가 영어에 부여한 의미를 담고 있다. 이 '증거'를 내놓는 사람들은 자신이 한 말로 인해 고난받으라는, 심지어 죽으라는 부름을 받을 수도 있다.

다섯째이자 단연 가장 중요한 내용은, 앞으로 있을 모든 일이 중심인물 예수님 자신에게서, 또 "지금 계시고 전에 계셨고 앞으로 오실" 아버지 하나님에게서 궁극적으로 유래한다(4, 8절)는 것이다. 이 짧은 서문에서도 요한은 하나님과 예수님에 대해, 또 하나님의 계획에 대해 자신이 믿는 바를 상당히 많이 드러내려고 한다. 하나님은 전능자, 시작과 끝[8절: 알파와 오메가는 헬라어 알파벳의 처음과 마지막 문자고, 이 호칭은 요한의 책의 처음과 마지막에 나온다(22:13을 보라)]이시다. 다른 '주'(lords)와 통치자가 비슷한 호칭을 주장하겠지만, 이런 호칭을 소유하신 분은 한 분이신 하나님밖에 없다.

또 예수님은 죽음과 부활을 통해 하나님의 목적을 성취하신 분이다. 자기 백성을 향한 예수님의 사랑, 자신의 *희생을 통해 이루신 그들의 자유, (단지 그들을 구출하는 게 아니라 예수님을 섬기는 중요한 사역에 그들을 두시려는) 그들을 향한 예수님의 목적, 이 모든 것이 여기 6절에서 짧게 언급된다. 특히 예수님은 곧 돌아와서 이 임무를 완수하시고, 하늘에서처럼 땅에도 자신의 통치권을 세우실 분이다.

예수님이 돌아오실 때가 언제인지 정확히 아는 사람은 1세기에 아무도 없었다. 오늘 우리도 계속 그 순간을 기다린다. 하지만 그리스도인의 삶, 또 실은 이 한 분이신 하나님에 대한 믿음은 그분이 정말 오셔서 마침내 만물을 바로잡으실 거라는 가정 위에서만 의미를 가진다.

우리는 좌석에 앉아 마음에서 다른 관심을 비우고 커튼이 올라가기를 기다린다.

요한계시록 1:9-20

예수께서 나타나셨습니다

⁹나 요한은 여러분의 형제이며, 예수 안에서 고난과 그 나라와 무진 인내에 여러분과 함께한 동역자로서, 하나님의 말씀과 예수의 증언 때문에 밧모라는 섬에 있었습니다. ¹⁰주의 날에 나는 영 안에서, 내 뒤에서 나팔 소리 같은 큰 음성을 들었습니다. ¹¹그 음성이 말했습니다. "네가 보는 것을 책에 적어, 일곱 교회 곧 에베소, 서머나, 버가모, 두아디라, 사데, 빌라델비아, 라오디게아에 보내라."

¹²그래서 나와 이야기를 나누는 그 음성을 확인하러 돌아섰습니다. 돌아서서 보니, 금 등잔대 일곱이 있는데, ¹³'인자 같은 분'이 긴 옷을 입고 가슴에 금띠를 두르고 등잔대들 한가운데 계셨습니

다. ¹⁴그분의 머리와 머리카락은 양털같이 눈같이 하얬습니다. 그분의 눈은 불꽃 같았고, ¹⁵그분의 발은 용광로에서 제련된 정교한 놋쇠 같았고, 그분의 음성은 많은 물소리 같았습니다. ¹⁶그분은 오른손에 일곱 별을 들고 계셨고, 예리한 양날 검이 그분의 입 밖으로 나왔습니다. 그분의 모습은 힘차게 빛나는 해 같았습니다. ¹⁷그분이 나를 보셨을 때, 나는 마치 죽은 것처럼 그분의 발치에 쓰러졌습니다.

그분은 오른손으로 나를 만지며 말씀하셨습니다. "두려워 마라. 나는 처음이요 마지막이고, ¹⁸살아 있는 존재다. 나는 죽은 적이 있지만, 보라! 나는 영원무궁히 살아 있다. 죽음과 하데스의 열쇠가 내게 있다. ¹⁹이제 네가 보는 것, 곧 이미 일어났던 일들과 이후에 벌어질 일들도 적어라. ²⁰네가 내 오른손에서 보았던 일곱 별의 숨은 뜻은 이렇다. 일곱 별은 일곱 교회의 천사들이고, 일곱 등잔대는 일곱 교회다."

몇 해 전 일식이 있었다. 이런 일은 아주 드물게 일어나고, 일식을 지켜보는 건 엄청난 경험이다. 하지만 태양이 달 뒤로 미끄러져 들어갔다가 반대편으로 나올 때 태양을 직접 바라보는 건 위험하다. 쌍안경이나 망원경을 통해 태양을 보면, 태양 에너지가 당신의 눈에 지울 수 없는 손상을 남길 수 있다. 실명을 초래할 수도 있다.

이런 특별한 현상에 대해 라디오와 텔레비전 방송 및 신문 보도에서는 사람들이 주의해야 할 사항에 대해 공개적으로 경고하며 특수한 검은 안경을 통해서만 태양을 바라봐야 한다고 말했다. 자연 현상에 대한 이해가 매우 부족했던 한 사람은 이 모든 상황이 못마땅했다. 그의 생각에 이것은 명백히 '보건과 복지'의 문제였다. 런던 「타임스」(Times)로 편지 한 통이 날아왔다. 이 사건이 그토록 위험하다면, 정부는 왜 애초에 이런 일을 허용하는가?

다행히 제아무리 권위주의적인 정부라도 아직까지는 태양과 달이 미치는 영향을 통제할 수 없다. 그러나 예수님의 환상에 대해 요한이 하는 말을 우리가 들을 때, 거침없이 내뿜는 태양빛의 위험은 숙고해 볼 만하다. 내가 이 글을 쓰는 동안, 방금 전 태양이 연한 구름 사이로 모습을 드러냈다. 그래도 나는 태양을 2초 이상 보지 못하고 얼굴을 돌릴 것이다. 따라서 요한이 찬란한 지중해 하늘을 염두에 두고 예수님에 대해 이런 식으로 말할 때(16절), 우리는 새로운 경외심을 품고 이 예수님에 대해 생각하는 법을 배워야 한다.

어떤 사람들에게 예수님은 단지 1세기의 공상이 만들어 낸 동떨어진 인물일 뿐이다. 오늘날의 일부 열성적 그리스도인들을 포함해 또 다른 사람들에게 예수님은, 우리와 친밀한 사랑의 인격적 관계를 맺을 수 있는 분이다. 요한은 두 번째 이야기에 동의하겠지만, 그는 따라서 예수님이 쉬운 인물, 단순히 우리에게 내적 행복감만 주는 분이라고는 상상하지 말라고 경고할 것이다. 예수님을 있는 그대로 볼 때, 우리는 그분을 끌어안지 못하고 마치 죽은 것처럼 그분의 발 앞에 엎드리게 될 것이다.

이 예수님 환상(12-16절)은 우리에게 요한의 저술 방식의 몇 가지 특징을 소개한다. 진기한 꿈을 전달하는 어떤 사람처럼, 요한이 말하는 내용은 대체로 상상하기가 어렵다. 초현실주의 그림이나 컴퓨터가 만들어 낸 일련의 변화무쌍한 그림을 보는 것과 비슷하다. 우선 요한은 나팔 소리 같은 음성을 들었을 때(10절), "그 음성을 확인하러 돌아섰습니다"라고 말한다. 어떤 의미에서 이 말은 정확하다. 그때 요한이 보고 있던 예수님은 사실 그 음성(The Voice), 아버지의 살아 있는 *말씀(Word), 그분을 통해 하나님이 말씀하셨고 지금도 말씀하시는 분이다. 또 예수님이 친히 하시는 말씀은 그분의 입에서 나와 눈에 보이는 칼로 변하는데(16절), 이는 오시는 왕(사 11:4)과 고난받는 종(사 49:2)에 관한 이사야 예언의 메아리다. 이 책의 엄청난 분량은 한편에서는 개념의 가시화, 그리고 다른 한편에서는 성경 구절의 실현과 관련이 있다. 사실 이것은 성경에 젖어 든 사람이 오랫동안 묵상하고 기도한 뒤에 꿈속에서 볼 수 있는 그런 것들이다.

특히 이 예수님 환상은 가장 유명한 성경의 환상 가운데 하나인 다니엘 7장의 두 인물 환상을 하나로 합친다. (*출애굽기, 이사야서, 에스겔서, 스가랴서와 더불어 다니엘서는 요한이 애호하는 책 중 하나다.) 거기서 하나님의 백성의 고난이 정점에 다다르면서 "옛적부터 계신 분"은 *하늘에서 자기 자리에 앉고, "*인자(다른 말로, 하나님의 백성과, 어떤 면에서 모든 인류를 대표하는 한 인간) 같은" 이가 그분 앞에 나타나 그분과 함께 보좌에 오른다. 이제 요한의 환상에서 이 두 그림이 융합되는 것 같다. 우리가 예수님을 바라볼 때, 우리는 그분을 통해 아버지를 직접 바라보는 것이라고 요한은 말한다.

이 그림의 세부 묘사를 하나씩 당신 마음에 담아 두라. 불꽃같은 눈이 당신의 안팎을 살피게 하라. 당신이 거대한 폭포 옆에 서 있는데, 그 소리가 천둥처럼 이어진다고 상상해 보라. 그리고 그 소리가 사람의 음성처럼 언덕 주위와 당신의 머리 주위에서 울린다고 상상해 보라. 그리고 그때 그분이 손을 뻗어 당신을 만지신다고 상상해 보라.

그렇다. 두려움은 당연한 반응이다. 하지만 여느 때처럼 여기서 예수님은 "두려워 마라"라고 말씀하신다. 괜찮다. 그렇다, 너는 고난을 겪고 있고, 네 백성들도 고난을 겪고 있다(9절). 그렇다, 거칠고 가혹한 통치자들이 세상을 관할하며 도시마다 자신들의 의지를 관철시키는 이상하고 힘겨운 시대다. 하지만 일곱 교회―일곱은 완전수고, 11절에 열거된 교회들은 따라서 모든 지역과 모든 시대에 있는 세상의 모든 교회를 대변한다―는 예수님이 그들 한가운데 서 계신다는 사실을, 그리고 교회들을 각각 대표하고 돌보는 '천사들'을 오른손에 붙들고 계신다는 사실을 알아야 한다.

그리고 중심인물 예수님은 자신이 "죽은 적이 있"고, 이제 "영원무궁히 살아 있다"는 사실을 자신의 신임장으로 갖고 계신다(18절). 그동안 우리가 갇혀 있던 지하 감방에서 탈출할 비밀 통로를 알고 있다고 속삭이는 사람처럼 예수님은 말씀하신다. "내가 열쇠를 가졌다! 죽음과 하데스의 열쇠, 그것을 내가 지금 여기 갖고 있다! 네가 걱정할 것은 더 이상 없다."

이 모든 것을 파악하기 위해서는 *믿음이 필요하다. 믿음을 따라 살려면 용기가 필요할 것이다. 그런데 이 책이 불러일으키려 하는 것이 바로 그 믿음이고 그 용기다.

이미 우리는 요한의 저술 방식에 대해, 또 독자들에게 자신의 말을 이해시키는 방식에 대해 제법 많이 배웠다. 꿈이나 환상을 설명하는 어떤 사람처럼, 그는 자신의 말이 인상과 그림에 가깝다는 사실을 분명히 알고 있다. 그의 말은 논리가 아니라 상상력에 호소한다. 우리 문화의 일부에서는 상상력이 형편없이 빈곤했고, 다른 부분에서는 과도하게 자극받았다. 그런데 이제 우리에게 상상해 보라고 요청한다. 만약 하늘과 땅 사이의 커튼이 갑자기 올라가고, 줄곧 거기 계셨지만 우리가 무시했거나 우리의 수준으로 축소시키려고 했던 그분이 나타나신다면 어떤 모습이겠는가? 대답은 이렇다. 감동적이고 엄청나게 강력한 동시에 온유하고 자상하신 예수님. 우리가 그분으로 인해 그분의 아버지, 창조주 하나님을 보는 예수님. 현재 진행되는 일을 설명하고, 미래에 일어날 일에 대해 경고하는 말씀을 전에도 하셨고 지금도 하시는 예수님(19절).

우리가 여기서 알 수 있듯이(9절), 요한은 남서부 터키 해변에서 약 56킬로미터 떨어진 밧모라는 섬에 있다. 요한은 "하나님의 말씀과 예수의 증언 때문에" 거기에 있다. 이것은 아마도 그의 두려움 없는 가르침에 대한 처벌로, 또 더 이상 어떤 영향력도 미치지 못하도록 그의 사역을 중단시키기 위해 당국자들이 그를 거기에 유배시켰다는 뜻이다. 결과는 정반대였다. 유배는 그에게 기도하고 묵상하고, 이제 가장 큰 파괴력을 지닌 하나님의 능력과 사랑의 환상을 받을 시간을 주었다. 그의 말에 의하면, 요한은 지금도 "예수 안에서 고난과 그 *나라와 무진 인내에" 함께하는 교회의 동역자다. 이것을 어색한 조합이라고 생각할지도 모르겠다. 어떻게 주권적 통치를 뜻하는 '나라'가 고난이나 참아 내는 인내와 동석할 수 있는가? 이것이 이 책의 전체 논점 중 하나다. 예수님이 고난을 통해 친히 승리하셨고, 그분의 백성들도 그래야 한다.

요한계시록 2:1-7

에베소에 보내는 편지

¹"이것을 에베소에 있는 교회의 천사에게 적어 보내라. '이것은 오른손에 일곱 별을 들고 계신 분, 그리고 일곱 금 등잔대 사이를 걸으시는 분의 말씀이다. ²나는 네가 무슨 일을 했는지와 너의 힘겨운 노고와 인내를 알고 있다. 나는 네가 악한 사람들을 용납하지 않았고, 또 스스로 사도인 양 행세하지만 그렇지 않은 사람들을 시험하여 그들이 엉터리임을 밝혀냈다는 사실도 알고 있다. ³너는 인내심을 갖고, 내 이름 때문에 대단히 많이 참았으며, 지치지 않았다. ⁴하지만 너를 꾸짖을 일이 하나 있다. 곧 너는 처음에 네가 보여준 사랑을 버렸다. ⁵그러므로 네가 어디에서 넘어졌는지 기억하여라. 회개하고, 네가 처음에 했던 일들을 하여라. 만약 그렇게 하지 않고 회개하지 않으면, 내가 가서 네 등잔대를 그 자리에서 치워 버릴 것이다. ⁶물론 흡족한 일도 네게 있다. 곧 네가 니골라당이 하는 일을 미워하는 것이다. 나도 그것을 미워한다. ⁷누구든 귀 있는 사람은 성령이 교회들에게 하시는 말씀에 귀 기울여라. 생명나무가 하나님의 낙원에 서 있고, 나는 누구든 이기는 사람에게 그 열매를 먹을 권한을 주겠다.'"

에베소를 처음 방문했을 때 나는 그곳의 크기와 규모에 압도당했다. 1세기 혹은 그 이전으로 거슬러 올라가는 거대한 건축물들이 지금도 서 있는데, 원형경기장 하나만으로도 숨을 앗아 간다. 거리와 가옥, 가게 등 그 시절의 삶을 보여 주는 아주 멋진 그림을 거기서 얻을 수 있다. 또 검투사의 무덤은 일부 시민들이 여가 시간을 어떻게 보냈는지 알려 준다. 아르테미스[Artemis, 로마 여신 디아나(Diana)를 가리키는 그리스 이름] 신전은 세계의 불가사의 중 하나인데, 로마인들이 로마시와 황제를 위해 그들의 정성을 다해 건축한 광대한 신전이다. 1세기 에베소시의 인구는 약 25만 명으로 추산된다. 에베소는 그 지방의 수도였고 서부 터키 전체에서 가장 중요한 도시였다.

요즘 에베소와 그 주변의 현대 마을과 동네에서 찾아볼 수 없는 한 가지가 바로 활발한 교회다. 물론 처음에는 이것이 이상해 보이지 않을 수 있다. 하지만 에베소는 초기 기독교의 주요 중심지 가운데 하나였고, 2세기 초까지 기독교 저술가들은 에베소를 기독교적 *믿음과 *삶, 증언의 훌륭한 본보기로 받들었다. 몇백 년 동안 에베소는 탁월한 지위를 차지했고, 5세기의 중요한 교회 공의회 중 하나가 에베소에서 열렸다(주후 431년). 고고학자들은 에베소시에서 교회 건물을 발견했는데, 그곳에서 공의회가 열렸을 것이다. 그러나 반복하지만 오늘날 그곳에는 활발한 교회가 하나도 없다. 만약 그곳에 그리스도인이 있다면, 그들은 몸을 숨기고 있을 것이다.

요한의 청중은 이런 일을 상상조차 할 수 없었을 것이다. 이는 마치 오늘날 대형 교회가 비거나 붕괴할 때, 새로운 기독교 *공동체(fellowship)가 부상해 그들의 위치를 대신하지 못하는 상황을 우리가 상상하기 어려운 것과 마찬가지다. 그러나 이런 황폐화, 그곳에 한때 활발한 기독교 증언이 있었지만 이제 더 이상 그렇지 않다는 의식이 바로 5절에서 예수님이 에베소 교회에게 경고하신 내용이다. "네가…회개하지 않으면, 내가 가서 네 등잔대를 그 자리에서 치워 버릴 것이다." 대부분의 다른 편지와 마찬가지로 이것은 심각한 경고다.

일곱 개의 편지—이것은 그중 첫 번째다—는 해당 교회에게, 또 그들을 통해 이미 그 지역에 있던 다른 여러 그리스도인 그룹에게 보내는 예리하고 통렬한 메시지다. 그리고 부활하신 주님이 하시는 말씀에 귀 기울일 수 있는 그때와 지금의 모든 사람들도 여기에 포함된다. 편지는 모두 동일한 패턴을 따르는데, 1장에 제시된 예수님에 관한 묘사의 여러 특징을 가리키는 단서로 시작된다. 그리고 이어서 잘해 온 일에 대해 교회를 칭찬하고(라오디게아에서만 칭찬이 전혀 없다), 그 뒤에 잘하지 못한 일에 대해 경고한다(서머나와 빌라델비아에서만 단점이 전혀 발견되지 않는다). 그 뒤 편지는 준엄한 경고와 약속으로 끝난다. 즉 *영께서 교회에게 말씀하고, 그리스도인들에게 '이기라'고 요청하고, 하나님이 마련해 두신 영광스런 미래의 어떤 측면을 그들에게 약속한다. 우리는 에베소의 그리스도인들만 생명나무의 열매를 먹을 권한을 약속받았거나 혹은 서머나의 그리스도인들만 두 번째 죽음을 피할 것으로 약속받았다는 식으로 생각하지 말아야 한다. 모든 약속과 경고는 모든 교회를 위한 것이다.

하지만 동시에 요한은 특수한 차이점을 깊이 인식하고 있다. 편지의 지역적 특색이 상당히 두드러지고, 에베소의 경우에는 한 가지 내용이 특별히 부각된다. 거대한 아르테미스 신전의 광대한 경내에는 아름다운 정원 중앙에 한 나무가 있어서, 신성한 사당 역할뿐만 아니라 피난 체제의 구심점으로도 사용되었다. 이 나무는 그 지역의 일부 동전에도 등장했다. 일정한 거리 안에서 찾아온 범죄자는 체포와 처벌에서 자유로울 수 있었다. 따라서 하나님 역시 '생명나무'가 그 중앙에 위치한 '낙원', 즉 아름다운 정원을 갖고 계신다는 약속으로 이 편지가 끝나는 것은 결코 우연이 아니다.

하지만 하나님의 '낙원'은 회개하지 않는 범죄자의 피난처가 결코 아니다. 그곳에서는 '회개하는 사람들'(5절)과 '이기는 사람들'(7절)이 나무의 열매를 먹고, 하나님께서 인간 피조물이 소유하기를 늘 바라셨지만 지금까지 죄로 인해 박탈당한 그 '생명'을 얻을 수 있는 권한을 지닌다. 결국 '생명나무'는 최초의 동산(garden)에 있었고(창 2:9; 3:22), 여러 차례 옮겨 심겨져 '전원 도시'(garden city) 새 예루살렘에 있을 것이다(계 22:2).

그러나 이런 설명은 편지 자체를 너무 앞질러 간다. 이 편지는 그 지역 내 황제 권력의 가장 뚜렷한 중심지인 에베소의 교회에게 예수님이 자기 손에 일곱 별들을 붙들고 계신 주권자이심을 상기시키며 시작된다. 또 예수님이 에베소의 그리스도인들을 바라보며 기뻐하신다. 그들은 열심히 일했고, 위협과 박해 아래서도 인내했고(3절), 정말로 주님을 따르는 이들과 그렇지 않은 이들 사이에 분명한 선을 그었다(2절). 실제로 어떤 사람들이 당도해 스스로 *'사도'인 양 행세했을 때, 에베소 교회는 그들의 정체를 간파했다. 우리는 이 사람들이 누구였는지 모른다. 그러나 초기 그리스도인들은 자주 여행했던 것 같고, 옆에서 지켜보던 다른 사람들이 환대를 요구하고 심지어 새로운 가르침을 경청하라고 요구했을 가능성이 높다. 그러나 에베소인들은 전혀 받아들이지 않았다.

모든 일이 순조로웠다. 다만 교회 사역자라면 누구나 알듯, 종종 균형이 깨지며 *복음의 진리에 올바른 관심을 가진 그룹이 복음의 핵심이 사랑임을 잊어버릴 수도 있다. 에베소인들이 그 올무에 걸려들었다. "너는 처음에 네가 보여 준 사랑을 버렸다"(4절). 이것은 예수님께 대한 그들의 사랑을 가리키겠고, 분명 그 사랑은 항상 단단히 중심을 지켜야 한다. 하지만 여기서 이것은 사람들이 실제로 행하는 일과 관련이 있는 게 확실하다. 예수님은 "회개하고, 네가 처음에 했던 일들을 하여라"라고 말씀하신다. 초기 기독교에서 '사랑'이란 궁핍한 사람들, 특히 가난하거나 아프거나 굶주린 다른 그리스도인들을 환대하고 실제 도움을 주며 **실천하는** 어떤 것이다. 이것이 초기 교회의 주요 표식이었다. 혈연으로 묶이지 않은 다른 집단들은 결코 이렇게 행동하지 않았다. 자기들을 향한 하나님의 희생적 사랑(그들은 이렇게 말하곤 했다)을 반사하는 이런 종류의 '사랑'은 이 하나님을 믿는 믿음의 최고 표현인 동시에 최고의 광고였다.

이 점을 놓치기 쉽다. 자신의 필요를 출발점으로, 또 어떤 때는 목적으로 삼고, 막연히 안락한 삶에 눌러앉기 쉽다. 에베소 교회는 깨어나서 지난 일들이 어땠는지 기억하고 회개하여 제 궤도로 돌아와야 했다.

이 대목에서 이 편지는 긍정적 논평을 하나 더 하지만, 우리는 이해하기가 어렵다. 곧 에베소 교회는 '니골라당'을 용인하지 않았다. 이 사람들은 버가모에 보내는 편지에 다시 등장하는데(15절), 그들이 누구였는지 혹은 그들이 무엇을 가르치고(이것이 버가모 편지의 핵심이다) 실천했는지(이것이 현재 편지의 핵심이다) 확인할 수 있는 말은 거기에도 더 이상 없다. 이를 알아내기 위해 고대 교회와 현대 학문 세계에서 숱한 시도가 이루어졌지만 거의 성공을 거두지 못했다. '니골라당'에 대한 이 언급을 통해 우리가 얻을 수 있는 중요한 논지는, 교회는 신기한 새 개념을 가르치거나 신기한 새 관행을 도입하려고 시도하는 개인과 단체를 늘 유심히 살펴봐야 한다는 점이다. 이 말은 하나님께서 교회가 배워야 할 새로운 것을 갖고 있지 않다는 뜻이 결코 아니다. 하지만 이런 새로운 것들은 단순한 혁신이 아니라 깊은 기도와 성령 충만한 성경 연구에서 유래할 것이다.

왜 이 편지들은 '이기는 것'이 중요하다고 강조하는가?(7절) 이 책의 모든 언급을 하나로 모아 보면 명쾌한 답을 얻게 된다. 신생 교회가 맞닥뜨린 주된 도전은 이교도 박해의 위협이다. 사실 이 일곱 편지들은 주님께서 이 교회들을 앞으로 올 더 심각한 일에 준비시키는 일환으로 작성된 것 같다. 그들은 반격을 가하지 말고 인내하는 고난을 통해 친히 승리를 얻으신 주님을 따름으로써 '이겨야' 한다. 이들 교회의 일부는 고난을 겪을 것이다. 일부는 죽을 것이다. 모두 예수님을 인내로 증언하여, 이를 통해 그들을 둘러싸고 위협하는 악한 세력들을 '이겨야' 한다.

요한계시록 2:8-11

서머나에 보내는 편지

> ⁸ "이것을 서머나에 있는 교회의 천사에게 적어 보내라. '이것은 처음이요 나중이신 분, 죽었다가 살아나신 분의 말씀이다. ⁹ 나는 너의 고난과 가난을 알고 있다(하지만 사실 너는 부자다!). 나는 자기 식대로 유대인이라 자처하는 자들이 저지르는 모독을 알고 있다. 그들은 유대인이 아니라 사탄의 회당이다. ¹⁰ 네가 겪을 고난을 두려워 마라. 보아라, 악마가 너희를 시험에 빠뜨리려고 너희 가운데 일

> 부를 투옥할 것이다. 너희는 열흘 동안 고통을 겪을 것이다. 죽을 때까지 변함없이 신실하여라. 그러면 내가 생명의 면류관을 네게 주겠다. ¹¹누구든 귀 있는 사람은 성령이 교회들에게 하시는 말씀에 귀 기울여라. 이기는 사람에게는 두 번째 죽음이 해를 입히지 못할 것이다."

몇 해 전 나는 사뭇 다른 배경을 지닌 사람들이 함께 모여 그날의 복잡하고 도발적인 주제에 대해 한 시간 동안 토론하는 라디오 프로그램 시리즈 제작에 참여했던 적이 있다. 영국방송협회(BBC)가 이 프로그램을 제작하고 있었기 때문에 몇 가지 내부 지침이 있었다. 예를 들어, 공적 자금으로 운영되는 BBC는 광고를 하지 않기 때문에 우리는 방송 중에 특정 상표의 제품을 추천하면 안 되었다.

그런데 질문 하나에 대답하던 중 느닷없이 방송이 중단되고 말았다. 한 청취자가 편지를 보내 패널에게 질문했다. "만약 당신이 종교를 선택할 수 있다면, 그것은 어떤 종교이고 그 이유는 무엇인가?" 내가 패널 중 유일하고 확실한 '종교계' 대표자였기 때문에, 토론을 주재하던 사회자는 내게 먼저 말해 달라고 요청했다[각 패널에게 모두(冒頭) 진술로 약 50초 정도가 주어졌고 그 뒤에 우리는 함께 토론했다]. 50초 모두 발언에서 나는 세 가지 논점을 주장하고자 했다. 먼저 나는 기독교가 오늘날 사람들이 생각하는 엄밀한 의미의 '종교'는 아니라고 말했다. 기독교는 종교 이상이며, 훨씬 많은 것을 전부 아우른다. 그런 다음 나는 어떤 사람이 슈퍼마켓에서 특정 상표의 비누를 골라내듯이 실제로 *믿음을 '선택'하는 사람은 거의 없다고 지적했다. 그리고 이런 전제 위에서 내가 왜 기독교 신앙의 진정성을 옹호하고, 또 긍정적이고 치유하고 *생명을 주는 기독교 신앙의 결과를 옹호하는지 그 이유를 말하기 시작했다.

그저 질문에 대답하는 데 불과했던 이 세 번째 단락의 몇 마디만 했을 뿐인데, 사회자가 중간에 끼어들며 말했다. "아, 톰. 방송 중에 그런 말을 해서는 안 돼요. 개종시키려는 거잖아요." 다행히 내가 보기에 무신론자거나 최소한 불가지론자였던 나머지 패널이 전부 나를 변호해 주었다. 그들은 내가 당연히 그런 말을 할 수 있어야 한다고 말했다. 질문을 받았으니 그 질문에 대답할 수 있어야 했다! 그래서 창사 이래 만사 중립을 지켜 온 BBC 제작진의 반사적 반응이 있었는데도 불구하고 나는 말을 이어 갈 수 있었다.

내가 이 이야기를 하는 이유는 오늘날 우리 세계가 적어도 서구에서는 그 BBC의 사회자와 비슷해졌기 때문이다. 우리는 진리를 소유한 반면 다른 사람들은 그렇지 않을 거라는 모든 현실의 주장을 거부하는 편집증 말이다. 바로 오늘 나는 영국 학교 안의 무슬림 어린이가 라마단 금식 기간에 겪는 고충에 대해, 그리고 지역 사회의 이차적 고충과 학교가 채택한 정책에 대한 신문의 논평 등을 무진장 애쓰며 설명하는 한 라디오 프로그램을 잠깐 들었다. 마치 발가락이 심하게 멍든 사람이 누가 발 근처만 밟아도 과민하게 반응하는 것처럼, 우리는 이 모든 문제에 과민하다.

그런데 그때 우리는 신약성경을 읽다가 이런 본문을 발견한다. "나는 자기 식대로 유대인이라 자처하는 자들이 저지르는 모독을 알고 있다." 우리는 움찔한다. 대체 누가 이런 말을 할 수 있을까? 하지만 사실 현실 세계에는 (상대주의자가 그리는 상상 속 세계와 반대로) 힘 겨운 과제와 힘겨운 질문, 거센 도전이 존재한다. 우리가 바울 서신에서 보았듯이, 속속들이 유대적이던 초기 교회 안에서 몇 가지 가장 까다로운 질문이 거침없이 제기되었다. 누가 아브라함의 자녀인가? 그들은 모두 아브라함의 혈연상의 가족인가? (이 경우 이스마엘과 에서의 후손들은 어떻게 되는가?) 아니면 그들은 하나님이 약속하셨던 더 광대한 세계적 가족인가? 특히 두 번째 대답(아브라함의 가족은 이제 다민족이다)을 제시한 공동체가 일으킨 물의로 인해 다소의 사울은 초기 그리스도인들을 난폭하게 박해했고, 그 뒤에 진영을 바꾸었을 때 그는 동일한 어려움에 휘말리고 말았다. 그러나 쿰란 운동 같은 그 시기의 다른 유대교 갱신 운동을 통해 알게 되듯이, 우리는 이것이 본질적으로 유대교와 **맞서는**(against) 싸움이 아니라 유대교 **내부의**(within) 싸움이었음을 깨닫는다. 초기 교회는 옛 유대교의 희망과 성서에 굳게 매달렸고, 그들은 유대인 *메시아 예수님 안에서 모두 성취되었다고 주장했다.

계시록이 쓰였던 시기 서부 터키의 교회는 유대인과 비유대인이 적절하게 섞인 혼합체였을 것이다. 그러나 거기에는 크고 활동적인 회당 공동체도 있었고, 회당의 구성원들은 예수님이 하나님 *나라를 전하기 위해 이스라엘로 보냄 받았고 죽은 자들로부터 일으켜져 그 점을 입증한 하나님의 메시아였다고 믿지 않았다. 기독교 신앙의 핵심은, 이것이 무에서 날조된 새로운 '종교'가 아니라 하나님이 이스라엘 백성에게 했던 옛 약속과 희망의 성취라는 주장이었기 때문에, 이는 즉각 문제를 야기했다. 특히 회당 구성원들이 예수님을 거부하는 데 만족하지 않고 적극적으로 그분을 모독하고, 아마 그분에게 저주를 퍼부었을 때 더 그랬다.

정치적 올바름을 추구하고자 하는 우리 시대에 이런 사활을 건 도전이 일지 않았다면 훨씬 손쉬웠을 것이다. 하지만 그런 도전은 이미 일어났고, 지금도 그렇다. 예수님이 죽은 자들로부터 일으켜지셨고, 따라서 하나님의 참 메시아요 이스라엘의 왕이요 세상의 참된 주(主)라고 말하면서, 그 입으로 그분은 전에도 지금도 그렇지 않다고 말하는 건 불가능하다. 그렇다면 누가 참 유대인인가? 바울은 이미 로마서 2:25-29에서 대답을 제시했다. 마음의 '유대인'이 참 유대인이다. 요한도 동의할 것이고, 이 편지에 의하면 예수님 자신도 그러실 것이다. 이 말은 좋든 싫든 서머나의 유대인 회당이 '*사탄의 회당'이 되었다는 의미다. 막연하고 일반적이고 모욕적인 의미가 아니라, '사탄'이 문자적으로 *'고발자'이듯이 서머나의 회당이 온갖 종류의 악에 대해 그리스도인들을 '고발'해 왔다는 의미에서 말이다. 특히 로마 제국의 존재와 영향력이 전부였던 도시에서 유대인들은 황제 제의 축제에 참여하는 것을 면제받았는데, 아마 그들은 그런 면제권을 자기들에게도 허용하라고 주장하는 그리스도인들을 당국자에게 고발했을 것이다. 아마 그런 고발과 그에 따른 사회적·정치적 결과는, 다른 면에서는 부유한 도시였던 서머나의 그리스도인들에게 가난을 맛보게 해 주었을 것이다(9절).

이 모든 것이 서머나에 보내는 메시지의 중심에 있다. 이 교회에서 주님은 책망할 것을 전혀 찾지 않으신다. 주님의 주된 임무는 혹독한 박해가 진행 중임을 경고하는 것이다. 주님은 처음이요 나중이신 분, 죽었다가 살아나신 분으로서 그렇게 하신다. (서머나 도시 자체가 파괴되었다가 나중에 재건되었기 때문에 여기에 지역적 암시가 있을 것이다.) 무슨 일이 벌어지든 서머나의 그리스도인들의 시간과 운명은 그분의 손 안에서 안전하다. *악마가 그들 중 일부를 투옥하고 '시험'할 것이다. 여기서 '열흘'은 비유적 의미인 것 같다. 요한의 저작과 같은 글에서 '하루'는 종종 한 해 혹은 훨씬 광범위한 시간대를 뜻하기 때문이다.

이 경고는 다시 이 위협 아래 있는 교회와 직접 관련된 약속들로 둘러싸여 있다. 예수님 자신이 그러셨듯이(빌 2:7-8) "죽을 때까지 변함없이 신실"한 사람들은 '생명의 면류관'(the crown of life)을 받을 텐데, 아마 '생명을 면류관으로'(life as a crown) 받는다는 뜻일 것이다. 다시 말해 왕관(crown)이 왕권을 표시하듯, 하나님의 새 시대의 새로운 참 생명이 그 소유자들을 표시해 줄 것이다. 게다가 화려한 건축물이 가파른 언덕의 자연적 이점을 훌륭하게 활용했던 덕분에 서머나 자체가 왕관을 쓴 도시로 여겨졌다.

마지막 약속은 동일한 방향을 지시한다. 믿음으로 인해 죽음에 맞닥뜨릴 것을 아주 당연히 두려워하는 사람에게, 요한이 계시록 마지막 부근에서 다시 언급할 개념이 소개된다. 두 가지 형태의 죽음이 있는 것 같다. 첫째는 주님이 돌아오실 때까지 계속 살아 있을 세대를 제외하고 모두가 맞이할 육체의 죽음이다. 예수님은 이미 그 길을 지나셨고, 그분에게 속한 이들은 그분이 먼저 죽음의 반대편에서 자기들을 맞아 주시고, 그 뒤 마지막에 최종적인 새 세계에서 자기들을 새 생명으로 일으키실 것임을 알 수 있다. 반면 '두 번째 죽음'은 시종일관 예수님을 따르기를 의도적으로 거절하고, 그분 안에 계시된 한 분 하나님을 예배하기를 거절하는 사람들의 궁극적 운명이다. '첫 번째 죽음'이 물리적 몸과 관련되었다면, 이 '두 번째 죽음'은 인격 전체와 관련된 것 같다.

이는 요한이 20장에서 다시 다룰 두려운 전망이다. 하지만 이 시점에서 그의 논지는 이렇다. 첫 번째 죽음에 맞닥뜨리는 것을 두려워하지 말라. 여러분 가운데 일부가 그렇게 해야만 한다. '이기다'—신실한 인내로 순교에 맞닥뜨리다—라는 말은 당신이 '두 번째 죽음'에서 두려워할 게 하나도 없다는 뜻일 것이다. 예수님과 함께 흔쾌히 첫 번째 죽음을 통과하라. 그분은 죽었다가 살아나셨다. 당신도 그럴 것이다.

요한계시록 2:12-17

버가모에 보내는 편지

¹²"이것을 버가모에 있는 교회의 천사에게 적어 보내라. '이것은 예리한 양날 검을 가지신 분의 말씀이다. ¹³나는 네가 어디 사는지 알고 있다. 사탄이 자기 보좌를 둔 바로 그곳이다! 너는 내 이름을 붙들었고, 내 신실한 증인 안디바가 너희 가운데서 곧 사탄의 거처에서 살해되었을 때에도, 너는 나의 믿음을 부인하지 않았다. ¹⁴하지만 너를 꾸짖을 일이 몇 가지 있다. 거기서 몇 사람이 발람의 가르침을 수용했다. 그는 발락을 시켜서 이스라엘의 자손들을 넘어뜨려, 그들이 우상의 음식을 먹고 성적 부도덕에 빠지게 했다. ¹⁵또 네게는 니골라당의 가르침을 수용한 자들이 몇 있다. ¹⁶그러므로 회개하여라! 그렇게 하지 않으면, 내가 얼른 네게 가서 내 입의 칼로 그들과 맞서 싸우겠다. ¹⁷누구든 귀 있는 사람은 성령이 교회들에

> 게 하시는 말씀에 귀 기울여라. 누구든 이기는 사람에게 내가 숨은 만나와 흰 돌을 줄 텐데, 그 돌에는 받는 사람 외에는 아무도 알지 못하는 이름이 적혀 있다.'"

제법 멀리 떨어진 열차에서도 고층 건물을 볼 수 있다. 당신은 필라델피아 방향에서 사랑스러운 도시 프린스턴을 지나, 별로 볼품없어 보이는 마을을 통과해 뉴저지를 빠져 나온다. 그때 정면 방향을 바라보면 갑자기 고층 건물이 눈에 들어온다. 그 건물들이 서 있는 땅, 아주 작은 맨해튼섬은 대략 해수면 높이다. 하지만 건물 꼭대기는 하늘 높이 치솟아 실제로 구름 낀 날에는 고층 건물이 구름 속으로 모습을 감춘다. 쌍둥이 빌딩이 처참하게 파괴된 후에도 웅장한 건물들이 남아 있다. 가장 높은 엠파이어스테이트 빌딩은 3.5킬로미터 높이다. 고층 건물은 멀리서, 사방에서 보인다.

한 잉글랜드의 도시가 다른 원인으로 똑같은 효과를 보여 준다. 바로 링컨(Lincoln)이다. 평평한 습지에 둘러싸인 링컨은 갑자기 솟아오른 높은 언덕 꼭대기에 세워졌고, 뉴욕의 고층 건물처럼 몇 킬로미터 밖에서도 보인다. 게다가 링컨에는 거대한 성당이 있어서, 30킬로미터 떨어진 곳에서 바라보는 풍경에 놀랄 만한 효과를 보태 준다.

그와 비슷한 효과가 버가모 도시에서도 형성되었다. 천연 지형이 도시 중앙에 높은 아크로폴리스를 형성해 주었을 뿐만 아니라, 거기에 자리 잡은 웅장한 신전들이 도시의 나머지는 물론이고 대부분의 주변 전원 지역에서 바라보는 풍경을 압도했기 때문이다. 1세기 이 지역의 많은 주민들은 이 모든 것에 분명 자부심을 느꼈을 것이다. 그러나 이는 작은 그리스도인 공동체에게는 위협을 의미했다. 그리고 그리스도인들은 그 위협에 효과적으로 대처하지 못했던 것 같다.

버가모에 보내는 편지에서는 이 도시를 "*사탄이 자기 보좌를 둔" 곳으로 지칭한다. '사탄'(*'고발자' 혹은 *'악마')은 계시록 다른 곳에서 '옛 뱀'이라고 불리는데(20:2), 우리는 버가모의 유명한 지역 종교에서 이 설명의 실마리를 찾을 수 있다. 우선 버가모에는 치료의 신 아스클레피오스(Asclepius)의 사당이 있었고, 그의 상징이 뱀이었다. 하지만 덧붙여 버가모는 로마와 그 황제 제의의 주요 중심지가 있던 또 하나의 도시였다. 요한은 로마를 사탄과 동일시하지 않는다. 그러나 앞으로 우리가 보게 되듯이, 그는 악마가 로마를 자신의 목적에, 특히 교회를 공격하는 데 이용했다고 믿는다. 그리고 버가모는 전체 지방을 관할하는 로마 총독의 소재지였다.

그렇다면 버가모 같은 도시에서 그리스도인들은 어떻게 살아야 하는가? 무엇을 할 수 있고, 또 무엇을 하지 말아야 하는가? 우리는 여러 가지 걱정스런 토론과 다양한 가르침을 통해 이런 질문을 다루려고 시도했으리라 추측할 뿐이다. 또 일상적 시민 생활에는 참여해야 하는가? 거기에 신들의 축제, 특히 로마와 황제 축제가 포함되었는데도? 완전히 개입하지 않고 약간 물러나 그럭저럭 살아갈 수 있는 길은 없는가? 바울은 두 서신(고전 8-10장; 롬 14장)에서 이런 쟁점을 다루며 신중하고 세심하게 조언한다. 이방 신전 및 이방 제의와의 타협은 금지된다. 그러나 우상에게 바쳐진 음식, 특히 고기와 음료 일반에 대해서는 탄력성이 있어야 한다.

이 대목에서 버가모 교회의 일부는 이런 탄력적 허용이 문화적 동화로 죽 이어진다고 받아들인 것 같다. 튈 필요가 전혀 없다. 우리도 이 사회의 일부이니 사회의 흐름을 따라가자. 그러나 예수님을 부인하라는 도전에 맞닥뜨린 어떤 사람들은 그렇게 하지 않고 거절했다. 특히 한 사람 안디바가 그 결과로 죽었다(13절). 아마도 그 반작용으로, 튀지 않기를 열망했던 여러 다른 사람들이 있었고, 그들은 주류 문화에 동조했다.

이런 사람들에게 예수님은 단호하게 말씀하신다. 이것은 모압 왕 발락이 이스라엘을 저주하기 위해 예언자 발람을 고용했을 때 이스라엘 백성들이 저지른 것과 아주 동일한 실수다(14절). 발람은 이스라엘을 저주할 수 없음을 깨달았다. 그 점에서 그는 참 예언자였다. 하지만 그는 발락이 약속했던 보상을 원했고, 그래서 왕을 부추겨 다른 전술을 구사하게 했다. 직접적인 영적 공격(저주)이 실패한 곳에서는 보다 은밀한 유혹이 통한다. 그리고 종종 그렇듯이 최고의 유혹은 성적인 것이었다. 스파이 소설(또 내가 알기로는 실제 스파이 활동)의 애용품인 '미인계'의 옛 변형으로, 추측건대 모압 여자들을 보내서 이미 이스라엘인 아내를 두었을 이스라엘 남자들을 유혹했다. 이 방법을 통해 그들은 우상숭배로 빠져들어 *야웨 이외의 다른 신들을 숭배했다. 임무 완수.

동일한 전략이 오늘날에도 놀라울 만큼 잘 통한다. 흔히 묘사되는 것과 달리 성 윤리는 나머지 사회가 이미 버렸는데도 다소 보수적인 일부 사람들이 물고 늘어지는 몇 가지 케케묵은 규율이 아니다. 오히려 이것은 *하늘과 땅의 상보성이 반영된 신실한 남자와 여자의 결혼을 원하시는 창조주 하나님의 부르심이다. 또 이것은 이 책 마지막의 중요한 장면에서 최종적으로 등장하는 주제다. 결혼 관계 안의 사랑은 창조 세계에 대한 창조주의 신실하심을 지시하는 표지판이다. 이곳처럼 성적 비행이 우상숭배와 빈번하게 짝을 이루는 이유는, 그런 행동이 다른 신들(피와 땅, 종족과 권력의 신들)을 지시하기 때문이다. 바울이 고린도전서 10장에서 직접 경고했듯이, 이것은 유독성 혼합물이고 그리스도인들은 결코 그런 일에 연루되지 말아야 한다.

'니골라당'은 사실 이 '발람의 가르침'과 아주 비슷한 것을 가르치는 작은 집단이었을 것이다. 어떤 사람들의 주장처럼, 원래의 언어에서 이 이름 '발람'과 '니골라'는 비슷한 의미를 지녔을 것이다. 아무튼 버가모의 문제는 교회의 대부분이 예리한 날, 주변 문화를 향해 '아니다'라고 말하는 능력을 상실했다는 것이다. 최초의 그리스도인들이 사도행전에서 발견했듯이, 교회는 언제나 '우리는 인간의 권위가 아니라 하나님을 섬겨야 한다'고 말할 수 있어야 한다. 문제의 '권위'가 행정 관료들이 아니라(물론 그리스도인들이 국가 종교에 참여하기를 거절할 때 관료들도 위협을 가할 수 있지만) 단지 '모든 사람이 이렇게 한다'고 말하는 사람들의 은밀한 압력이더라도 말이다.

예수님의 대답은 명확하다. 로마 총독이 칼을 휘두를 수 있지만, 예수님은 그 입에서 나오는 날카로운 양날 검을 갖고 계신다(1:16처럼 12, 16절). 그분의 *말씀은 기꺼이 두 길을 동시에 향하는 미지근한 영성을 잘라 내실 것이다.

이전처럼 여기에 약속이 있는데, 버가모의 경우에는 약속이 약간 모호하다. 작은 교회가 광야의 이스라엘 백성과 같다고 여기는 초기 기독교 문서가 많다. 실은 이것이 발람 이야기의 배경이고, 고린도전서 10장의 아주 유사한 경고에서 바울이 사용하는 배경이기도 하다. 그 광야 여정에서 하나님은 자기 백성들에게 '만나', 하늘에서 떨어진

빵을 먹이셨다. 예수님은 여기서 자신이 똑같은 일을 하겠다고 약속하신다. 너희가 살고 있는 곳은 너희를 굶주리게 만드는 것 같지만, 내가 너희에게 "숨은 만나"를 주겠다. 자신들이 낯선 환경에서 영적으로 굶주렸음을 발견할 때, 많은 그리스도인들이 이 약속에 매달렸다. 또 많은 사람들은 이것을 다시 고린도전서 10장의 병행 구절과 함께, 예수님의 몸과 피의 성만찬에 대한 암시라고 여겼다.

덧붙여 그 위에 새 이름이 적힌 흰 돌에 대한 약속이 있다. 버가모의 거대한 건물들은 그 지역의 흑색 돌로 만들어졌다. 사람들은 명문(銘文)을 새길 때 흰색 대리석을 구해 그 위에 새겼다. 그 뒤에 이것은 흑색 건물에 박혔고, 거기서 한층 더 선명하게 돋보였다. 덧붙여 잔치에 참석한 손님들에게 그들의 이름이 쓰여 있는 돌을 입장권으로 주는 관습이 있었다. 이것이 "숨은 만나"와 연결될 것이다.

그렇다면 돌에 쓰인 이름은 무엇인가? 그것은 해당된 사람의 새 이름인가? 아니면 지역과 제국의 남녀 신들의 '옛 이름'과 반대되는 *메시아 예수님의 '새 이름'인가? 두 번째 견해의 근거로, *대제사장 옷 위에 쓰인 이스라엘 지파의 이름에 대한 암시가 여기에 있을 가능성이 있다. 이 이름들이 한 분이신 참 이스라엘 백성, 메시아 예수님의 이름에 요약되었을 것이다. 하지만 그것을 받는 사람 외에는 아무도 이 이름을 모른다는 사실은, 내 생각에, 첫 번째 견해를 지시한다. 예수님은 신실한 *제자들 각자에게, '이기는' 각 사람에게 자신과의 친밀한 관계를 약속하신다. 예수님은 그 관계에서, 연인들처럼 둘 사이에 은밀함이 유지되는 비밀 이름을 사용하실 것이다. 난잡한 성관계의 거짓 친밀감을 피하라는 도전은 예수님과의 영적 연합의 진정한 친밀감을 주겠다는 약속과 상응한다.

요한계시록 2:18-29

두아디라에 보내는 편지

¹⁸"이것을 두아디라에 있는 교회의 천사에게 적어 보내라. '이것은 그 눈이 타오르는 불 같고 그 발이 정교한 놋쇠 같은 하나님의 아들의 말씀이다. ¹⁹나는 네가 무슨 일을 했는지 알고 있다. 나는 너의 사랑, 너의 믿음, 너의 봉사, 그리고 너의 인내를 알고 있다. 나는 너의 행위가 과거보다 최근에 훨씬 더 두드러졌음을 알고 있다. ²⁰하지만 너를 꾸짖을 일이 있다. 곧 예언자라 자처하면서, 내 하인들에게 간음을 행하고 우상의 음식을 먹으라고 가르치는(실은 내 하인들을 속이는!) 여자 이세벨을 네가 용납하는 것이다. ²¹내가 그 여자에게 회개할 기회를 주었지만, 그 여자는 자신의 부도덕을 회개할 뜻이 전혀 없었다. ²²보아라! 내가 그 여자를 침대 위에 던지겠고, 그들이 그 여자에게 이끌려 저지른 일을 회개하지 않는다면, 그 여자와 간음을 저질렀던 자들은 큰 곤경에 처할 것이다. ²³내가 그 여자의 자녀들을 무참히 살해하겠고, 모든 교회들은 내가 생각과 마음을 살피는 자임을 알게 될 것이다. 내가 그 행위에 걸맞게 너희 각 사람에게 갚아 주겠다. ²⁴이 가르침을 붙들지 않고, 소위 '사탄의 깊은 속'에 물들지 않은 너희 두아디라의 나머지 사람들에게 말한다. 나는 다른 부담을 더 얹지 않겠다. ²⁵네가 가진 것을 내가 갈 때까지 굳게 붙들어라. ²⁶누구든 이기는 사람, 내 일을 끝까지 올바로 지키는 사람에게 내가 여러 민족을 다스리는 권세를 주어, ²⁷질그릇이 박살나듯 쇠지팡이로 그들을 다스리게 하겠다! ²⁸이것은 내

가 내 아버지께 직접 받은 권위다. 이에 더하여, 나는 그들에게 새벽 별을 주겠다. ²⁹누구든 귀 있는 사람은 성령이 교회들에게 하시는 말씀에 귀 기울여라.'"

산업 생산품으로 유명한 도시들이 있다. 내가 자란 도시의 근처, 잉글랜드 북동부의 뉴캐슬(Newcastle)은 200년간 국내는 물론이고 해외 여러 지역의 주요 석탄 공급처 가운데 하나로 명성을 날렸다. "뉴캐슬에 석탄을 가져간다"는 말이 어떤 것을 이미 충분히 소유한 사람에게 갖다 준다는 의미를 담은 속담이 될 정도였다. "사우디에 모래를 팔다" "에스키모에게 얼음을 팔다"(일부 사람들이 무례하다고 여기는 '에스키모' 대신 '이누이트'라고 말할 수도 있다)와 다소 비슷하다. 뉴캐슬의 땅 밑에는 아직도 풍부한 석탄이 매장되어 있지만 애석하게도 뉴캐슬은 이제 석탄을 수출하지 않는다. 우리는 이 지역의 가장 확실한 자산의 개발을 허용하는 정부 정책의 변화를 기다린다. 아마도 이 속담은 상황이 만회될 때까지 이어질 것이고, 뉴캐슬은 유명한 지역 생산품 교역으로 다시 명성을 떨칠 것이다.

두아디라는 이 편지들이 보내진 다른 여섯 도시에 비해 별로 알려지지 않은 도시다. 하지만 두아디라가 유명했던 것 중 하나가 바로 교역 길드, 특히 구리와 청동 제련업이었다. 이런 상황은 18절에서 예수님에 대해 묘사하며 1:15에서 가져온 특정한 묘사(그분의 발이 "정교한 놋쇠" 같다)를 선택한 이유를 잘 설명해 준다. 아마도 더 중요한 사실은 그 지방의 지역 신이 청동 교역의 후원 신 '아폴로 튀림네우스'

(Apollo Tyrimnaeus)였다는 것이다. 아폴로 튀림네우스는 지역 화폐에 '신의 아들', 즉 로마 황제와 함께 등장했다. 이런 연관성을 감안할 때, 이 편지가 첫머리에서 "그 눈이 타오르는 불과 같고 그 발이 정교한 놋쇠 같은 *하나님의 아들의 말씀"을 선언하는 데에는 특별한 힘이 있다.

그런데 지역 산업과 그 주위에 형성된 여러 교역과 사업 길드는 두아디라 교회의 주요한 문제가 되었다. 오늘날 일부 산업과 무역 협회에서도 그렇듯, 다양한 형태의 종교적 의식과 유사 종교적 의식이 해당 산업을 축하하고 그 위에 신의 복을 비는 한 방편으로 사용되었다. 다시 우리 시대와 마찬가지로 많은 사람들이 이런 의식에 반신반의하며 참석했을 것이다. 그러나 예수님은 이 편지에서 이것이 선택지가 아님을 아주 분명하게 밝히신다. 그렇다. 두아디라 교회는 과거보다 최근에 상당히 더 낫게 처신했다(19절). 사랑과 *믿음, 봉사, 인내, 이것은 우리가 성숙한 기독교 공동체에 기대해야 할 바울의 덕 목록처럼 들린다. 하지만 아직 주요한 문제가 남았다.

이전 편지에서 버가모 교회의 문제는 유명한 성경 인물, 예언자 발람에 대한 암시에서 확인되었다. 이번에는 또 한 명의 옛 악당이 비슷한 역할을 맡는다. 곧 남편의 죄악 가운데 적어도 일부의 원인이었다고 판단되는 아합의 왕비 이세벨이다. 그들의 이야기가 아합의 죽음으로 끝마치는 열왕기상 16-22장에서 전해진다. 그런데 이세벨 자신의 이야기는 열왕기하 9장에서 유쾌하지 않은 결말에 이른다. 이스라엘 남자들을 순수한 야웨 예배에서 유혹해 내기 위해 발람과 발락이 모압 여자들을 이용했듯이, 이세벨은 라이벌 신 바알 숭배를 이스라엘에 도입한 이방인 여자였다. 이것이 열왕기하 9:22에 "음행과 마술"

로 요약된 다른 여러 악의 중심에 있었다.

그 본문의 '음행'은 이곳의 '간음'처럼 다른 신들과 교감하는 영적 '바람기'를 가리키는 은유였다. 분명 이것이 22절에서 염두에 둔 내용이다. 교회 구성원들이 이 1세기의 '이세벨'과 성관계에 직접 가담했을 것 같지는 않다. 하지만 고대의, 그리고 실은 현재의 이교 숭배에 대해 우리가 아는 모든 내용은 버가모 편지에 적힌 성적 비행이 여기서도 실제 사건이었다고 생각하는 쪽으로 기울게 한다. 분명 20절은 그런 방향을 지시하는 것 같다. 일단 우리가 (바울과 달리) 이교 신전이나 그에 준하는 장소의 행사에 참여해도 상관없다고 허용하면, 통상 음란한 성행위를 포함해 온갖 부수적 관행이 일상사가 될 것이다. 십중팔구 말 그대로다. 만약 당신이 창녀를 찾으려 한다면, 찾아갈 곳은 당연히 이방 신전의 경내다.

이 점은 두아디라 교회가 여기에 '이세벨'이란 별명으로 불린 여자를 용납했다는 사실을 한층 더 충격적으로 만든다. 이 여자가 공인된 교회의 공식 교사였는지는 불분명하지만, 이세벨은 분명 자신이 소유했다고 주장하는 예언의 은사를 통해 강력한 영향을 미쳤다. 우왕좌왕하던 신생 기독교 공동체 안에서, 자신들의 영적 자유가 성적 방종(일부 사이비 기독교 분파에서 '예언'이라는 단어가 성적 방종 요청을 가리키는 데 사용된다는 소리가 지금도 들린다)에서, 또 이교 사당과 제의 음식, 그리고 훨씬 모호한 교역 길드의 (여전히 종교적 어감을 지닌) *친교 식사 참여에서 모두 정당하게 표현될 수 있다고 확신한 사람들이 있었던 것 같다. 심지어 어떤 사람들은 그리스도인이 누리는 죄로부터의 자유가 "사탄의 깊은 속"(24절)을 탐구할 수 있고 어쩌면 탐구해야 한다는 의미라고, 과감하게 적군의 진지로 곧장 뛰어들어 자신이 얼마나 강인한지 보여 주어야 한다는 의미라고 주장하는 가르침을 수용했을 수도 있다.

예수님에 관한 한 이런 접근법 자체가 절대적 재앙이다. 교회는 어떤 점에서도 이교 숭배와 그것을 반영하고 구현하는 관행에 결코 타협하지 말아야 한다. 17장과 18장, 19장의 대재난 장면에서 "큰 매춘부"가 바빌론, 황제의 도시이듯, 여기서는 이세벨 위에, 또 이세벨과 함께 악으로 치달았던 모든 사람들 위에 심판이 선언된다. 침대 위에 던지는 것, 큰 곤경(22절), 그리고 그 뒤를 이을 무참한 살해(23절)는 분명 상징이다. 하지만 이것들은 불꽃같은 눈으로 생각과 마음을 살피시는(18절과 23절) 주님이 이 다중적 죄로부터 자기 백성을 정화하기 위해 취하실 실제적이고 강력한 행동의 상징이다.

이 모든 일을 하실 수 있는 주님의 권위가 시편 2편에 대한 언급과 함께 요약되어 있다. 시편 2편은 열방을 쇠지팡이로 통치하고 그들을 질그릇처럼 산산이 부수는 권위가 *메시아에게 주어지는 위대한 제왕 시 중 하나다. 여기서 이 왕권은 이기는 사람들과 공유될 것이다(26-27절). 계시록에서 자주 그렇듯, 예수님은 자기 백성을 "왕 같은 제사장"으로 만들기를 원하신다. '이세벨'의 가르침과 행위에 휘말리지 않은 이들에게 지금 요구되는 것은 '굳게 붙드는 것'이다. 이것은 메시아의 길이 아니라고 생각되는 가르침과 행동을 열심히 수용하고 하나님이 그것을 주셨다고 찬양하는 교회와 단체에 속했다고 느끼는 오늘의 모든 그리스도인들에게 주시는 *말씀이다.

한 마디 더. 예수님은 "그들에게 새벽별을 주겠다"고 약속하신다. 나중에 이 책에서(22:16) 예수님 자신이 '새벽별'이시므로, 우리는 여기서 예수님이 자기 백성에게 주시는 친밀성의 정도를 보여 주는 또 하나의 암시를 발견한다. 방금 전 주님이 자신의 왕권을 그렇게 하셨듯이, 주님은 그들과 자신의 정체성까지 공유하실 것이다. 하지만 아마 동트기 전 가장 밝게 빛나는 금성을 가리킬 가능성이 가장 높은 '새벽별'은, 특히 주위의 다른 사람들이 압박을 받아 지역의 이교 관행에 타협하는 것처럼 보일 그때에 '붙드는' 그리스도인들의 특별한 사명을 나타내는 표식이다. 그리스도인의 증언은 그날이 동트고 있음을 알리는 표식이 되어야 한다. 곧 사랑과 믿음, 봉사, 인내가 성취되고, 우상숭배와 음행이 그 모습 그대로 올가미와 기만으로 여겨지고, 그리고 메시아 예수님이 온 세상에 영광스러운 통치권을 확립하실 그날 말이다.

요한계시록 3:1-6
사데에 보내는 편지

¹"이것을 사데에 있는 교회의 천사에게 적어 보내라. '이것은 하나님의 일곱 영과 일곱 별을 가지신 분의 말씀이다. 나는 네가 무슨 일을 했는지 알고 있다. 너는 살아 있다는 명성을 얻었지만, 사실 너는 죽었다. ²깨어나라! 남아 있는 것들, 곧 막 죽어 가는 것들에게 힘을 북돋아 주어라. 나는 너의 행동이 내 하나님 보시기에 완전하다고 보지 않기 때문이다. ³그러므로 네가 그 메시지를 어떻게 받았는지, 네가 그것을 어떻게 듣고 지켰는지 기억하고, 회개하여라! 만일 네가 깨어 있지 않으면 내가 도둑처럼 가겠고, 너는 내가 언제 갈

지 모를 것이다. ⁴하지만 사데에 있는 몇은 자기 옷을 더럽게 오염시키지 않았다. 그들은 흰옷을 입고 나와 함께 걸을 것이다. 그들은 그럴 자격이 있다. ⁵누구든 이기는 사람은 이처럼 흰옷을 입겠고, 나는 생명책에서 그들의 이름을 지우지 않을 것이다. 나는 내 아버지와 그분의 천사들 앞에서 그들의 이름을 시인할 것이다. ⁶누구든 귀 있는 사람은 성령이 교회들에게 하시는 말씀에 귀 기울여라.'"

당신은 일부 잉글랜드 지역에서 아직도 '장미 전쟁'이 진행 중이라는 사실에 놀랄지 모른다. 장미 전쟁은 15세기 요크 가문(흰 장미)과 랭커스터 가문(붉은 장미) 사이의 싸움이었다. 하지만 그 이후 북부 잉글랜드 동쪽의 요크셔와 서쪽의 랭커셔 사이의 대분열이 이 두 주에서 태어나고 자란 사람들의 생각 속에서 계속 이어졌다. 그리고 크리켓 구장에서 요크셔와 랭커셔가 만날 때마다 그 경기는 '장미 경기'로 불려 해묵은 충성심을 다시 발동시켰다.

15세기부터 21세기까지는 긴 기간이다. 이 전쟁이 벌어진 지 거의 600년 정도가 지났다. 하지만 현대 세계의 우리가 오래된 기억을 갖고 있다고 해도, 고대 세계의 많은 사람들이 좋게 혹은 나쁘게 간직했던 큰 사건들의 기억에 비하면 별것 아니다. 사람들은 어떤 사건이 일어난 정확한 때를 당신에게 말해 주지 못할 수도 있지만(기껏해야 '아무 개왕이 다스리던 때' 정도일 것이다), 그들은 허용될 정도의 윤색을 여기저기 가미해 어떤 일이 일어났는지 어느 정도 알았다.

사데 주민들은 기독교 *복음이 이르기 600년 전에 자기들의 도시에 어떤 일이 일어났는지 아주 잘 알았다. 사데는 오랫동안 더없는 난공불락의 도시로 여겨졌다. 사데는 가파른 언덕 꼭대기에 자리 잡아 안전했다. 공격군이 오고 갔지만, 시민들은 아주 만족스럽게 그것을 지켜보았다. 자신들은 절대 함락되지 않을 줄 알았다.

어느 날 밤 유명한 크로이소스(Croesus)왕 통치 기간에 페르시아 침략군이 침입로를 발견했다. 굉장히 용감한 어떤 사람이 깎아지르는 벼랑에 올라 기습 공격을 감행했다. 누구도 예상치 못한 공격이었기 때문에 결과는 한층 더 참혹했다. 여러 성경 이야기에 등장하는 페르시아의 고레스는 주전 546년에 사데를 정복했다. 결코 잊지 못할 순간이었다. 사데는 중요한 도시로 남았지만, 뼈아픈 교훈을 얻었다.

이제 예수님은 사데의 기독교 공동체가 그 교훈을 되풀이해서 배워야 한다고 말씀하신다! 그들은 살아 있다, 사업이 활발히 성업 중이다, 사건이 일어나는 *공동체라는 명성을 누렸다. 그들은 자신의 명성 탓에 잠들었고, 깨어나야 한다. 모든 걸 잃지는 않았다. 좋은 일도 제법 일어나고 있다. 하지만 신속하게 행동을 취하지 않으면, 그들 역시 사라져 갈 것이다.

사데를 꾸짖는 보다 상세한 책망은 두 가지인 것으로 보인다. 먼저 그들의 행동(works)이 '완전하지' 못한 것으로 밝혀졌다. 이것은 그들의 복음 실천과 기독교적 생활 방식에 '유감스러운 점이 많다'고 말하는 재치 있는 표현 방식일 것이다. 그런데 기독교 *신앙이란 그런 게 아니다. 기독교 신앙은 '도' 아니면 '모'다. 예수님은 정말 우리의 절대 충성을 정당하게 요구하는 주님이시거나 아니면 당장 거부되어야 할 사기꾼이다. 우왕좌왕하며 분주해 보이지만 성과는 거의 혹은 전혀 없어서는 안 된다. 명성만으로는 충분하지 않다.

두 번째 책망은 사데의 일부 그리스도인들이 "자기 옷을 더럽게 오염시키지 않았다"고 예수님이 인정하시는 4절과 5절에 나온다. 이것이 실제 더러운 옷에 대한 설명은 결코 아니지만, 사실 이 이미지가 무엇을 나타내는지는 명확하지 않다. 이는 단지 그들의 영적 게으름에 대한 논평일 수도 있다. 자기 옷을 정기적으로 세탁하는 데 신경 쓰지 않는 사람들처럼, 그들은 해이한 습관에 빠져들었다. 혹은 어떤 종류의 부도덕한 행동을 공동체 안에 용인한 데 대한 구체적 언급일 수도 있다.

이런 상태가 지속된다면, 사데 교회는 자신들의 도시가 600년 전에 겪었던 것과 동일한 운명을 겪을 것이다. 예수님은 '도둑처럼' 오실 것이고(3절), 그들은 그 일이 언제 일어날지 모른다. 이는 바울과 베드로, 예수님의 가르침에 있는 비슷한 말씀을 반향한다(살전 5:2; 벧후 3:10; 마 24:43). 이는 분명 초기 그리스도인들 사이에서 정기적으로 울린 경고음이었다. 교회 생활—그들의 천사, 또 교회에 생명을 가져오는 하나님의 일곱 *영— 을 붙들고 계신 예수님이 오실 것이다. 어떤 일이 벌어지는지 알았을 때는 이미 늦었다.

이 '오심'이 최후의 날 *'재림'이라고 생각하는 것은 올바른 이해인가? 이것도 궁극적 배경으로 염두에 두고 있긴 하겠지만, 아마 그렇지 않을 것이다. 계시록 곳곳에서 우리는 다른 '오심'을 언뜻 보는데, 그것은 (예수님이 교회를 정화하고 깨끗하게 하기 위해 '오시는') 박해의 때를 가리키거나 혹은 위로와 회복의 순간을 가리킨다. 앞으로 우리가 보게 되겠지만, 만약 그들이 문을 열면 그분이 "그들에게 들어가 (come in) 그들과 함께 먹"을 것이라는 약속이 라오디게아에게도 주어진다(3:20). 여기서 이 '오심'은 박해의 때이거나 혹은 그저 내적 붕괴의 때, 곧 교회가 얌전히 무난함에 빠져들어 살아 있다는 평판이 더 이상 합당하다고 여겨지지 못하는 때인 것 같다.

그러나 '깨어 있는' 이들, '이기는' 이들, 자기 '옷'을 '오염'에서 지키기 위해 애쓰는 이들에게는 예수님이 승리자로 오실 때 개선 행진에 참여할 것이라는 약속이 주어진다. 이 주제는 나중에 계시록에서 반복해 등장할 것이다. 그들은 개선 행진에 참여한 사람들처럼, 또 갓 세례 받은 사람들이 물 위로 나올 때처럼 흰옷을 입을 것이다. 다시 말해, 그들은 (궁극적으로 죽음 자체를 포함함) 인간의 삶을 먼지로 끌어내리는 모든 것을 이기신 예수님의 승리를 공유할 것이다.

더욱이 그들의 이름이 '*생명책'에 그대로 계속 남을 것이다. 이것 역시 나중에 계시록의 여러 상황에서 언급된다(13:8; 17:8; 20:12, 15; 21:27). 이 개념은 출애굽기 32:32에 언급된 하나님의 책에 대한 고대 이스라엘 사상으로 거슬러 올라간다. 그것은 힘을 북돋는 구절은 아니다. 거의 모든 이스라엘 백성들이 마땅히 그 책에서 지워져야 했는데, 오직 하나님의 새로운 자비의 행동만이 그들을 이 상황에서 구원했기 때문이다. 계시록이 쓰여진 때와 비슷한 시기에, 많은 그리스 도시들은 모든 시민의 공식 명부를 갖고 있었다. 일부 지역에서는 한 시민이 사형 선고를 받아야 할 때, 먼저 그의 이름을 명부에서 지워 버렸다. 그렇게 함으로써 사형에 직면한 한 시민의 이름으로 인해 도시의 명성에 어떤 오점도 남기지 않고 선고를 내릴 수 있게 하는 엄격한 관습을 지켰다. 여기서 하나님의 책에 있는 이름은 지워질 수도 있는 것 같다. 요한은 예정론을 전개하지 않는데, 아무튼 구원받을 사람은 다름 아닌 인내하는 사람이라는 것이 언제나 예정론의 필연적 결과다. 요한은 *세례자 요한과 바울, 예수님의 경고에까지 거슬러 올라가는 초기 기독교의 표준 경고를 제시한다. 이는 하나님의 백성 공동체 안에서 어떻게 행동하느냐에 개의치 않고 그 공동체에 소속되어 있기만 하면 된다는 가정에 대한 경고다.

깨어 있는 사람들, 더럽혀지지 않은 사람들, 그리고 이기는 사람들에게 예수님은 마지막으로 복음서 전승에서 잘 알려진 또 다른 약속을 반복하신다. 예수님은 아버지와 그분의 천사들 앞에서 "그들의 이름을 시인"하실 것이다(막 8:38; 눅 12:8을 보라). 예수님이 직접 시인해 주신다니 놀라울 것이다. 예수님이 아버지 앞에서 우리를 시인하시는 것이야말로 최고의 순간일 것이다. 너무 늦기 전에 깨어나자.

요한계시록 3:7-13
빌라델비아에 보내는 편지

> ^{7}"이것을 빌라델비아에 있는 교회의 천사에게 적어 보내라. '이것은 거룩하신 분, 참되신 분, 다윗의 열쇠를 가지신 분, 여시면 아무도 닫지 못하고 닫으시면 아무도 열지 못하는 분의 말씀이다. 나는 네가 한 일을 알고 있다. ^{8}보아라! 내가 네 바로 앞에 열린 문을 두었고, 아무도 그것을 닫지 못한다. 네 능력은 적었지만, 네가 내 말을 지켰고, 내 이름을 부인하지 않았기 때문이다. ^{9}보아라, 자칭 유대인이라고 하지만 결코 그렇지 않은 사기꾼인 사탄의 회당에게 내가 이렇게 하겠다. 주목하여라, 내가 네게 허락할 일이 이것이니, 곧 그들이 와서 네 발 앞에 경배하게 하여, 그들로 내가 너를 사랑한 줄

알게 할 것이다. ¹⁰네가 인내에 관한 내 말을 지켰기에, 나는 온 세상에 임하여 땅의 모든 거주민들을 시험할 시련의 때로부터 너를 지키겠다. ¹¹내가 얼른 가겠다! 네가 가진 것을 붙들어 어느 누구도 네 면류관을 빼앗지 못하게 하여라. ¹²나는 누구든 이기는 사람들을 내 하나님 성전의 기둥으로 삼겠다. 그들은 다시 밖으로 나가지 않을 것이다. 내가 내 하나님의 이름과 내 하나님의 도성 곧 하늘로부터 내 하나님에게서 내려오는 새 예루살렘의 이름, 그리고 나 자신의 새 이름을 그 사람 위에 적을 것이다. ¹³누구든 귀 있는 사람은 성령이 교회들에게 하시는 말씀에 귀 기울여라.'"

나는 앉아서 내가 지진 속에 있음을 깨달았을 때 어떤 기분일지 상상해 보려고 애썼다. 전에 나는 로스앤젤레스의 한 호텔에서 몇십 층 높이에 묵었던 적이 있고, 건물이 흔들리기 시작하면 무엇을 해야 하는지 상세한 지시가 숙소 안에 있는 걸 보고 놀랐다. 지진은 일어나지 않았다. 작은 규모라도 내가 지진에 가장 근접했던 건 수백 킬로미터 떨어진 곳이었고, 그것도 쟁반의 사기그릇이 흔들리는 정도였다. 나는 아직 지진을 경험해 보지 못한 셈이다.

하지만 지진을 경험해 보고 싶지도 않다. 진짜 진동을 느껴 본 사람들의 이야기에 의하면, 지진은 최악의 악몽과도 같다. 확고하고 안전하다고 생각했던 모든 것이 움직인다. 집과 벽, 거리, 다리, 공원, 밭 등 모든 것이 느닷없이 위아래로 흔들린다. 당연한 것은 하나도 없다.

1세기의 중부 터키는 다른 시기와 마찬가지로 지진으로 악명이 높았다. 계시록이 쓰이기 50년 전 혹은 더 이전에 빌라델비아는 최악의 지진을 경험했다. 도시 대부분이 파괴되어, 황제의 허가를 받아 재건되어야 했다. 그 시대의 거대 도시에서 고급 공공건물은 그런 위기의 순간에 특히 위험했다. 작고 가난한 가정은 최악의 피해를 피할 수 있었을 것이다. 하지만 고대 건축물과 도시 구조물, 특히 (고대 도시에 많았던) 신전 같은 웅장한 건물을 상상해 보라. 높은 기둥이 흔들리고, 금이 가고, 그러다 휘면서 거대한 대리석 박공벽(pediment)이 무너져 내리는 장면을 상상해 보라. 결코 머물 만한 곳이 아니다.

이제 지진과 붕괴된 신전(temples)에 대해 잘 알고 있는 빌라델비아 같은 도시에서, 이기는 사람들은 하나님의 *성전(temple)의 기둥이 될 것이라는 약속이 그 교회에 어떤 효과를 줄지 상상해 보라(12절). 돌이나 대리석으로 만들어진 성전이 결코 아니다. 바울과 베드로의 저작에서처럼, 이것은 예수님 자신을 기초로 삼은 살아 있는 인간으로 만들어진 '성전'이다. 이 이미지는 기독교 *신앙의 맨 처음 시기부터 사용되었다. 첫 그리스도인들은 부분적으로 예수님 때문에, 또 부분적으로 *성령의 은사 때문에 자신들을 참 성전, 살아 계신 하나님이 자기 집으로 삼으신 곳으로 여겼다. 그리고 간혹 예루살렘 지도자들은 '기둥'이라고 불렀다(갈 2:9). 이 비유의 효력은 교회가 새 성전이라는 개념에 근거한다.

그러나 이제 예루살렘에서 멀리 떨어진 빌라델비아의 평범한 그리스도인들이 '기둥'이 될 것이다. 그것도 지진의 위험으로 악명 높았던 도시에서 말이다! 소중히 간직할 약속이다.

이것은 편지 첫머리의 설명 및 약속과 밀접한 관련이 있다. 예수님은 이사야 22:22에서 하나님의 집을 관장하도록 임명된 청지기처럼,

'다윗의 열쇠'를 가진 분이시다. 곧 어떤 문이든 열거나 닫을 수 있는 왕궁 열쇠다. 이 왕권을 소유한 예수님이 빌라델비아 그리스도인들 바로 앞에 한 문을 여셨고, 그들에게 그 문을 통과하라고 촉구하신다. 바울이 동일한 그림을 사용하듯이(고전 16:9; 고후 2:12; 골 4:3), 이것은 그들이 굳게 설 수 있는 기회뿐 아니라 전진할 수 있는 기회, 예수님의 *복음이 아직 닿지 않은 지역과 마음에 그것을 가져갈 수 있는 기회를 갖는다는 의미인 게 거의 확실하다. 자격 요건은 모두 갖추었다. 그들은 상당한 힘을 가졌다. 아주 많지는 않지만, 예수님의 지원에 힘입어 그들은 필요한 모든 것을 소유하고 있다. 그리고 그들은 그분의 *말씀을 지키고 그분의 이름을 부인하지 않으면서(이 말은 이미 모종의 박해가 있었음을 암시한다) 신실하게 살아 왔다. 그들은 용기를 갖고 문으로 들어가야 한다. 아직 기회가 있을 때 주어진 기회를 움켜잡아야 한다.

그런데 무언가 방해물이 있다. 그 지역 대부분의 도시처럼, 빌라델비아에도 영향력 있는 유대인 공동체가 있었던 게 거의 확실하다. 그리 멀지 않은 사데가 당시 유대교의 주요 중심지였다. 서머나에 보내는 편지에서처럼, 우리는 여기서 회당 공동체가 공적 지위를 이용해 이스라엘의 *메시아 예수님에 관한 *메시지, 아주 유대적인 동시에 그런 만큼 유대 백성에게 도전을 제기했던 그 메시지의 전진을 차단하고 있었다는 암시를 만난다. 오늘날의 많은 도시처럼, 한쪽 거리 모퉁이에 '교회'가 있고 다른 쪽 모퉁이에 '회당'이 있다고 상상하면 안 된다. 그 대신 자체 건물과 공동체 생활을 갖춘 수천 명의 유대인 공동체와, 아마 기껏해야 20-30명 남짓한 사람들이 이스라엘의 하나님께서 예수님을 죽은 자들로부터 일으키셨다는 대단히 개연성 없고 극도로 위험한 주장을 고수하는 교회를 상상해야 한다. 이런 불균형은 지금 진행되는 내용을 설명하는 데 많은 도움을 준다.

9절은 서머나 편지(2:9)의 해당 내용보다 상당히 더 매정하다. 우리는 이것이 '반유대주의'가 아니라는 사실을 다시 되새긴다. 우리가 여기서 접하는 내용은 이른바 유대인 내부의 질문이다. 이 두 그룹 중 누가 옛 하나님의 백성의 횃불을 들고 있는 참 유대인이라고 정당하게 주장할 수 있는가? 우리가 보았듯이, 이것은 1세기 유대교의 다른 분파에서 상당히 흔한 질문이었다. 여기서 예수님은 아주 분명하시다. 다윗계 메시아인 자기를 따르는 사람들이 참 유대인이다. 예수님을 부인하는 사람들은 그 고귀한 이름의 권리를 포기한 것이다.

더욱이 (이곳이 빌라델비아 편지가 서머나 편지를 넘어서는 지점인데) 역할의 극적 반전이 있을 것이다. 말라기(1:2)에서 하나님은 배반하는 이스라엘에게 야곱의 후손 이스라엘과 야곱의 형제 에서의 후손 에돔을 대조하며 "나는 너희를 사랑한다"고 선언하신다. 이제 우리는 비슷한 대조를 본다. 믿지 않는 회당은 메시아 예수님이 **자기를 믿는 이 작은 그룹**을 사랑하셨음을 깨달을 것이다. 그리고 옛 예언은 이방 나라가 이스라엘 백성에게 와서 절하며 한 분이신 참 하나님이 그들과 함께 계셨음을 인정할 때에 대해 얘기했지만, 이제 반대로 될 것이다. 창세기 42장의 야곱의 형제들처럼, 유대 백성은 전에 멸시했던 예수님 앞에 경배할 것이다. 결국 예수님의 제자들은 열린 문으로 들어갈 수 있는 사람들이고, 새 성전에서 기둥이 될 사람들이라는 점이 명확해질 것이다.

그들은 또 새 이름을 가진 사람들이다. 이번에는 하나님, 하늘의 예루살렘, 그리고 왕이요 주시라는 '새 이름'을 지닌 예수님의 삼중적 이름이다. 그들은 하나님의 백성, 예수님의 백성, 또 *하늘과 땅이 영원히 연합될 그 도시의 시민이라는 공적 표시를 받을 것이다. 그곳에는 지진이 전혀 없다. 안전과 정당성 인정(vindication), 그리고 인내에 대한 궁극적 보상이다. 온 땅에 시험의 때가 오고 있고(10절), 강력한 탐조등처럼 누가 예수님과 그분의 '면류관'(11절) 약속을 붙들고 있으며 누가 그렇지 않을지 밝혀 줄 것이다. 빌라델비아의 그리스도인들은 지금 붙들고 있다. 그들은 계속 그렇게 해야 하고, 그때가 올 때 '이겨야' 한다. 우리도 마찬가지다.

요한계시록 3:14-22
라오디게아에 보내는 편지

14 "이것을 라오디게아에 있는 교회의 천사에게 적어 보내라. '이것은 아멘이신 분, 신실하시고 참되신 증인, 하나님의 창조의 시작이신 분의 말씀이다. 15 나는 네가 한 일을 알고 있다. 너는 차갑지도 않고 뜨겁지도 않다. 나는 네가 차갑거나 뜨겁기를 바란다! 16 네가 그렇게 차갑지도 뜨겁지도 않고 미지근하기 때문에, 내 입에서 너를 토해 내려고 한다. 17 너는 "나는 부자다! 나는 훌륭히 해냈어! 부족한 게 없어!"라고 말한다. 하지만 너는 네가 가련하고, 불쌍하고, 가난하고, 눈먼 벌거숭이인 줄 모르고 있다. 18 나는 네게 이렇게 당부한다. 불에 정제된 금을 내게서 사 가라. 그러면 너는 부자가 될 것이다! 또 흰옷을 사서 네 몸을 덮어 너의 벌거벗은 수치가 보이지

않도록 가려라. 또 치료용 연고를 사서 눈에 넣으면, 네가 볼 수 있을 것이다. [19]사람들이 내 친구라면, 그들이 잘못했을 때 나는 그들에게 말해 주고 그들을 처벌한다. 그러므로 너의 마음을 가다듬고 회개하여라! [20]보아라! 내가 문을 두드리며 여기 서 있다. 누구든 내 음성을 듣고 문을 열면, 나는 그들에게 들어가 그들과 함께 먹고, 그들은 나와 함께 먹을 것이다. [21]이기는 사람에게 내가 줄 선물은 이것이다. 곧 내가 이겨서 내 아버지 보좌 옆에 앉았듯, 나는 그들을 내 보좌 옆에 앉히겠다. [22]귀 있는 사람은 성령이 교회들에게 하시는 말씀에 귀 기울여라.'"

2011년 초 호주에는 특이한 홍수가 있었다. 처음에 홍수는 북동부 지역의 광대한 퀸즐랜드(Queensland)주의 한 구역에서 시작되었다. 그 뒤 홍수는 다른 주로, 더 많은 주로 번져 갔다. 홍수는 남쪽으로 국경을 넘어 뉴사우스웨일스(New South Wales)로 번졌다. 수십 만 가구가 주저앉았고, 수백 만 명이 이주했다. 내가 이 글을 쓰고 있는 시점에도 그렇고, 그 홍수가 경제에 미친 영향은 한동안 알 수 없을 것이다.

대참사 이후 호주 총리는 이 지역의 재건을 돕기 위해 일회성 세금을 걷겠다고 선언했다. 피해를 입은 사람과 극빈자들은 세금을 내지 않아도 된다. 이는 전 재산을 잃어버린 사람들에게 손을 내밀어 그들을 돕기 위해 호주인이 할 수 있는 최소한의 조치였다.

정부가 나서서 구조해야 하는 이런 위기감은 멀고 먼 길을 한참 거슬러 올라가 적어도 1세기의 로마 세계에 이른다. 앞 편지에서 우리가 보았듯이, 빌라델비아는 주후 17년의 지진에서 참변을 겪었고, 로마 중앙 기금의 도움을 흔쾌히 받아들였다. 하지만 나중에 주후 61년의 지진이 리쿠스(Lycus) 계곡의 여러 도시, 빌라델비아 남부까지 막대한 피해를 입혔을 때, 한 도시가 황제의 도움을 거절했다. 그것은 자부심을 가질 만한 일이었다. 대부분은 제안을 덥석 받아들였을 것이다. 그러나 라오디게아는 외부의 도움이 필요하지 않다고 여겼다. 호의는 고맙지만, 라오디게아는 충분히 부유했다.

이 일은 라오디게아에 대해 우리가 알아야 할 가장 중요한 사실 하나를 알려 준다. 라오디게아는 프리기아(Phrygia) 지구를 대략 북-남과 동-서로 가로지르는 중요한 교역로의 교차점에 자리 잡고 있었다. 비슷한 곳에 위치한 여러 도시들처럼 라오디게아는 일상적 교역에서 이득을 얻었다. 사실 그곳은 지방 전체의 금융 중심지였고, 오늘날 우리는 그 말이 무슨 뜻인지 잘 안다. 게다가 라오디게아는 훌륭한 의술 학교로 유명했고, 사람들은 의사로 훈련받기 위해 원거리에서 오곤 했다. 특히 라오디게아의 의술 학교는 안과, 눈 치료 전문이었다. 라오디게아는 특히 인기가 있던 프리기아 안약을 얻기에 좋은 곳이었다.

아직 더 있다. 라오디게아 지역 농부들은 특이한 흑양 품종을 개발했는데, 그 양모가 엄청난 고급품이었다. 이것은 양모 업자들이 아주 기꺼이 지원했던 패션 산업을 육성했던 것 같다. 라오디게아 양모로 만든 옷감은 수요가 아주 많았다.

라오디게아가 소유하지 못한 건 양질의 물이었다. 리쿠스 강은 그 지점에서 물살이 세지 않았고, 여름에는 가끔 완전히 말라 버리기도 했다. 하지만 라오디게아에는 북쪽과 남동쪽에 다른 두 개의 수원지가 더 있었다. 북쪽으로 깎아지른 절벽 위에 높이 서 있던 곳은 도시

히에라폴리스(Hierapolis)였다. 이곳은 오늘날까지 여행객들이 전 세계 곳곳에서 찾아오는 여러 온천을 자랑한다. 각종 화학물질을 함유한 온천수가 땅에서 솟아나(오늘날에는 상수관을 통해 여러 호텔의 욕실로 들어간다) 절벽 너머로 넘쳐흘러, 몇 킬로미터 떨어진 곳에서도 식별되는 흰색 광물 침전물을 남긴다. 1세기에 사람들은 계곡 중앙에서 7-8킬로미터 떨어진 라오디게아까지 이 물을 끌어오기 위해 송수로를 건설했다. 이 시설은 오늘날에도 볼 수 있는데, 내부에 굳어진 광물 침전물이 덮여 있다. 그런데 물은 라오디게아에 도달할 때쯤에는 더 이상 뜨겁지 않고 미지근했다. 설상가상으로 농축된 화학 물인 탓에 마시기에도 적합하지 않았다. 특별히 의료 목적을 위해 사용하는 게 아니라면 말이다.

라오디게아의 남동쪽에는 도시 골로새가 있었다. 골로새 역시 주후 61년의 지진에서 처참한 피해를 입었지만 재건되지 못했다. 하지만 골로새에는 눈 덮인 높은 카드모스(Cadmus)산에서 흘러내리는 훌륭한 물 공급원이 있었다. 빠르게 흐르는, 거의 알프스급 품질의 차가운 시냇물이었다. 하지만 18킬로미터 떨어진 라오디게아에 닿을 때쯤에는 터키의 일상적 더위로 인해 이 물 역시 미지근해졌다.

라오디게아의 이런 독특한 특징—뜨거운 물은 냉랭해지고 차가운 물은 데워지는—이 일곱 편지 중 가장 유명한 이 편지에서 가장 유명한 부분을 구성한다. 이제 '라오디게아'란 단어는 '냉담하다' '이도저도 아니다'라는 뜻을 담은 '미지근함'을 가리키는 유명한 어구가 되었다. 그래서 예수님은 슬픔과 어쩌면 진짜 화가 뒤섞여 라오디게아 교회에게 이렇게 얘기하신다. "너는 차갑지도 않고 뜨겁지도 않다. 나는 네가 차갑거나 뜨겁기를 바란다! 네가 그렇게 차갑지도 뜨겁지도 않고 미지근하기 때문에, 내 입에서 너를 토해 내려고 한다." 여기서 '토해 낸다'는 말도 별로 강한 표현이 아니다. 예수님은 라오디게아의 기독교를 메스꺼워하신다. 라오디게아 교회는 그분을 역겹게 만든다.

이 편지의 '지역색'은 뒤이어 최고조에 달한다. "너는 '나는 부자다! 나는 훌륭히 해냈어! 부족한 게 없어!'라고 말한다." 도시 전체의 우쭐대는 부유한 태도가 그리스도인들까지 물들인 게 분명하다. 하지만 예수님은 그들에게 일말의 의혹도 남기지 않으신다. 사실 그들은 가련하고 불쌍하다(그렇게 느껴지지 않을지 모르나, 그들의 실상을 보여 주는 두 가지 일반적 표현). 좀더 구체적으로, 그들은 가난하고, 눈멀고, 벌거벗었다. 그들은 예수님만이 주실 수 있는 금이 필요하다. 그들은 예수님만이 제공하실 수 있는 고급 옷(그 지역에서 인기 있던 검은 옷이 아니라 흰옷)이 필요하다(우리는 갓 세례 받은 사람들이 새로운 거룩한 *삶에 헌신되었음을 알리며 흰옷을 입었음을 상기해야 한다). 그들은 새로운 종류의 안연고가 필요하다. 프리기아의 명물도 그 지역과 사람들의 영적 눈멂을 치료하지 못할 것이다. 이는 참담한 내용인데, 지역 문화의 다채로운 메아리로 인해 한층 더 그렇다.

아빌라의 테레사가 한번은 자신이 겪고 있던 고난에 대해 주님께 불평했다. 하나님은 이렇게 응답하셨다고 전해진다. "그게 내가 내 친구들을 대하는 방법이다." 그때까지 선량하고 직설적이고 성경적인 방법으로 기도하던 테레사가 항변했다. "그럼 하나님께 친구가 적더라도 놀라지 마세요." 19절은 바로 그런 투의 풍자적 유머를 담고 있다. 15-18절의 위축시키는 비난 뒤에, 이제 예수님은 사실상 이렇게 말씀하신다. "이제 너는 내가 내 친구들을 어떻게 대하는지 안다!" 이 모든 것에도 불구하고 라오디게아의 그리스도인들은 여전히 주님의 친구

명단―우리는 그렇지 못하지만 주님은 신실한 친구시다―에 있기 때문에, 그들이 잘못되었을 때 주님은 예리하고 진실하게 말씀하실 것이다. 주님은 친구이실 뿐만 아니라 주님이시기 때문에, 그분은 또한 비탄에 빠뜨리기 위해서가 아니라 제정신이 들게 하기 위해 그들을 벌하실 것이다. "너의 마음을 가다듬고 회개하여라!" 우리는 오늘날 교회의 많은 모습들에 대해서도 이렇게 말할 수 있을 것이다. 충고가 타당하다면, 받아들이라.

라오디게아에 보내는 편지는 지역색과 더불어 예수님에 대한 가장 놀라운 묘사와 강력한 약속을 담고 있다. 진짜 문제에 봉착해 있던 한 교회가 주님에게서 가장 친밀하고 애정 어린 약속을 받았다는 사실이 의아할 수도 있다. 아마 여기에도 교훈이 있을 것이다. 예수님은 자신을 '아멘', 즉 자신의 *말씀에 진실함을 지키는 분, "신실하고 참되신 증인", 그리고 더 놀랍게도 "하나님의 창조의 시작"으로 묘사하신다. 이것은 (골로새서 4:16이 시사하듯이, 라오디게아에 전달될 계획이던 한 편지에서 울려나는) 골로새서 1:15-20의 메아리다. 예수님을 통해 하나님의 세계가 생겨났고, 또 예수님의 *부활 속에서 새 창조가 개시되었다. 이 우주적 계획은 라오디게아의 미지근함을 한층 더 당혹스런 관점에서 보게 한다. 여기에 우주의 주님이신 예수님이 계시고, 여기에 자기만족에 빠져 우쭐대지만 실은 가난하고, 벌거벗고, 눈먼 너희가 있다!

그 뒤에 두 가지 마무리 약속이 나온다. 앞서 나는 15절이 이 편지에서 가장 유명한 구절이라고 말했지만, 20절이 그 뒤를 바짝 쫓는다. "보아라! 내가 문을 두드리며 여기 서 있다." 나는 분명 이 구절에 대해 수십 번 이상의 강의와 설교를 들었을 텐데, 모두 마음과 삶의 문을 열고 예수님을 모셔 들이라고 청중들을 격려했다. 훌륭하다. 요긴하다. 더없이 필요하다. 하지만 애석하게도 이 본문이 말하는 정확한 내용은 아니다. *복음서 이야기의 메아리는 문을 두드리는 사람이 (3:3에서 사데에게 주는 경고에서처럼) 뜻밖의 시간에 돌아오는 집주인이고, 문을 열어야 하는 사람은 깨어 기다렸던 종임을 시사한다. 따라서 이것은 우선 예수님의 집이고, 우리의 임무는 그냥 그분을 집으로 맞이하는 것이다. 또 옛 성서의 메아리는 약간 다르지만 이와 관련된 이미지를 시사한다. 이분은 연인이 잠들어 있는 집 문을 두드리는 신랑이시다(아 5:2). 계시록 21:2을 언뜻 보면, 이 이미지 또한 염두에 두었음을 알 수 있다.

아직 더 있다. 여러 이유 때문에, 내가 들었던 모든 강의와 설교는 20절 하반절을 다룰 짬이 없었다. "나는 그들에게 들어가 그들과 함께 먹고, 그들은 나와 함께 먹을 것이다." 초기 그리스도인 가운데 이 말씀을 들으면서 예수님이 강렬하게 직접 오셔서 자신을 백성들에게 주시는 공식 식사, 빵을 떼는 의식에 대해 생각하지 않았을 사람은 하나도 없다. 그런 식사는 메시아의 마지막 잔치를 기대한다(19:9을 보라). 이것들은 언젠가 온전히 또 영원히 오실 그분의 예비적 '오심'이다.

이 음식을 나누는 사람들, 그리고 이로써 예수님이 자신의 죽음을 통해 '이기셨듯이' 이길 힘을 얻은 사람들은 가장 특별한 특권을 소유할 것이다. 예수님이 하나님의 보좌를 공유하신다는 생각만으로도 이미 충분히 놀랍다. 물론 초기 그리스도인들은 이를 시편 110편과 다니엘 7장의 성취라고 여겼겠지만 말이다. 하지만 이제 "이기는 사람"들도 예수님의 보좌를 공유할 것으로 보인다. 그들은 (바꿔 말해)

세상을 다스리는 그분의 신기하고 주권적인 통치를 공유할 것이다. 곧 예수님이 군사력이 아닌 고난받는 사랑의 힘으로 도달하신 통치다. 이것이 "왕 같은 제사장"이 된다는 말의 의미다.

일곱 편지는 이렇게 끝난다. 요한의 시대처럼 오늘도 누구든 귀 있는 사람은 *성령이 교회들에게 하시는 말씀을 들어야 한다.

요한계시록 4:1-6상
왕의 알현실에서

> ¹그 뒤에 내가 보니, 하늘에 문 하나가 열려 있었습니다! 처음에 나와 이야기를 나누던 나팔 같은 음성이 다시 말했습니다. "여기로 올라와라. 그러면 내가 이 일들 다음에 반드시 일어날 일을 네게 보여 주겠다."
>
> ²곧바로 나는 그 영 안에 있었습니다. 하늘에 보좌 하나가 서 있었고, 누군가 그 위에 앉아 있었습니다. ³앉아 있는 인물은 벽옥이나 홍옥의 모습이었고, 보좌 주위에는 에메랄드처럼 보이는 무지개가 있었습니다. ⁴보좌 주위에는 스물네 개의 보좌가 있었고, 흰옷을 입고 머리에 금 면류관을 쓴 스물네 장로들이 보좌에 앉아 있었습니다. ⁵번득이는 번개, 으르렁대는 소리와 천둥소리가 보좌에서 나왔고, 보좌 앞에는 하나님의 일곱 영인 일곱 등잔대가 있었습니다. ⁶상보좌 앞에는 유리 바다 같고 수정 같은 것이 있었습니다.

우리는 거대한 행렬의 일부가 되어 성당 안으로 걸어 들어갔다. 내 동료 선임 목사는 우리가 받은 예배 순서지를 보고 있었다.

그가 말했다. "아! 이제 보니, 두 번째 성경 봉독으로 계시록 4장을 읽는군."

그는 미소를 지었다. "성경에서 가장 아름다운 두 개의 장 중 하나지!"

나는 궁금증이 발동해 뻔한 질문을 했다.

"다른 하나는 어딘데?"

그의 미소가 한결 더 번졌다.

"당연히 계시록 5장이지!" 그는 의기양양하게 말했다.

이 두 장을 연구하고 설교할 때 종종 이 대화를 생각한다. 2장과 3장의 일곱 교회에 보내는 편지도 분명 충분히 인상적이다. 1장 서두의 예수님 환상은 진지한 독자들로 하여금 요한처럼 반응하여 경외심 가운데 엎드려 경배하게 하기에 충분하다. 그런데 이제 우리는 이 서두의 세 장도 단지 준비 과정이었음을 깨닫는다. 4장이 이야기가 진짜 시작되는 곳이다. 4장은 요한이 이 책의 제목으로 붙인 '계시'를 받은 곳이다. 이 대목부터 이후의 모든 것은 요한이 거기 하늘의 알현실(throne room)에 서 있을 때 그가 받은 환상의 일부분이다.

이 짧은 시작 본문은 매 구절마다 요한이 간 곳에 대해, 또 그 의미에 대해 풍부한 세부 사항을 우리에게 전해 준다. 그 내용은 한 문구씩 천천히 훑어볼 만한 가치가 있다.

"*하늘 문'에 대해 읽을 때 당신은 무슨 생각을 하는가? 오랫동안 나는 요한이 하늘을 올려다보며 저 멀리에 원거리 별처럼 작지만 밝게 빛나는 열린 문을 보았고, 그 뒤 그 문을 통해 하늘의 세계로 들어오도록 초대받았다고 상상했다. 그러나 이제는 아주 다르게 생각한다.

내가 자주 얘기했듯이, 성경 신학에서 '하늘'과 '땅'은 통속적 상상과 달리 커다란 심연에 의해 분리되어 있지 않다. '하늘', 즉 하나님께 속한 실재의 영역은 바로 여기에, 우리 곁 가까이에서 우리 일상의 현실과 교차한다. 이는 저 멀리 높은 하늘에서 문이 열리는 것과 무관하다. 이는 우리가 전에는 이 방과 이 들판, 이 거리만 볼 수 있었던 그곳에서 바로 우리 앞에 문이 열리는 것에 훨씬 가깝다. 느닷없이 다른 세계로 들어가는 문이 열리며 '올라와' 무슨 일이 벌어지는지 보라고 초대한다.

어떤 사람들의 추측과 달리, 이는 하나님의 백성들이 하늘로 들려 올라가 지상에서 벌어질 두려운 사건을 피하는 것과 아무 관련이 없다. 본문의 주제는 한 예언자가 하나님의 알현실로 이끌려 가 '무대 뒤'를 보고 앞으로 벌어질 일에 대해, 또 이 모든 것이 어떻게 맞아떨어져 의미가 통하는지 전부 이해하는 것이다. 이 놀라운 두 장, 계시록 4장과 5장은 별개로 존재하지 않는다. 한 측면에서 볼 때, 4장과 5장에서 이 책의 나머지 전체로 우리를 이끌어 갈 전체 연속 예언이 시작된다. 또 다른 측면에서 볼 때, 이 두 장에서 보다 구체적으로 첫 번째 연속 예언, 곧 하나님의 목적을 기록한 '두루마리'(5:1)를 펼치기 위해 떼어야 하는 '일곱 봉인' 예언이 시작된다.

우리가 이런 유의 책이 '일곱'의 연속을 중심으로 구성된다는 사실을 이해한다면, 이어지는 장들에서 다채롭게 뒤섞이는 이미지의 중심을 잡는 데 도움이 될 것이다. 우리는 이미 교회들에게 보내는 일곱 편지를 보았다. 이제 6:1과 8:1 사이에서 떼어 낼 일곱 봉인이 시작될 것이다. 일곱 번째 봉인에서 또 하나의 연속, 8:6에서 11:15까지 하나씩 불게 될 일곱 나팔이 시작된다. 그 뒤에 이 책의 중심부에서 우리는 궁극적 악의 원천과 그 우두머리 대리인이 드러나는 환상, 곧 용, 바다에서 올라오는 짐승과 땅에서 올라오는 짐승의 환상과, 이 짐승을 모종의 방법으로 격파한 사람들의 환상도 발견한다(12-15장). 그 뒤에 이것은 마지막 일곱의 연속으로 이어진다. 곧 이집트의 재앙처럼 (15:1) 거대한 독재 권력을 심판하고 하나님의 백성을 그 마수에서 구출하는 수단이 될 최후의 재앙, 하나님의 진노의 일곱 대접이다. 이 진노의 대접은 16장에서 부어지지만, 그 효과는 17장과 18장에서 보다 자세히 서술되고, 19장에서 두 짐승에 대한 승리의 축하로 이어진다. 이로써 옛 용 혼자만 남고, 용의 운명의 마지막 반전이 20장에 서술된다. 이것은 그 뒤에 하나님의 최종 계획의 마지막 계시를 위한 무대를 정비한다. 곧 하늘과 땅이 완전히 또 영원히 결합된 새 예루살렘이다.

따라서 우리가 4장과 5장에서 목격하는 것은 하나님의 목적의 최종 단계가 아니다. 이는 하나님의 백성의 마지막 안식처로 여겨진 궁극적 '하늘'의 환상이 아니다. 도리어 이것은 요한이 **현존하는** '하늘'로 들어와도 좋다는 허락이다. 하늘의 알현실 장면은 현재의 실재다. 요한이 거기 있는 동안 그가 받은 환상은 "이 일들 다음에 반드시 일어날 일"에 대한 복합적 환상이다. '세상의 종말' 그 자체에 대한 환상이 아니라, 그동안 일곱 교회에게 그렇게 철저하게 경고했던 바, 세상을 휩쓸고 하나님의 백성에게 온갖 고난을 야기할 참담한 사건에 대한 환상이다.

요한은 알현실로 소환된다. 일부 고대 이스라엘 예언자처럼, 그가 하나님의 회의실에 서서 진행되는 대화를 듣고 그 뒤 그것을 지상의 백성들에게 다시 전달할 특권을 받았기 때문이다. 열왕기상 22장의 이믈라의 아들 미가야처럼, 요한은 군대를 주위에 두고 보좌에 앉아 계신 하나님을 직접 보고, 그들의 논의와 계획에 접근하도록 허락받는다. 그러나 이 장면은 또한 우리에게 에스겔이 선회하는 불 바퀴를 타고 앞뒤로 이동하는 하나님의 보좌용 전차 환상을 받았던 에스겔 1장도 상기시킨다. 무지개(3절)는 에스겔 1장을 우리에게 상기시킬 뿐만 아니라 창세기 9장의 노아 이야기로 우리를 데려간다. 창세기 9장에서 하늘의 큰 무지개는 다시는 홍수로 땅을 파괴하지 않으시겠다는 가시적인 자비의 약속이었다. "에메랄드처럼 보이는 무지개"는 우리에게 상상해 보라고 도전한다. 앞으로 우리가 보게 되듯, 이런 도전은 이 두 장에만 있는 것은 아니다. 그리고 그 결과는 자비와 경외심과 아름다움의 풍부하고 알찬 조합이다.

일부 다른 고대의 유사 이야기에서처럼, 여기서 요한은 하나님의 회의, 곧 별개의 보좌에 앉아 있는 스물네 장로를 본다. 그들은 이스라엘의 열두 지파와 *열두 사도의 연합을 나타내는 게 거의 확실하다. 그들은 말하자면 이제 세상을 다스리는 하나님의 통치에 동참하는 하나님의 백성의 완벽한 구현이다. 그들의 흰옷은 순결과 승리를 나타낸다. 그들의 면류관은 그들이 "왕 같은 제사장"의 대표자임을 보여 준다(1:6; 5:10; 20:6). (아무리 줄여 말해도) 고요한 장면은 아니다. 번개와 천둥과 불은 계시록 곳곳에서 중요한 순간에 나타나는 불꽃과 굉음이다(8:5; 11:19; 16:18). 하나님의 목적이 드러날 때, 우리는 만물이 놀라울 만큼 흔들릴 것이라고 예상해야 한다.

알현실에 관한 이 첫머리 서술의 마지막 세부 사항은 "유리 바다 같…은 것"이다. 이것은 무척 신비롭다. 솔로몬의 *성전에는 '바다' 즉 커다란 놋쇠 그릇이 있었고(왕상 7:23-26), 이것이 논점의 일부였을 수 있다. 하지만 15:2의 "유리 바다"는 이스라엘 자손들이 안전하게 통과했던 홍해에 더 가깝다. 계시록에서 다른 '바다'는 다니엘 7장처럼 커다란 짐승이 등장하는 바다인데(13:1), 그때 용은 명백히 짐승의 등장을 주도하며 해변에 서 있다(12:18). 그 뒤에 물론 새 예루살렘 자체에는 "더 이상 바다도 없다"(21:1). 이 모든 것은 알현실 내부의 '바다'가 지금 하나님의 세계 안에 악이 위험하게 현존하고 있음을 나타내는 일종의 상징적 표현임을 시사하는 것 같다. 그러나 이 바다는 하나님의 주권적 목적 안에 포함되고, 앞으로 결국 무너질 것이다.

지금까지 나는 이 장면에 대해 하나님의 하늘 보좌 측면에서 얘기했고, 요한은 구약성경의 예언자처럼 그 앞에 등장한다고 했다. 하지만 어떤 사람이 선임 참모에게 둘러싸여 보좌에 앉아 있는 알현실 개념은 즉각 요한의 독자에게 아주 다른 궁정을 연상시켰을 것이다. 곧 황제의 궁정이다. 우리는 이미 첫머리 세 장에서 (*하나님 나라가 세상 나라에 맞서는) 권력 투쟁의 암시가 있음을 들었다. 이제 강한 암시를 통해 우리는 세상 권력이 단지 하늘과 땅을 실제로 또 참으로 통치하는 한 절대 권력의 패러디, 값싼 모조품임을 깨닫도록 초대받는다. 요한의 위대한 환상이 펼쳐 보이듯이, 우리는 앞으로 이들 인간의 나라가 어떻게 사악하고 잔인한 권력을 획득했는지, 또 그와는 근본적으로 다른 하나님의 권력이 어떻게 그들에게 맞서 승리를 거두는지 볼 것이다. 이것은 일곱 편지가 교회들에게 동참하도록 촉구하는 승리다. 우리는 이제 그 승리가 어떻게 실현되는지 본다.

그 일은 실재가 드러나는 동시에 시작된다. 고대 터키의 복잡하고 어수선한 교회 생활의 혼란 배후에, 가짜 회당과 위협하는 통치자의 도전 배후에, 평범한 그리스도인의 모호한 투쟁과 어려움 배후에, 세상의 창조주요 주님이 주권자로 계신 하늘의 알현실이 자리 잡고 있다. 발걸음을 멈추고 이 환상을 묵상할 때에만, 우리는 우리 자신의 현실을 이해하게 해 줄 뿐 아니라 우리에게도 승리를 안겨 주는 실재를 어렴풋이 보기 시작한다.

요한계시록 4:6하-11
창조주께 드리는 찬양

⁶하보좌 가운데, 그리고 보좌 주위에 앞뒤로 눈이 가득한 생물 넷이 있었습니다. ⁷첫 번째 생물은 사자 같았고, 두 번째 생물은 황소 같았고, 세 번째 생물은 사람의 얼굴을 했고, 네 번째 생물은 날아다니는 독수리 같았습니다. ⁸네 생물은 각각 여섯 개의 날개가 있었고, 둘레와 안에는 온통 눈이 가득했습니다. 그들은 밤낮으로 쉬지 않고 말합니다.

"거룩, 거룩, 거룩,
전능하신 주 하나님,
전에 계셨고, 지금 계시고, 앞으로 오실 분이시여."

⁹네 생물이 보좌에 앉아 계신 분, 영원무궁히 살아 계신 분께 영광과 영예와 감사를 드릴 때, ¹⁰스물네 장로들은 보좌에 앉아 계신 분 앞에 엎드려, 영원무궁히 살아 계신 분을 경배합니다. 그들은 보좌 앞에 자신들의 면류관을 던지며 말합니다. ¹¹"오, 주 우리 하나

> 님, 하나님은 영광과 영예와 권능을 받으실 자격이 있습니다. 하나님께서 만물을 창조하셨기 때문입니다. 만물이 하나님의 뜻에 따라 창조되었고 존재합니다."

과학자와 인류학자들은 종종 "사람은 할 수 있지만 컴퓨터가 하지 못하는 일은 무엇인가?"라는 질문을 던졌다. 컴퓨터가 우리 대다수보다 장기를 더 잘 둔다. 컴퓨터는 우리에게 훨씬 더 많은 시간이 걸리는 온갖 종류의 질문의 답을 산출해 낼 수 있다. 지금은 우리가 할 수 있는 모든 일을 컴퓨터가 잘하지 못하지만, 언젠가 컴퓨터가 우리를 앞지를 거라고 대담하게 선언하는 이들도 있다.

데이비드 로지(David Lodge)는 이 주제에 대해 『사유들』(Thinks)이라는 인상적인 소설을 썼다. 여주인공은 마침내 답을 발견한다. 사람은 울 수 있고, 사람은 용서할 수 있다. 이 두 가지는 아주 강력하고 핵심적인 인간 행동이다. 이런 행동은 컴퓨터가 할 수 있는 것과는 사뭇 다른 차원에서 일어난다. 이런 행동이 없다면 우리는 인간 이하로 전락할 것이다.

종종 비슷한 질문이 제기된다. "사람은 할 수 있지만 동물이 할 수 없는 것은 무엇인가?" 일부 과학자들은 우리 인간이 그저 '털 없는 원숭이'라고, 아마 약간 세련된 형태지만 역시 동일한 연속선 위에 있다고 주장하고자 했다. 이는 컴퓨터에 관한 것보다 훨씬 까다로운 질문이지만, 본문의 논점과 직결된다. 즉 우리의 현재 본문에서 주된 차이점은 사람이 '때문에'(because)라고 말할 수 있다는 것이다. 특히 사람은 하나님에 대해 이렇게 말할 수 있다.

이 본문의 두 찬양, 8절의 첫 번째 찬양과 11절의 두 번째 찬양을 생각해 보라. 첫 번째 찬양은 네 생물이 밤낮 끊임없이 부르는 노래다. 네 생물은 하나님을 거룩하신 분으로 찬양하고, 영원하신 분으로 찬양한다. 네 생물은 다른 이유로도 우리의 관심을 받을 만하다. 그들은 어떤 면에서 *성전에서 본 이사야의 환상에서 하나님을 둘러싼 스랍들을 닮은 것 같고(사 6장), 또 에스겔이 본 환상의 네 생물과도 아주 비슷하다(겔 1장). 네 생물은 동물 피조물을 대표하는데, 거기에는 사람(이 단계에서는 사람의 얼굴을 하고 있지만 여러 짐승 가운데 하나에 불과하다)과 더불어 야생 짐승의 왕(사자), 몸집 큰 길든 동물의 우두머리(황소), 그리고 논란의 여지 없는 조류의 왕(독수리)이 포함된다. [일부 초기 기독교 전승에서 이 동물들은 네 *복음서 저자를 대표해 마태(사람 얼굴)와 마가(사자), 누가(황소), 요한(독수리)으로, 자신들이 전하는 예수님 주위에서 경배하는 생물이라고 여겨졌다.] 이 놀라운 생물들은 단순히 하나님의 보좌를 둘러싸고 있는 것만이 아니라 그분의 분부대로 행할 준비가 된 것처럼 보인다. 요한은 그들에게 "눈이 가득"하다고 두 번 말한다. 곧 하나님을 위해 잠들지 않고 온 창조 세계를 주시한다.

이 생물들의 노래는 단순히 우러르는 찬양 행위다. 이 본문을 읽으면서 우리는 시편 저자와 함께, 모든 창조 세계가 하나님께 의존해 있고 자신의 방식대로 경배한다는 사실을 깨닫는다. 이것만 해도 우리가 대부분 동물의 왕국을 바라보는 시각과 얼마나 대조적인지 숙고해 볼 가치가 있다. 하지만 그 뒤에 스물네 장로와의 대조는 훨씬 놀랍다. 창조 세계 전체는 단순히 하나님을 경배한다. 반면 하나님의 백성을 대표하는 사람들은 **자신이 왜 그렇게 하는지 이해하며** 말한다. "하나님은 영광과 영예와 권능을 받으실 **자격이 있습니다**. 하나님께서 만물을 창조하셨기 **때문입니다**." 바로 이거다. 동물들이 제 나름대로 아무리 고귀하더라도, 이 '때문에'가 사람과 다른 동물을 구별해 준다. 사람은 진행되고 있는 일을 반성하고 이해할 수 있는 능력을 지녔다. 그리고 그런 이해를 특히 예배를 통해 표현할 수 있는 능력이 있다.

결국 예배는 가장 중심이 되는 인간 활동이다. 분명 예배는 가장 중심적인 기독교 활동이다. 학생 시절 우리 가운데 상당수는 가르침과 배움, 성경 공부, 전도, 기도회 등등 온갖 종류의 기독교 활동으로 분주했다. 우리는 교회에 무척 자주 갔지만, (내 생각에) 우리가 거기서 무엇을 하는지 깊이 숙고하지 않았다. 어쨌든 배울 만한 설교가 있었고, 찬송 역시 훌륭한 교육 도구였다. 배움과 *교제의 시간이었다. 그래서 한 친구가 어느 날 사실 예배가 모든 것의 중심 아니냐고 주장했을 때, 나머지 사람들은 그를 별종 취급했다. 일종의 도피 같았다.

물론 지금 나는 그가 옳았음을 안다. 예배는 우리가 만들어진 목적이다. '**때문에**'가 동반된 예배는 우리를 진정한 인간으로 표시해 준다. 이 장면은 뒤이어 이 강렬하고 혼란스런 책의 나머지 부분에 나오는 모든 것의 기초가 된다. 앞으로 나올 모든 내용은 온 창조 세계가 한 분이신 참 하나님을 창조주로 예배하도록 부름받았다는 데서 유래한다. 그 창조 세계 안에 심각한 문제가 있는 것은 창조주가 단호하게 행동해 만사를 바로잡으셔야 한다는 뜻이다. 그것은 창조 세계가 악하고 하나님이 창조 세계에 진노하셨기 때문이 아니다. 오히려 창조 세계는 선하고, 창조 세계를 타락시켜 훼손한 세력, 또 창조 세계를 파괴하겠다고 위협하는 세력에게 하나님이 진노하셨기 때문이다(11:18).

이 짧은 찬양 노래에서 이 책의 가장 놀라운 특징 중 하나가 시작된다. 계시록은 이 찬양과 비슷하지만 종종 상당히 길게 창조주 하나님께 찬양하고 기도하는 여러 본문을 담고 있다. 이런 기도와 찬양에는 고대 이스라엘의 예배 생활에서 자라나 종종 시편과 예언서, 출애굽기 15장의 모세와 미리암의 노래 같은 다른 예배 찬양의 메아리가 담겼다. 이런 찬양과 기도가 최초의 그리스도인들이 사용한 것과 비슷하다는 많은 학자들의 추론은 아마 옳을 것이다. 물론 요한의 환상에 담긴 논리는, 그가 하늘의 차원에서 보는 것이 단지 교회 생활에서 이루어지는 일의 반영이 아니라, 그가 *하늘에서 보는 것이 이곳 땅 위에서 **이루어져야 할** 일이라는 것이지만 말이다. 하늘에 주도권이 있다. 하늘이 이끌어 간다. 하늘은 단순히 우리가 어쩌다 선택한 그 일의 '영적 차원'이 아니다.

곧이어 뒤따르는 본문에서 하늘에 대해, 또 예배에 대해 배워야 할 것이 훨씬 더 많다. 하지만 아마 여기서 잠시 멈추고 신중하게 숙고해야 한다. 우리는 개인 기도와 예배에서, 또 공적 예배와 예전에서 하나님을 만물의 창조주로 찬양하는 데 충분한 비중을 두는가? (때로 '축복 기도'라고 불리는) 용광로 속 세 남자의 찬양 같은 옛 시가 우리의 찬양 내용과 색채를 물들여, 우리는 의식적으로 창조 세계의 온갖 다양한 요소로 기뻐하는가? 따라서 우리는 창조 세계를 찬양의 무대로 여기고, 그런 경이로운 곳에 합당하게 살고 있는가?

특히 우리는 '때문에' 고백과 함께 경배해야 할 우리의 소명을 의식하고 있는가? (다시 말해) 하나님에 대한 사고가 우리의 찬양의 내용을 형성하는가? 우리는 하나님이 행하신 일 때문에 그분이 "영광과 영예와 권능을" 받으실 **자격이 있다**는 사실을 철저히 생각하는가?

이 모든 것이 제법 자명해 보일 수도 있다. 그러나 실제로는 결코 아니다. 세상은 창조 세계를 '영적' *생활과 무관한 초라한 곳으로 폄하하거나 혹은 창조 세계를 악과 죽음이 가득한 끔찍하고 음산하고 위험한 곳으로 비난한 운동과 체제, 철학, 종교로 가득했다. 마찬가지로 세상은 세상을 창조하신 하나님을 경배하는 대신, 세상 자체를 혹은 그 안에 있는 세력(돈, 성, 전쟁, 권력 등 일상적인 것 모두)을 숭배하는 운동으로 가득했다. 계시록은 섬세하면서도 결정적인 균형을 제시한다. 모든 창조 세계가 하나님을 경배한다. 우리 인간은 만물의 창조주이신 하나님이 모든 찬양을 받으시기에 합당하다고 인정하면서, 마음과 함께 지성으로 그분을 경배하도록 부름받는다.

요한계시록 5:1-7
사자와 어린 양

> ¹나는 보좌에 앉아 계신 분의 오른손에 두루마리 하나가 있는 것을 보았습니다. 그 두루마리에는 안쪽과 바깥쪽에 글이 적혀 있었고, 일곱 개의 도장이 찍혀 봉인되어 있었습니다. ²나는 큰 소리로 외치는 힘센 천사 하나를 보았습니다. "누구라도 두루마리를 펼치고 봉인을 떼어 낼 자격을 갖춘 사람이 있느냐?" ³하지만 하늘이나 땅이나 땅 아래 있는 사람은 누구도 두루마리를 펼치거나 쳐다볼 수 없었습니다. ⁴나는 두루마리를 펼치거나 그 안을 쳐다보기에 합당한 사람이 아무도 없을 것 같아, 울음을 터뜨렸습니다. ⁵그런데

장로들 가운데 하나가 내게 말했습니다. "울지 마시오. 보시오! 유다 지파 출신의 사자, 다윗의 뿌리가 승리를 거두었소! 그는 두루마리를 펴고 일곱 봉인을 뗄 수 있소."

⁶그때 나는 보좌와 네 생물 한가운데, 또 장로들 한가운데 어린 양이 있는 것을 보았습니다. 어린 양은 마치 살해당한 것처럼 거기 서 있었습니다. 어린 양에게는 일곱 개의 뿔과 일곱 개의 눈이 있었는데, 그것은 온 땅으로 보냄 받은 하나님의 일곱 영입니다. ⁷어린 양이 나와서 보좌에 앉아 계신 분의 오른손에서 두루마리를 받았습니다.

우리는 선 채로 도어 매트에 놓여 있는 편지를 바라보았다. 깔끔한 봉투에 고급 종이, 타자기로 쓴 선명하고 굵은 이름과 주소가 적혀 있었다. 그리고 그 꼭대기에 훨씬 큰 글씨로 이렇게 쓰였다. "수신자만 열어 보시오." 그런데 수신자가 집에 없었다. 우리는 감히 만져 볼 수도 없었다.

이제 봉투에 "자격이 있는 사람만 열어 보시오"라는 문구가 있다고 가정해 보자. 그러면 훨씬 더 호기심이 발동했을 것이고, 다른 종류의 질문을 제기했을 것이다. 당신에게 편지를 뜯을 자격이 있는지 어떻게 아는가? 어떤 사람의 표현처럼, 우리는 모두 도덕 은행의 인출 한도를 초과했다. 어떤 임무를 맡기에 충분한 '자격'을 갖춘다는 생각만으로도 우리는 즉각 양심을 훑어보고, 손안의 임무가 무엇이든 틀림없이 그것에 자격 미달인 온갖 이유를 찾아낼 수 있다.

이것이 이 장면 첫머리의 상황이다. 우리는 계속해서 요한의 눈을 통해 하늘의 알현실을 보고 있는데, 이는 한없이 늘어지는 반복 찬양이 아니다. 이곳은 창조주 하나님의 알현실이고, 그분의 세계는 단순한 극적 정경 혹은 유쾌한 활인화(活人畫, tableau)가 아니다. 그분의 세계는 프로젝트다. 어디론가 가고 있다. 성취해야 할 일이 있다.

특히 창조 세계 안에 뿌리박은 치명적 위험에서 창조 세계를 구출하기 위해 해야 할 일이 있다. 하나님의 진짜 수예품을 파괴하려고 애쓰는 세력을 전복시키기 위해 해야 할 일이 있다. 그것은 두려운 임무일 것이고, 그것 자체가 꺼려질 수도 있다. 물론 우리는 스스로 해결책의 일부가 아니라 문제의 일부가 됨으로써 상황을 훨씬 더 악화시켰다.

이것이 2절의 "힘센 천사"가 제기한 도전의 핵심이다. 둘둘 말린 건물 설계도를 든 건축가처럼, 또 둘둘 말린 군사작전 계획을 든 장군처럼 창조주 하나님은 오른손에 두루마리를 들고 계신다. 이 두루마리는 일곱 개의 도장으로 봉인되었다. 이미 상당한 토대를 마련한 세계 파괴 프로젝트를 취소해 전복시키고, 그 대신 창조 세계를 올바른 방향으로 제 궤도에 올릴 세계 구원 프로젝트를 구상하고 양성할 하나님의 비밀 계획이 이 두루마리에 담겼다는 우리의 추론은 정당하다. 이 두루마리를 펼칠 자격을 갖춘 사람은 어디에 있는가? 창조 세계의 문제에, 하나님의 아름다운 세계를 망치고 부수는 오랜 시도에 어떤 방식으로든 스스로 기여하지 않은 사람이 있는가?

다른 신약 저자들과 마찬가지로, 요한의 대답은 온 인류 안에 깊게 뿌리박힌 문제에 대해, 또 다른 모든 피조물 안에도 깊게 뿌리박힌 것처럼 보이는 문제에 대해 현실적 견해를 지녔음을 보여 준다(3절). 두루마리를 펼칠 자격을 갖춘 사람은 아무도 없다.

이는 중대한 문제를 야기한다. 창세기 1장과 2장으로 거슬러 올라가 보면, 창조주 하나님은 **순종하는 인류를 통해** 창조 세계 안에서 일하겠다고 확약하셨다. 이것이 본래 의도했던 세상의 작동 방식이다. 하나님이 "자, 인류가 실패했으니 내가 다른 방법으로 그 일을 해야겠다"고 말씀하셨다면, 이것은 선한 창조 세계의 구조 자체를 철회하고 완전히 다른 종류의 세상으로 변화시키는 것이었다. 누군가 나타나야 했다.

이스라엘 전통에서 나왔을 법한 한 가지 대답은 이렇다. 곧 이스라엘 자체가 하나님의 참 인간이 되어 하나님의 구출 계획을 실행하도록 부름받았다는 것이다. 맞다. 그런데 요한이 드러내 놓고 얘기하지는 않지만, 여기서 우리는 문제의 두 번째 측면을 접한다. 이스라엘 역시 실패했고 하나님을 좌절시켰다. 하나님은 다시 딜레마에 부딪히신 것처럼 보인다. 만약 하나님이 "자, 이스라엘이 내가 바라던 일을 하지 못했으니, 내 계획에서 그 부분을 잘라 내야겠다"고 말씀하셨다고 쳐 보자. 이는 하나님이 실수하셨고, 전혀 실효성 없는 여러 가지 생각들로 흔들리신 것처럼 보였을 것이다. 하나님은 세상을 위한 자신의 계획이 사람에 의해 실행되도록 세상을 창조하셨다. 인류의 죄는 이제 이 계획에 구출 작전이 필요하다는 뜻이기에, 하나님은 한 인간 가족을 부르셔서 이 구출을 실행하는 도구로 삼으셨다. 다시 말해, 하나님은 **인간을 통해** 세상을 **운영**하고, **이스라엘을 통해** 세상을 **구출**하기로 결심하셨다. 둘 다 하나님을 좌절시켰다. 이제 하나님은 무엇을 하실까? "누구라도 두루마리를 펼칠 자격을 갖춘 사람이 있느냐?"

이 대목에서 우리는 요한에게 공감하며 홍수 같은 눈물을 흘릴 수도 있다. 할 수 있는 일이 아무것도 없는가? 하지만 모든 눈에서 모든 눈물을 씻어 내는 계획(7:17; 21:4)이 이미 시작되었다. 장로 중 한 사람이 말했다. "울지 마시오. 그 일을 할 수 있는 분이 여기 있소." 우리는 쳐다보기도 전에 그가 누구인지 안다. 그분은 참 인간이시다. 그분은 참 이스라엘 백성이시다. 그분은 *메시아시다.

그러나 요한의 환상에서는 아무것도 직접 언급되지 않는다. 모든 것이 다차원의 영광 속에서 보여야 하기 때문이다. 요한은 "유다 지파 출신의 사자, 다윗의 뿌리"를 보도록 초대받는다. 우리가 기억하는 성경 구절의 동굴을 천둥처럼 뒤흔드는 메아리가 여러 예언과 환상을 상기시킨다. 메시아는 다윗의 지파, 유다 지파에서 나오실 것이다. 유다는 창세기 49:9에서 사자 새끼로 묘사된다. 이 이미지가 후대의 환상 문학에 채택되어 메시아가 로마 제국의 '독수리'를 공격하는 사자로 등장한다(외경 제2에스드라서 11장과 12장). 1세기 유대인 가운데 지시 대상을 맞히지 못하거나 22:16에서처럼 이사야 11:1-10의 위대한 메시아 예언이 메아리치는 어구 "다윗의 뿌리"를 이해하지 못할 사람은 아무도 없을 것이다. 그리고 우리가 참 메시아에게 기대하듯이, 그분은 두루마리를 펼칠 자격이 있을 뿐만 아니라 "승리를 거두었"다고 이야기된다. 그 시대 사람들은 메시아가 하나님의 백성의 마지막 최고 대적에게 맞서 결정적 전투를 승리로 이끌어 단번에 자기들을 해방시킬 것이라고 생각했다. 장로가 요한에게 말한다. 자, 그분이 이루셨소! 여기 그분이 계시오!

그리고 이제 우리는 모든 성경에서 가장 결정적인 순간 중 하나에 이른다. 요한이 **들은** 것은 사자의 선언이다. 그 뒤에 그가 **본** 것은 어린 양이다. 요한은 자기가 지금 보고 있는 것을 주목하며 자기가 들은 것을 머릿속에 간직해야 한다. 또 요한은 자신이 들은 말을 숙고하며 자기가 보고 있는 것을 머릿속에 간직해야 한다. 이 둘은 근본적으로 다른 것 같다. 사자는 궁극적 권력과 최고의 왕권 둘 다의 상징인 반면, 어린 양은 온유한 약함과 자신의 *희생을 통한 죽음의 궁극적 나약함 둘 다를 상징한다. 그런데 이 둘이 이제 완전히 또 영원히 하나로 융합된다. 이 순간 이후 요한은, 또 그의 세심한 독자인 우리는 사자가 얻은 승리가 어린 양의 희생을 통해 성취되었음을 이해할 것이다. 다른 방법은 없다. 그러나 우리는 또 어린 양의 희생을 통해 성취된 것이 단순히 여기저기서 몇 사람의 죄를 씻어 내는 것이 아님을 이해해야 한다. 어린 양이 거둔 승리는 사자와 같은 하나님의 승리다. 곧 친히 신실한 이스라엘이 되심으로써, 친히 순종하는 인간이 되심으로써 온갖 부패와 죽음의 세력에게, 선하고 강력하고 사랑스런 하나님의 창조세계를 파괴하고 말소하는 모든 것에게 거둔 승리다.

오랜 세월 수많은 사자형 그리스도인들이 있었다. 그들은 이렇게 생각한다. 그렇다, 예수님은 우리를 위해 죽으셨다. 하지만 이제 하나님의 뜻은 사자와 같은 방식으로 성취되어 잔인한 물리력과 폭력을 통해 세상을 일렬로 세우고 하나님의 뜻을 밀어붙여야 한다. 요한은 '아니다'라고 대답한다. 그렇다, 사자를 생각하라. 하지만 어린 양을 바라보라.

또 수많은 어린 양형 그리스도인들도 있었다. 그들은 이렇게 생각한다. 그렇다, 예수님은 '유다의 사자'이셨을 수 있다. 그러나 *구원은 우리의 죄를 씻어 이 타협한 세상 밖으로 우리를 이끌어 내어 대신 *하늘에 이르게 하기 때문에, 이것은 우리가 거절해야 하는 정치적 개념이다. '아니다'라고 요한은 대답한다. 어린 양을 바라보라. 하지만 그분이 얻으신 것이 사자의 승리임을 기억하라.

그리고 귀담아듣고 눈여겨보면서 어린 양에게 일곱 뿔과 일곱 눈이 있음을 기억하라. 다시 말해, 그분은 못하시는 일이 없고, 못 보시는 것이 없다. 또 그분은 두루마리를 가져다가 그것을 펼칠 권한을 갖고 계신다. 나머지 모든 것은 이 순간으로부터 나온다.

요한계시록 5:8-14
어린 양은 합당하시다!

⁸어린 양이 두루마리를 받자, 네 생물과 스물네 장로들이 어린 양 앞에 엎드렸습니다. 그들은 각자 하프를 들었고, 각자 향이 가득한 금 그릇을 들었는데, 향은 하나님의 거룩한 백성들의 기도입니다. ⁹그들이 부르는 새 노래의 가사는 이렇습니다.

"주님은 두루마리를 받기에 합당하시고,
그 봉인을 떼기에 합당하십니다.
주께서 죽임을 당하셨고, 주의 피로
모든 종족과 언어와
모든 백성과 민족에게서,
하나님을 위해 한 백성을 사서,
¹⁰그들을 우리 하나님을 섬기는 나라와 제사장으로 삼으셨으니,
그들이 땅에서 통치할 것입니다."

> ¹¹지켜보는 동안, 나는 보좌와 생물, 그리고 장로 주위에 있는 많은 천사들의 음성을 들었습니다. 그들의 숫자는 수천수만이었습니다. ¹²그들은 우렁찬 소리로 말했습니다.
>
> "죽임당하신 어린 양이 이제
> 부와 권력을 받으시고,
> 지혜와 힘과 영예를 받으시고,
> 영광과 찬양을 받으실 자격이 있습니다."
>
> ¹³그때 나는 하늘과 땅과 땅 아래와 바다에 있는 모든 피조물, 또 그 안에 있는 만물이 하는 말을 들었습니다.
>
> "보좌에 앉으신 분과 어린 양께
> 찬양과 영예와 영광과
> 권능이 영원무궁히 있으리라!"
>
> ¹⁴"아멘!" 하고 네 생물이 외쳤고, 장로들은 엎드려 경배했습니다.

극장에서 관람할 때의 또 다른 상황을 생각해 보자. 드럼이 시작될 때 당신은 어둠 속에 앉아 있다. 느리고 일정한 리듬. 그 소리는 당신에게 무언가를 말한다. 그 소리는 어디론가 가고 있다. 그 소리는 커지면서 점점 강해진다. 그때 목소리가 합류한다. 열광적이고, 짜릿하고, 풍부하고, 생생한 노래. 목소리 역시 커지면서 점점 강해진다. 그때 무대 조명이 들어오고 연주자가 합류한다. 풍부한 금관악기, 가늘게 떨리는 현악기, 날카롭고 선명한 오보에, 그리고 새처럼 그 모든 것 위에 이리저리 오가며 재잘대는 플루트. 음악의 목적은 무대 분위기를 조성하고, 연극을 시작하고, 이것이 당신이 이전에 한 번도 본 적 없는 드라마임을 깨닫게 하는 것이다.

그럼 배우들은? 이제 충격에 대비하라. 요한은 이 장면을 묘사하며 **우리가 배우**임을 암시했다. 준비가 되었든 아니든, 우리는 이제 무대로 올라가 자신의 배역을 연기하기 위해 음악에 귀 기울이고 있다.

요한이 지금 서술하는 것이 바로 극을 시작하는 음악이다. 장로들이 어린 양 앞에 엎드릴 때, 그들은 저마다 두 가지 물건을 들고 있었다. 곧 하프와 향을 담은 금 그릇이다. 요한은 향이 무엇인지 우리에게 말해 준다. 그것은 하나님 백성의 기도, 다시 말해 당신과 나의 기도다. 하늘의 장면은 탯줄처럼 땅의 장면과 연결되어 있다. 이곳 지상에서 드리는 그리스도인의 일상적이고 신실하고 겸손한 기도는 *하늘에서 영광스럽고 향기로운 향으로 나타난다. 나는 동일한 사실이 음악에도 적용된다고 짐작한다. 즉 하늘의 하프는 미약하고 화음이 맞지 않더라도 우리가 지금 여기서 하나님께 부르는 찬양에 상응한다. 그때 이 본문의 세 노래 중 첫 번째 노래에서 우리는 어린 양이 찬양받고 있다는 사실을 발견한다. 단지 그분이 우리를 구원했기 때문만이 아니라, 가망 없는 반역자에서 쓸모 있는 종으로, 죄의 종에서 "*나라와 제사장"으로 우리를 변화시키셨기 때문이다. 거지에서 왕자로. 이것이 우리의 배역이다. 어린 양은 우리를 자유롭게 하여 관객의 역할을 중단하고 배우의 역할을 시작하게 하신다.

따라서 우리는 단순히 흥분과 뜨거운 열망만이 아니라 소명 의식을 갖고 이 노래가 점점 커지는 것을 듣는다. 먼저 어린 양이 하신 일에 대한 찬양이다(9절과 10절). 그분은 참으로 두루마리와 그 봉인을 가져다가 펼치시기에 합당하다. 그분은 파괴자를 파괴하고, 악의 세력을 좌절시키고, 전능해 보이는 이들에게 맞서고, 대신 새로운 질서를 세우는 하나님의 계획을 수행할 대리인이 되시기에 합당하다. 어린 양이 이 일을 이루신 방법은 자신의 죽음, 자신의 피를 통해서였다.

1세기 유대인이라면 누구라도 이 말이 "*희생 제사로 이해된 그분의 죽음을 통해서'라는 뜻임을 알았을 것이다. 마찬가지로 그들은 하나님이 "한 백성을 사서…나라와 제사장으로" 삼으신 제사가 궁극적 유월절 제사임을 알았을 것이다. 다시 말해 하나님이 그들을 "왕 같은 제사장"으로, 전 세계적 목적을 성취하게 하실 백성으로 세우기 위해 자기 백성을 이집트 종살이에서 자유롭게 하여 그들을 노예시장의 종처럼 '사셨을' 때, 그것은 하나님이 역사 속에서 크게 확장시켜 이루신 그 일의 최종 성취다. 이 점은 출애굽기에서 아주 분명하다(19:4-6).

그러나 요한은 여느 때처럼 그저 성경 본문 하나만 환기시키지 않는다. 이 첫 번째 노래에서는 또 다니엘 7장의 중요한 본문이 메아리친다. 다니엘 7장에서 짐승의 격노와 "*인자 같은 이"의 정당성 인정(vindication) 이후, 하나님은 "가장 높으신 분의 거룩한 백성" 안에 또 그들을 통해 온 땅을 다스리는 통치권을 세우신다(7:22, 27). 다니엘서에서 시행된 구원은 말하자면 이집트의 파라오 대신 괴물이 하나님의 백성을 억압하는 위대한 새 *출애굽이다. 요한은 동일한 줄거리 흐름을 채택하는데, 이번에는 죽임 당한 유월절 어린 양과 정당성을 인정받은 인자를 연결시킨다. 이 기막힌 묘수는 두 가지 사명을 예수님 안에 하나로 접합시킴으로써 가능해진 것이 분명하다.

그래서 첫 번째 노래는 자신의 죽음을 통해 한 백성을 구원하여 그들이 그 뒤에 더 넓은 세상을 위한 하나님의 고귀한 구속 목적("나라와 제사장")을 진척시킬 수 있게 하신 어린 양을 찬양한다. 수많은 천사들이 동참하는 두 번째 노래는 어린 양이 **성취하신 것**에서 그분의 **합당한 자격**, 즉 창조 세계가 드릴 수 있는 모든 영예와 영광에 시선을 돌린다. 열방의 부와 힘이 그분의 것이다. 인간의 *삶을 고귀하고 풍성하게 해 주는 모든 것, 사람들이 지혜롭게 살고 하나님의 선하신 세계를 즐기고 경축할 수 있게 해 주는 모든 것. 이 모든 것이 그분 발 앞에 놓여야 한다. 애석하게도 순전히 개인적 위로와 희망(그분은 우리를 구원하셨고, 친구로 우리 곁에 계신다)의 관점에서만 예수님을 생각하고, 그분의 위엄의 전 범위, 그분의 영광의 전 영역을 전혀 보지 못하는 그리스도인들이 많다. 많은 사람들이 예수님을 특별한 '영적' 목적을 위한 자리에 모시고, 부와 권능과 영광을 비롯한 나머지 전부를 지상의 세력과 통치자들에게 계속 부여하는 데 만족한다. 아마 일부 교회에서 계시록이 주변으로 밀려난 이유 가운데 하나가, 바로 계시록이 이런 태도에 강하게 도전하기 때문일 것이다.

또 빌립보서 2:9-11에 적힌 바울의 비전처럼, 하나님의 창조 세계의 모든 부문에 있는 모든 피조물이 동참하는 세 번째 노래도 마찬가지다. 이번에 어린 양의 찬양은 4장에서처럼 창조주 하나님의 찬양과 결합된다. 우레 같은 예배에서 온 창조 세계가 "보좌에 앉으신 분과 어린 양"을 찬양한다.

또 만약 우리가 이 환상에 압도당하거나 그것을 이해하려고 애쓰다 지치지 않으면, 우리는 여기서 가장 심오한 진리를 언뜻 볼 수 있다.

그 진리는 4장과 5장의 다른 모든 것처럼, 이 책의 나머지 전체를 계속 조명한다. 어린 양은 **유일하신 한 분 하나님께만 속한 찬양을 공유하신다**. 이는 기독교 *신앙의 중심에서 우리의 사고를 뒤흔드는 핵심 진리를 파악하고 전달하는 요한의 특유한 방식이다. 곧 예수님, 다시 말해 어린 양, 이스라엘의 메시아, 참 사람이신 이 예수님은 한 분이신 창조주 하나님만 유일하게 또 독보적으로 소유하신 경배를 공유하신다.

하지만 그 의미에 주목하라. 어린 양이 온전하고 명백하게 신성을 지니셨다는 인정은 오직 사자-어린 양을 통해 이루신 모든 악한 권세에 대한 하나님의 승리라는 맥락 속에서만 나온다. 예수님이 이런저런 의미에서 하나님이시라는 추상적 진술에 담긴 개념에 동의하는 걸로는 충분하지 못하다. (사람들은 종종 내게 "예수님은 하나님이신가요?"라고 묻는다. 마치 우리가 '하나님'이 어떤 분이신지 미리 알고 있고, 그냥 예수님을 그 그림에 맞출 수 있다는 듯이 말이다.) 우리가 계시록에서 이미 보았듯이, 하나님은 세상에 친밀하게 관여하시고 그 세상의 경배를 받으시는 창조주시다. 하나님은 자신의 세상을 망쳐 놓은 모든 것에서 구원하실 계획과 뜻을 갖고 계신다. 다시 말해, 자신의 주권적 통치, 자신의 '나라'를 하늘에서처럼 땅에서도 다시 세우려는 계획과 뜻을 갖고 계신다. 어린 양이 한 분 하나님의 보좌를 공유하신 것을 우리가 깨닫는 것이 이 계획의 핵심에, 바로 거기에 있다. 교회는 순수한 예수님의 '신성'을 인정하는 것과 하나님 나라의 의제를 수용하는 것을 분리시켜 놓기 일쑤였다. 이런 일은 핵심을 놓치는 것이고, 반쪽 진리의 설명을 나머지 진리 반쪽의 온전한 효과를 보지 못하도록 막는 차단막으로 사용하는 것이다. 우리가 왕 같은 제사장으로 그분의 사역에 동참하고, 창조 세계를 대표해 어린 양 앞에 찬양을 드릴 뿐 아니라 그분의 구원하시는 통치를 세상에 가져가는 데 몰두할 때에만, 우리는 사자-어린 양 메시아의 신성을 발견하고 경축하는 것이다.

요한계시록 6:1-8
네 명의 기사

¹다음에 내가 본 것은 이렇습니다. 어린 양이 일곱 봉인 가운데 하나를 떼었을 때, 나는 네 생물 가운데 하나가 천둥 같은 소리로 "나오라!" 하고 말하는 것을 들었습니다. ²내가 보니, 흰말이었습니다. 그 말의 기수는 활을 들고 있었습니다. 그에게 면류관이 주어졌고, 그는 승리를 거두며 나가서 더 많은 승리를 거두었습니다.

³어린 양이 두 번째 봉인을 떼었을 때, 나는 두 번째 생물이 "나오라!" 하고 말하는 것을 들었습니다. ⁴그러자 다른 말 하나가 나갔는데, 이번에는 불타는 붉은색이었습니다. 그 기수는 땅에서 평화를 제거하여 사람들이 서로 죽이게 해도 좋다는 허락을 받았습니다. 그는 커다란 칼을 받았습니다.

⁵어린 양이 세 번째 봉인을 떼었을 때, 나는 세 번째 생물이 "나오라!" 하고 말하는 것을 들었습니다. 내가 보니, 검은 말이 있었습니다. 그 기수는 손에 양팔 저울을 들었습니다. ⁶나는 네 생물 한가운데서 목소리 같은 것이 나오는 것을 들었습니다. 그 목소리는 "한 데나리온에 밀 한 되! 한 데나리온에 보리 석 되! 하지만 기름과 포

> 도주는 망치지 마라!" 하고 말했습니다.
>
> ⁷어린 양이 네 번째 봉인을 떼었을 때, 나는 네 번째 생물이 "나오라!" 하고 말하는 것을 들었습니다. ⁸내가 보니, 창백한 말이 있었고, 그 기수의 이름은 죽음이었습니다. 하데스가 그를 뒤따랐습니다. 그들은 칼과 기근과 죽음으로, 또 땅의 야생동물을 이용해 땅의 사분의 일을 죽이는 권한을 받았습니다.

모든 의사와 목회자들은 어떤 사람이 문제를 안고 자기들에게 올 때 그들이 얘기하는 문제가 진짜 문제가 아닐 수도 있음을 안다. 의사의 진료실로 오게 만든 고통은 한층 더 깊은 의학적·심리적 질병의 한 증상에 불과할 수도 있다. 목회자의 상담실 문을 두드리게 만든 두려움이나 우울증, 죄책감은 1차 불안이 드러나 다루어질 때까지 해소되지 않을 2차 혹은 3차 불안일 가능성이 높다.

이것은 종종 환자나 상담자를 찾아온 사람을 계시록 6장의 독자와 아주 비슷한 처지에 놓이게 한다. 우리는 마침내 용기를 내 의사를 찾아간다. 우리는 마침내 자기에게 문제가 있음을 인정하고 목회자와 약속 시간을 잡는다. 이제 모든 일이 해결될 거야! 이제 나는 다시 기분이 좋아질 거고, 다시 행복할 거야! 이번 상담이 나를 정상으로 돌아오게 할 거야! 그런데 다시, 현명한 의사나 목회자는 문제의 뿌리를 파헤치고 지속적 치료 효과를 낳기 위해 그들이 잠시 실망해야 한다는 사실을 안다. 먼저 다른 증상에 대해 조사해야 한다. 먼저 배경에 대해 조금 더 많이 알아내야 한다. 전에 이와 비슷한 증상을 느낀 적이 있는가? 당신이 가장 두려워하는 것은 무엇인가? 이런 질문에 대답하는 사람은 곧 불편함을 느낄 것이다. 이 모든 걸 파헤치는 이유가 뭔지 모르겠다. 이런 걸 다시 들추어낼 필요는 없지 않나? 이미 오래전 일이고, 게다가….

유감이지만, 그렇게 해야 한다. 문제를 충분히 내놓지 않으면, 진정한 치유는 결코 일어날 수 없다. 세상의 질병이 밝혀져 그 본색이 드러나 폭로되고 최악의 일을 벌이도록 허용되지 않으면, 그 질병들은 해결될 수 없다. 네 기수가 나와 자신들이 해야 할 일을 하지 않으면, 두루마리는 읽힐 수 없다. 사자-어린 양의 승리는 완성될 수 없다.

이것이 많은 독자들이 계시록 6장에 이르러 갖는 의문에 대한 답이다(계시록과 관련된 모든 대답과 마찬가지로, 이 대답도 부분적이고 난해한 구석이 있다. 계시록은 당신이 계속 생각하고 기도하도록 만들어진 책이지, 모든 것에 만족할 대답을 주기 위해 만들어진 책이 아니다). 우리는 바로 앞에서 창조주 하나님과 죽임 당한 어린 양께 온 창조 세계가 우레와 같은 영광스런 찬양을 노래하는 장엄한 알현실 장면을 경축했다. 우리는 그분이 승리를 거두셨다는 사실을 경축했다. 이제 온 세상을 구원하시려는 하나님의 계획이 진척될 수 있다! 따라서 우리가 해야 할 전부는 책장을 넘기고 거기서 찾는 것뿐이다….

그런데 거기서 우리는 어두운 악의 권력이 마음대로 하도록 허용된다는 사실을 발견한다. 문제가 해결되기 전에 드러나야 한다. 의사가 수술을 시행하기 전에 문제가 빛에 드러나야 한다. 철저한 기도로 치유되기 전에, 아무리 고통스럽더라도 케케묵은 죄책감과 슬픔의 기억들이 폭로되어야 한다. 계시록은 말하자면 깊이 상처 입은 영혼을 고치는 고된 목회적 분투의 우주적 변형이다. 세상의 영혼은 당면한 문제와 고통을 인식하고 있다. 하지만 우리가 깊이 파고들어 정복과 폭력, 억압, 죽음 자체의 오랜 원형을 보지 못한다면, 세상이 몇 년 더 버티도록 대충 봉합하지 않고 정말로 세상을 제대로 치유하기 위해 해야 할 일이 무엇인지 이해할 수 없다.

따라서 어린 양이 두루마리에 찍힌 처음 네 봉인을 뗄 때, 세상의 질병을 치료할 네 가지 영광스런 해결책 대신 네 생물이 네 말과 기수를 소환해 저마다 사태를 더 악화시킨다(그런 것 같다). (이상한 네 기수는 스가랴 1장과 6장의 환상에서 많은 내용을 빌려왔지만, 여기서는 전혀 새로운 역할이 주어진다.) 첫 번째 환상, 흰말과 활을 든 기수는 간혹 19:11과의 부분적 유사점에 근거해 *메시아라고 여겨진다. 하지만 그럴 가능성은 없다. 내 생각에, 첫 번째 기수는 여기저기 공격하여 강력한 나라들을 제압하고 그들을 다스릴 주권('면류관')을 주장하는 지상의 정복 왕들을 상징한다. '봉인'이 떼어졌을 때 일어난 일은, 세상의 질병을 해결할 하나님의 뜻이 두루마리에서 읽히기 전에 인간의 정복과 억압 세력이 최악의 일을 벌이도록 허용되는 것이다.

이는 두 번째와 세 번째, 네 번째 기수에도 잘 들어맞는다. 두 번째, 겉모양의 피상적 평화마저 지상에서 제거하는 불타는 붉은 말과 그 기수는 모든 세기마다 잘 알려져 있다. 세 번째 순서의 검은 말은 흔히 국내외 폭력의 뿌리에 놓여 있는 경제적 문제를 상징한다. 생필품, 가난한 백성의 주요 식단 가격이 폭등했다. 사치품 및 기름과 포도주는 동일한 가격이 유지되어 부자가 가난한 사람을 희생 삼아 훨씬 더 부유해지게 해 준다. 창백한 말―죽음을 등에 태우고 죽은 자들의 거처 하데스가 인격화된 생물로 그 뒤를 따른다―은 모든 독재자와 모든 적그리스도가 가하는 궁극적 위협이다. 인간의 역사는 그들이 활개

치는 시기 전에 전쟁과 기근을 비롯한 수천 가지 다른 일들이 사람들을 제멋대로 주물렀음을 거듭 반복해 기록한다.

이들 넷은 사람들이 서로에게 가하는 기본적 질병이다. 그들은 기세등등하게 세상을 누비는데, 두루마리의 구원 *메시지가 충분한 효과를 발휘하기 위해 그렇게 하도록 허용되어야 한다. 앞서 나는 그들이 대표하는 문제를 회피하지 않고 정면에서 맞서야 하기 때문에 그들이 최악의 일을 벌이도록 허용된다고 주장했고, 우리는 적절한 때 이것을 파헤쳐야 한다. 너무 오랫동안, 특히 지난 세기에 서구의 주류 교회들은 인류의 상처를 가볍게 치료하며 피상적 차원 말고는 평화가 전혀 없는데도 '평화, 평화'를 외쳤다. 우리는 기꺼이 표면 아래를 바라보며 어둠의 세력이 일하는 것을 보지 않았다. 그러나 만약 하나님의 새로운 창조 세계가 탄생해야 한다면, 옛 창조 세계의 가장 심각한 질병이 폭로되고, 드러나고, 다루어져야 한다.

이제 이와 같은 장의 상징이 어떻게 작동하는지 생각해 보기에 적절한 시점이다. 명백히 네 말과 그 기수는 상징이다. 요한은 독자들이 즉시 창밖을 내다보며 이 악당들이 에베소나 서머나 거리를 활보하고 다니는 모습을 볼 것이라고 기대하지 않는다. 또 순서 역시 상징적이다. 요한은 정복 다음에 폭력이, 폭력 다음에 경제적 재난이, 또 경제적 재난 다음에 광범위한 죽음이 뒤따를 것이라고 추측하지 않는다. 이런 일들은 서로 연결되어 있지만, 그 정도로 정연하지 않다.

이는 어떤 것을 말로 기록하는 것과 음악으로 기록하는 것의 차이 중 하나다. 음악에서는 여러 줄이 전부 한꺼번에 진행되지만, 말을 사용할 때는 모든 것을 차례대로 얘기해야 한다. 이 칠중적 연속(지금까지 넷이 지나갔고, 앞으로 셋이 더 나온다)은 시간 순이 아니다. 이것은 칠중적 현실에 대한 해설이다.

마찬가지로 우리는 이렇듯 '봉인'을 떼는 칠중적 연속이 그 뒤에 연속되는 나팔(8-11장)과 진노의 대접(16장) **전에** 일어나야 한다고 추측하지 말아야 한다. 도리어 각각의 연속 순서와 그 사이의 내용은 고도로 복합적인 하나의 실재를 새로운 각도에서 바라보는 환상이다. 만약 우리가 세상의 문제와 고통을 이 각도에서 바라본다면, 하나님의 대답은 인간의 오만한 악을 최대한 드러내고 하나님이 자기 백성을 안전하게 구해 내신다는 사실을 보여 주시는 것이다(7장). 만약 우리가 동일한 문제와 고통을 **다음** 환상의 각도에서 바라본다면, 하나님의 대답은 파괴 세력이 최악의 일을 벌이도록 허용하여, 그 뒤에 세상에 자신의 *나라를 온전히 최종적으로 세우시는 것이다(8-11장). 그리고 우리가 숨을 깊이 들이쉬고 세 번째 환상의 각도에서 다시 이야기를 시작할 때(12장과 13장), 우리가 보는 문제의 총체적 심각성과 공포에 대한 하나님의 대답은, 반역적 세상에 이집트의 재앙에 버금가는 재앙을 내려서 마침내 자기 백성을 구원하고 오랜 세월 그들을 종속시켰던 어둠의 세력을 심판하시는 것이다(12-19장).

그때, 오직 그때에야 가장 어두운 권력이 처리될 수 있다(20장). 그때, 오직 그때에야 고질적 질병이 계속 치유되지 않고 억눌린 슬픔이 계속 비탄을 낳을지 모른다는 두려움이 전혀 없이, 새 *하늘과 새 땅이 세워질 수 있다. 의사나 목회자가 주는 소식이 우리가 듣고 싶은 내용이 아닐 수 있듯이, 계시록 6-20장은 우리가 듣고 싶었던 내용은 아니다. 그러나 세상이 치유되기 위해, 그것은 우리가 반드시 들어야 할 내용이다.

요한계시록 6:9-17

그날이 다가옵니다!

⁹어린 양이 다섯 번째 봉인을 떼었을 때, 나는 제단 아래에서 하나님의 말씀 때문에, 그리고 자신들이 한 증언 때문에 죽은 사람들의 영혼을 보았습니다. ¹⁰그들은 목소리를 한껏 높여 외쳤습니다. "거룩하시고 참되신 주인님! 땅의 주민들을 심판하여 우리의 피에 대해 보복하시기를 얼마나 더 미루려 하십니까?" ¹¹그들은 흰옷을 한 벌씩 받았고, 그들과 마찬가지로 죽어야 할 사람들—그들의 동료 하인들과 살붙이를 모두 포함해서—의 수가 전부 찰 때까지 아직 잠시 더 쉬라는 말을 들었습니다.

¹²내가 보니, 어린 양이 여섯 번째 봉인을 떼었습니다. 엄청난 지진이 있었고, 해는 삼베처럼 검게 변했고, 달이 온통 피처럼 되었고, ¹³무화과나무가 강한 바람에 흔들려 늦과일이 떨어지듯, 별들이 하늘에서 땅으로 떨어졌습니다. ¹⁴하늘이 두루마리가 말리듯 사라졌고, 모든 산과 섬이 제자리에서 옮겨졌습니다. ¹⁵지상의 왕, 유력한 신하, 장군, 부자, 실세, 그리고 모든 사람, 노예든 자유민이든 모두 다 산의 동굴과 바위 사이에 몸을 숨겼습니다. ¹⁶그들은 산과 바위를 향해 말했습니다. "우리를 덮쳐라! 보좌에 앉으신 분의 얼굴과 어린 양의 진노에서 우리를 숨겨라! ¹⁷그들의 엄청난 진노를 받을 날이 다가왔으니, 감히 누가 똑바로 설 수 있겠는가?"

체스 게임을 끝내는 데는 세 가지 방법이 있다. 첫 번째는 한 플레이어나 다른 플레이어가 게임에서 승리하는 것이다. 의문이 전혀 없다. 이제 외통수고, 게임은 끝이다. 두 번째는 두 플레이어가 게임에서 승부를 가리기 어렵다는 걸 깨닫고 비기기로 동의하는 것이다. 세 번째는 한 플레이어가 자제력을 잃고 게임 판을 박차고 걸어 나가는 것이다. 틀림없이 분노를 터뜨리는 일순간의 즐거움 말고는 대단히 불만스러울 것이다.

세상을 구원하는 오랜 체스 게임 앞에서, 하나님이 그냥 게임 판을 박차고 그 자리를 떠나야 한다고 생각하는 사람들이 많다. 이 게임은 너무 지루하고 복잡해져서, 정신 나간 많은 사람들이 괴상한 일을 너무 많이 저지르고, 너무 많은 고난과 고통과 분노와 폭력이 수반된다. 이제 하나님이 개입해 무언가 해야 할 때가 아닌가라고 그들은 생각한다. 말하자면 하나님이 탱크를 파견해서 반대 세력을 전부 휩쓸어 버리셔야 하는 것 아닌가? 그냥 내버려 두는 것보다 그게 더 낫지 않을까?

이런 반대 의견은 하나님께 대한 믿음을 버린 사람들이나 애당초 하나님을 전혀 믿지 않는 사람들에게서 간간이 들린다. 이 세상의 공포와 괴로움 앞에서 아무것도 하지 않는 것 같은 '하나님'을 우리가 어떻게 믿을 수 있느냐고 그들은 질문한다. 이렇게 뒤죽박죽 된 세상에서 우리가 어떻게 하나님이 세상을 통치하신다고 주장할 수 있는가? 당연히 하나님은 발을 뻗어 반항하는 체스 판의 말을 죄다 불 속에 차 넣어야 하지 않는가?

이 문제는 또 하나님을 믿기는 하지만 현재의 고난이 사실상 견디기 힘들다고 느끼는 사람들에게서 간간이 얘기된다. 시편과 예언서를 거쳐 이집트의 이스라엘 자손에게까지 거슬러 올라가, 마침내 무언가를 해 주시도록 하나님께 부르짖는 긴 전통이 여기에 존재한다(출 2:23). 이 부르짖음("언제까지입니까? 오, 주님. 언제까지입니까?")이 몇백 년간 메아리쳤고, 다섯 번째 봉인을 뗄 때 다시 들린다. 그리고 이제 우리는 다른 기수나 폭력 이미지가 아니라, 하나님의 *말씀을 신실하게 증언했기 때문에 죽임을 당한 사람들의 *영혼에 맞닥뜨린다.

이곳은 여러 가지 이유로, 특히 신약성경에서 그리스도인 망자(亡者)의 현재 지위와 상태에 대해 무언가 명확하게 얘기하는 유일한 곳이기 때문에 매혹적인 본문이다. 그들은 "제단 아래" 있었다. 요한은 이전에 '제단'을 언급하지 않았지만, 우리는 요한이 환상을 받고 있는 알현실이 또한 하늘 *성전이라는 사실을 점차 발견할 것이다. 이 '영혼들'은 세상이 아직 심판받지도 치유되지도 않았음을 알고 있다. 그들을 순교자의 죽음으로 이끈 악을 포함해 악이 제멋대로 활동한다. 뼈저린 부당 대우를 맛본 모든 사람과 마찬가지로, 그들은 정의를 갈망한다. 이것은 쪼잔하거나 악의적인 복수가 아니라, 마침내 세상이 균형을 회복하고 자신들에게 내려진 가혹한 평결과 선고가 부당했음이 밝혀지는 걸 보기 원하는 가슴 저린 바람이다.

또 그들은 기다려야 한다는 말을 듣는다. 계시록에는 숱한 인내의 요청이 있는데, 여기에 하나가 더 나온다. 그들에게 흰옷—'영혼'이 '옷'을 입는다는 사실이 상상력을 어지럽게 할지 모르지만, 요한은 당연히 여느 때처럼 상징으로 적고 있고, 흰옷은 순결과 승리를 모두 나타낸다—이 주어지고, 하나님의 정의가 완결되기 전에 무언가 다른 일이 일어나야 한다는 말을 듣는다. 우리가 계시록에서 나중에 발견하듯이, 그 일이 일어날 때에만 새로운 세상이 등장할 것이다. 곧 그들이 죽은 자들로부터 부활해 마침내 정의가 시행되고 실현되는 것을 보는 세상이다.

이제 일어나야 할 '무언가 다른 일'이 실제로 하나님의 세상 운영 방식에서 핵심이다. 그것은 대부분의 사람들이 짐작하는 운영 방식과 반대된다. (위험을 감수하고) 체스 게임 비유를 사용하면, 이 본문에서 우리는 하나님이 체스 판을 차 버리는 그런 분이 아니심을 깨닫는다. 하나님은 무승부에 만족하지 않으실 것이다. 하나님의 대적은 많은 일로 그분께 덤벼들지만, 하나님은 긴 게임을 즐기시고 승리를 위해 전력을 다하실 것이다.

일어나야 할 일은 아마 악이 최악의 일을 벌이는 것, 그 절정에 도달하는 것, 그래서 마침내 현명하고 신실한 사람들이 마땅히 그렇다고 이미 알고 있던 심판이 무르익는 것이다. 성경을 거슬러 올라가면, 하나님은 아브라함의 가족이 가서 약속의 땅을 소유하기 전에 4세대 동안을 기다려야 한다고 말씀하신다. "아모리 사람들의 죄가 아직 벌을 받을 만큼 이르지는 않았기 때문이다"(창 15:16). 다시 말해, 하나님은 그들이 완전히 또 철저히 그래야 할 상태가 될 때까지 그들을 심판하지 않으실 것이다. 여기서 두 가지 내용이 합쳐지는 것 같다. 먼저 네 기수가 대표하는 악이 더 많은 신자의 순교로 그 절정에 도달해야 한다. 둘째, 하지만 순교는 그 자체로 하나님의 공정한 심판 수단의 일부다. 앞으로 우리가 보게 되듯이, 이것은 실제로 어린 양의 승리가 성사되는 방식이다.

우리가 봉인을 떼는 것이 단순히 하나님의 백성에게 더 나쁜 소식이라고 생각하지 않도록, 여섯 번째 봉인(12-17절)은 이 그림에 새로운 측면을 보여 준다. 다시 한번 우리는 상징에 주의해야 한다. 사실 고대 세계의 많은 사람들이 일식과 지진, 유성 같은 것을 표징과 전조로 여겼다. 사람들이 이런 메아리를 듣더라도 요한은 기뻤을 것이다. 하지만 구약성경에서 태양빛이 검게 변하고, 달이 피처럼 되고, 또 별이 *하늘에서 떨어진다는 등의 표현은 대개 이른바 '땅을 부수는 사건'을 얘기하는 한 가지 방식으로 채택되었다. 물론 이는 실제 지진을 가리키는 것이 전혀 아니고, 베를린 장벽 붕괴나 2001년 9월 11일 쌍둥이 빌딩 충돌 같은 격동의 사건을 가리킨다. 곧 강렬한 상징과 은유 외에는 적절한 언어를 찾기 힘든 사건 말이다.

분명 여기서도 마찬가지다. 하늘과 땅이 정말 사라진다면, 이것이 실제로 우주의 공간과 시간과 물질의 종말이라면, 어떻게 부자와 유명 인사가 동굴에 숨을 수 있겠는가? 오히려 우리는 여섯 번째 봉인이 떼어질 때 받은 생생한 계시를 엄청난 정치적·사회적 격변이 일어나 고대의 여러 예언자가 묘사했던 장면을 낳는 때라고 보아야 한다(예컨대 호 10:8). 소위 '유력자와 선인', 그리고 그 외에 더 많은 사람들이 느닷없는 공황 상태에 빠진다. 그들은 자신들이 전적으로 세상을 통치하시는 하나님의 처분에 달렸음을 깨닫는다. 그들의 구상은 아무것도 낳지 못했다. 이제 그들은 어떻게 되는가?

그들이 가장 두려워하는 일은 창조주의 시선과 어린 양의 진노의 조합이다. 여기에 다시 깊은 신비가 있다. "어린 양의 진노"라는 표현은 용어상 모순처럼 들린다. 요한이 어린 양의 관점에서 사자를 보는 법을 배워야 했듯이, (또 눅 24장에서 엠마오로 가던 두 *제자가 예수님이 들려주신 고난과 그 정당성을 인정받은 성경 이야기를 중심으로 *메시아 희망을 재정의하는 법을 배워야 했듯이) 어린 양의 진노라는 사실로 인해 '진노'의 개념 자체가 근본적으로 재정의된다. 이것은 죽음을 통해 자기를 내주는 희생적인 하나님의 사랑을 구현하신 분의 진노다.

하지만 그들은 이를 깨닫지 못한다. 오늘날 하나님을 거부하는 이들이 하나님을 비난하며 온갖 악의 책임을 그분께 돌리는 것과 마찬가지다. 어떤 사람이 한번은 소설가 킹즐리 에이미스(Kingsley Amis)에게 하나님을 믿느냐고 질문했다. 그는 대답했다. "아니오. 나는 하나님을 증오합니다." 이게 우리가 여기서 보는 사람들의 어조다. 하나님—창조주 하나님, 예수님으로 인해 우리가 알고 있는 하나님—이 세상에 대해 해명을 요구하신다는 점에서 그들은 옳다. 그러나 하나님을 변덕스럽고 복수심에 불타는 독재자로 그린다는 점에서 그들은 틀렸다. 하나님은 사실 아름다운 세상을 경악할 만큼 망쳐 놓은 모든 것에 진노하신다. 보좌에서 보는 그분의 시선은 말로 표현할 수 없는 깊은 슬픔과 진노의 혼합이다. 그런데 성육신하신 사랑의 예수님은 어린 양의 진노 속에서, 사랑을 거절한 모든 것을 완전히 거절하신다. 이것을 두려워해야 할 유일한 사람은 사랑의 요청에 저항하기로 결심한 사람들이다.

요한계시록 7:1-8

도장을 받은 하나님의 백성

> ¹그 후에 나는 네 천사가 땅의 네 귀퉁이에 서서, 땅의 네 바람을 붙잡아 땅에든 바다에든 어떤 나무에든 불지 못하도록 막고 있는 것을 보았습니다. ²또 나는 다른 천사 하나가 살아 계신 하나님의 도장을 들고 동쪽에서 올라오는 것을 보았습니다. 그는 땅과 바다에 해를 입히는 책임을 맡은 네 천사에게 큰 소리로 외쳤습니다. ³"아

직 땅이나 바다나 나무에 해를 입히지 마라. 우리가 하나님의 종들의 이마에 도장을 찍을 때까지 그렇게 하지 마라."

⁴나는 도장을 받은 사람들의 숫자를 들었습니다. 그 숫자는 이스라엘 자손의 모든 지파에서 도장을 받은 십사만 사천 명이었습니다. ⁵유다 지파에서 도장을 받은 사람이 일만 이천 명, 르우벤 지파에서 일만 이천 명, 갓 지파에서 일만 이천 명, ⁶아셀 지파에서 일만 이천 명, 납달리 지파에서 일만 이천 명, 므낫세 지파에서 일만 이천 명, ⁷시므온 지파에서 일만 이천 명, 레위 지파에서 일만 이천 명, 잇사갈 지파에서 일만 이천 명, ⁸스불론 지파에서 일만 이천 명, 요셉 지파에서 일만 이천 명, 그리고 베냐민 지파에서 일만 이천 명이었습니다. 이것이 도장을 받은 숫자입니다.

겨우 산 정상에 다다랐다고 생각한 바로 그때, 당신은 산등성이를 오르고 있고, 저 멀리 1킬로미터 앞에 당신이 방금 전 올라왔던 것보다 더 가파른 산등성이가 하나 더 있다. 두루마리에 기록된 하나님의 뜻이 효력을 발휘하지 못하도록 막았던 연속 '봉인'에 관한 이 대목에 이르러 우리가 받는 느낌이 바로 그렇다. 지금까지 어린 양은 여섯 개의 봉인을 떼셨고, 우리는 일곱 번째 봉인이 몹시 궁금하다. 일곱 번째 봉인은 확실히 결정적 절정으로 이끌어 마침내 두루마리를 읽을 수 있을 것이다. 하지만 요한은 대신 우리에게 긴장감을 주는데, 이는 그가 한 번 이상 더 사용할 기법이다. 제단 아래 있는 영혼들처럼, 우리는 무언가 다른 일이 먼저 일어나는 동안 기다리며 지켜봐야 한다.

본문에서 일어나는 일은 다른 의미의 '봉인'이다. 두루마리 위의 '봉인'(seals)은 일종의 점착성 왁스로, 그 목적은 고금을 막론하고 중요 문서를 염탐하는 눈길로부터 안전하게 지키기 위한 것이다. 봉인에는 그것을 남긴 사람의 표식을 찍어 두었기 때문에, 당신은 봉인이 떼어졌는지 여부를 항상 알아볼 수 있다. 그런데 그런 종류의 '봉인'은, 어떤 사람들이 개인 서재의 모든 책 앞표지에 자신의 고유한 장서표를 넣어 두기 좋아하는 것처럼, 어떤 물건에 식별용 표식을 남기기 위한 목적으로 사용될 수도 있다. 여기서 한 걸음만 내디디면, 책이든 동물이든 아니면 (이번 경우처럼) 사람이든, 특별 처리가 필요한 항목을 표시하는 그런 '도장'(seal)에 닿는다.

여기서 '특별 처리'를 한 단어로 표현하면 구원이다. 이스라엘 자손들이 유월절 어린 양의 피를 문지방에 발랐기 때문에 죽음의 사자의 공격에서 살아남았듯이(출 12장), 이 사람들은 악이 최악의 일을 벌이도록 허용될 때 온 세상에 닥칠 고난에서 살아남을 것이다. 마찬가지로 에스겔 9장에서는 우상숭배자에게 닥칠 잔혹한 심판에서 죽임을 당하지 않도록 소수의 의인이 '도장'을 받아야 한다.

이번 경우에 창조 세계는 땅을 시들게 하고, 바다를 격동시키고, 나무를 뽑아낼 거센 바람에 의해 정화되어야 하는 것 같다. 하나님의 심판을 나타내는 다른 상징들처럼, 자연 세계에서 가져온 이런 이미지는 하나님의 심판이 맹위를 떨치기 시작할 때 온갖 인간사를 관통할 엄청난 동요를 가리킨다고 상징적으로 받아들여져야 한다. 이런 일이 일어나더라도, 하나님의 백성들은 자신이 하나님께 속해 있어 해를 입지 않는다고 선언하는 특별한 도장을 이마에 받았기 때문에 끝까지 안전할 것이라고 확신해야 한다.

그들은 고난을 피하지 않을 것이다. 계시록의 독자들은 대부분(전부는 아니다) 4-8절에서 이런 식으로 '도장'을 받는 사람의 명단이 그 뒤 9-17절에서 헤아릴 수 없이 엄청난 군중으로 묘사된 사람들과 같다는 데 의견이 일치한다. 5장의 사자와 어린 양에서처럼, 우리는 요한이 숫자—12×12로 나누어지는 14만 4천 명—를 듣고, 그 뒤에 헤아릴 수 없이 엄청난 군중을 **본다**(9절)는 것을 알게 된다. 이는 그들이 온전한 하나님의 백성(1만 2천×12)으로 상징적으로 표현된 동일 집단이지만, 실제로 누구도 헤아릴 수 없이 매우 많은 수로 구성되어 있음을 강력히 시사한다. 또 앞으로 우리가 보게 되겠지만, 이 거대한 군중은 고난을 피하지 않았다. 예수님이 친히 죽음을 통과해 불멸의 물리적 *부활 *생명으로 나오셨듯이, 그들은 고난을 통과해 반대편으로 안전하게 나왔다.

따라서 우리는 이 14만 4천 명이 단지 유대인 혈통으로만 구성된다고 추측하지 말아야 한다. 이제 요한에게 하나님의 백성은 당연히 가족의 중심으로 남아 있는 유대인을 포함해, 예수님을 믿고 그분을 주님으로 인정하는 모든 사람으로 구성된다. 새 예루살렘에서 (열두 *사도의 이름이 그 기초에 있는 한편) 이스라엘 열두 지파의 이름이 성문에 새겨져 있었듯이(21:12-14), 여기서 열두 지파는 9-17절의 *이방인 그리스도인으로 이루어진 거대한 군중과 대비되는 유대 민족을 가리키지 않는다. 이는 특히 14-17절의 거대한 군중에 대한 묘사가 *메시아를 따르는 유대인 제자가 아니라 이방인 그리스도인에게만 적용된다고 생각하지 않아야 하는 것과 마찬가지다. 늘 그렇듯, 오히려 요한은 이스라엘의 정체성을 나타내는 풍부한 상징을 사용해, 혈통과 관계없이 메시아를 통해 구원받은 새로운 하나님의 백성에 속한 이들을 표시한다.

열두 지파 명단은 성경의 주요 명단(예컨대, 창 49장이나 신 33장)과 비교해 볼 때 특이하다. 우리는 첫 번째 생소한 특징, 즉 유다가 장자 르우벤을 앞질러 첫째 자리로 승격되었다는 사실을 쉽게 설명할 수 있다. 이것은 아마 이들이 '유다의 사자'(5:5) 메시아에 의해 새로워진 하나님의 백성임을 시사하는 것 같다. 또 다른 특징인 단 지파의 생략은 아마 일부 유대교 전승에서 메시아의 대적(Antimessiah)이 그 지파에서 나온다고 생각되었다는 사실에 근거해 설명될 수 있겠다. 세 번째 특징은 설명하기가 더 어렵다. 요셉의 아들 므낫세가 왜 이 명단에 포함되었는가? 아마도 므낫세가 사실상 독자적인 지파가 되었고, 요한은 그냥 단을 제외한 뒤 열둘을 맞추려 했기 때문일 것이다.

3절에서 땅과 바다, 나무에 '해를 입힌다'는 개념은 가혹하다. 우리가 기억하기에, 이는 하나님의 선한 창조 세계, 곧 창세기 1장에서 하나님이 '아주 좋다'고 말씀하셨고, 우리가 보았듯이 하나님의 보좌 앞에서 끊임없이 찬양을 드리는 자연 세계다. 여기서 우리는 또 하나의 신비 앞에 있는 것 같다. 우리가 이것을 이해하는 단 하나의 의미는, 내 생각에, 자연 세계의 물질 자체가 인간의 반역과 악의 질병에 다소 감염되었을 가능성을 염두에 두는 것이다. 땅 자체, 또 바다와 나무가 장차 불어닥칠 거센 바람에 의해 정화되고 크게 흔들려야 한다. (이 바람이 언제 불지, 또 바람이 불 때 어떤 일이 일어날지 우리가 전혀 듣지 못한다는 게 계시록의 여러 감질나는 특징 가운데 하나다.)

여섯 번째 봉인과 일곱 번째 봉인을 떼는 사이의 휴지(休止) 상태에서 부각되는 현재 본문의 내용이 확증하는 사실이 있다. 즉 결국 악이 완전히 또 최종적으로 타도되기 위해 최절정에 이르도록 허용되더라도, 하나님은 이 과정이 참 하나님의 백성의 궁극적 구원에 해를 입히지 못하게 하실 것이라는 점이다. 유다의 사자를 중심으로 재정의된 이 참 백성들은 표시를 받을 것이다. 그들 주변의 사건들은 분명 두렵겠지만, 그들은 하나님이 자신들을 보호 아래 두셨다고 확신하며 안심할 수 있다.

요한계시록 7:9-17

큰 구원

⁹그 후에 나는, 놀랍게도, 어느 누구도 헤아릴 수 없을 만큼 엄청난 군중을 보았습니다. 그들은 모든 민족과 종족과 백성과 언어 출신의 사람들로, 보좌 앞과 어린 양 앞에 서 있었습니다. 그들은 흰옷을 입고, 손에 종려나무 가지를 들었습니다. ¹⁰그들은 목소리를 한껏 높여 외치고 있었습니다. "구원은 우리 하나님께, 보좌에 앉으신 분께, 그리고 어린 양께 속하였습니다!" ¹¹보좌를 둘러서 있던 모든 천사들과 장로들과 네 생물은 보좌 앞에 납작 엎드려 하나님께 경배하며 ¹²말했습니다. "맞습니다, 아멘! 찬양과 영광과 지혜와 감사와 영예와 권능과 힘이 우리 하나님께 영원무궁히 있습니다! 아멘!"

¹³장로 중 하나가 내게 말하며 물었습니다. "온통 흰옷을 입은 이 사람들은 누구입니까? 그들은 어디에서 왔습니까?"

¹⁴내가 대답했습니다. "장로님, 장로님이 아십니다!"

그가 말했습니다. "이들은 큰 고난을 겪어 낸 사람들입니다. 그들은 어린 양의 피로 자신들의 옷을 씻어 희게 했습니다. ¹⁵그런 이

> 유로 그들은 하나님의 보좌 앞에 있으며, 낮이나 밤이나 그분의 성전에서 그분을 섬깁니다. 보좌에 앉으신 분이 친히 임하셔서 그들을 가려 주실 것입니다. ¹⁶그들은 결코 다시 배고프거나, 다시 목마르지 않을 것입니다. 해가 그들을 그을리지 못할 것이고, 어떤 강한 열기도 마찬가지입니다. ¹⁷보좌 한가운데 계신 어린 양이 그들의 목자가 될 것입니다. 어린 양이 그들을 흐르는 샘물로 인도하겠고, 하나님께서 그들의 눈에서 모든 눈물을 닦아 주실 것입니다."

20대 중반 어느 시점에 나의 몽유병은 중단되었지만, 마지막에 깨어날 때 느끼곤 했던 절반의 두려움과 흥분을 나는 아직도 기억한다. 꿈에서 나는 그것이 일부 기억이든 상상이든 방이나 집에, 또 회랑 등 늘 어딘가에 있었다. 내가 만나야 했던 사람들이 거기 있었다. 내가 해야 할 일이 거기에 있었다. 하지만 그 뒤 조금씩 잠에서 깨어날 때, 나는 내 생각과 상상을 조율하며 꿈속에서 있던 그곳이 아니라 실은 내가 이 방에, 이 통로에 있다는 사실을 깨닫고 침대로 돌아오는 길을 찾아야 했다. 꿈의 잔상이 계속 강렬하게 남았던 적도 종종 있었고, 가끔은 내가 실제로 마주하던 지루한 현실보다 훨씬 매력적이었다. 하지만 나는 이게 현실이라고 나 자신에게 말해 주어야 했다.

물론 정반대도 가끔 있다. 너무 생생하고, 너무 강렬하고, 너무 두려운 악몽 한복판에서 깨어날 때, 당신은 그것이 단지 꿈이었다고, 그 사건은 일어나지 않았다고, 어쨌든 아무개 아무개는 아직 살아 있다고, 당신을 공격하던 괴물은 그저 당신의 상상 속에만 있다고 감히 믿지 못할 수도 있다. 꿈과 현실의 충돌은 강렬하다. 무엇보다 어떤 게 어떤 건지 분간하기 어렵다.

요한은 지금 이 책을 받고 있는 작은 공동체와 비슷한 문제에 봉착해 있다. 그들은 곧 악몽에 직면할 것이다. 박해가 진행 중이고, 그들은 박해에 대비해야 한다. 여기서 요한이 그들에게 제시하는 것은 연이은 환상의 한 부분이다. 이것은 그의 머릿속에 있던 멋진 꿈이 아니라 하늘의 실재, 곧 모든 악몽을 거기에 비춰 평가할 절대적이고 궁극적인 진리의 환상이다. 그의 말에 의하면, 이것이 현실 상황의 궁극적 실재고, 당신이 다시 악몽에 빠질 때 사력을 다해 그것을 붙들어야 한다. 실제 현실은 창조주 하나님과 어린 양이 이미 승리를 거두셨다는 것이고, 그 승리는 어린 양을 따르는 사람들이 해(害)로부터 구출된다는 것을 뜻한다. 현실에서 실제로 어린 양의 보호를 받는다고 주장하는 사람들은 엄청난 고난의 시기를 거치겠지만, 그때 그들은 진짜 실재 안에, 즉 크고 풍성하고 넘치는 기쁨으로 밤낮 그분을 경배하고 섬기는 하나님의 알현실 안에 자신들이 있음을 깨달을 거라는 점이다.

따라서 이 환상은 4-8절에서 14만 4천 명의 명단을 '들은' 뒤에 요한이 '보는'(9절) 것이다. 형식상 이것은 완벽한 하나님의 백성, 12×12×1000이고, 실제적인 면에서는 누구도 헤아릴 수 없는 엄청난 군중이다(도시 광장을 메운 거대 군중에 대한 신문 기사의 추산을 생각해 보라. 그때 군중이 몇백 혹은 몇천 명 증가하면, 계산 요원들은 슬쩍 미소를 지으며 포기한다). 승리와 순결을 나타내는 흰옷을 입은 이 군중은 승리를 축하하는 또 다른 상징으로 종려나무 가지를 들고 있고, 열정을 억누를 수 없다. 그들은 하나님과 어린 양께 기쁨과 찬양, 감사의 함성을 외친다. 그들이 승리해 구원을 받았기 때문이다.

10절의 단어 *'구원'은 문자적으로 '구출'을 의미한다. 그러나 구약성경에서 이 단어는 종종 '구출을 이루어 준 승리'를 뜻하는 것 같다. 여기서도 마찬가지 같다. 찬양의 외침은 선하고, 고귀하고, 강력하고, 지혜로운 모든 것이 하나님에게서 온다는 사실을 구원받은 거대한 군중이 기쁨으로 인정하는 12절까지 이어진다. 전문 용어로 이것이 진정한 유일신론의 면모다. 곧 세상에 오직 하나님 한 분만 계신다는 공허하고 메마른 고백이 아니라, 모든 복의 원천이신 하나님께 드리는 거리낌 없는 찬양의 외침이다.

그 뒤에 꿈을 기록한 그 시대 환상 문학의 양념 역할을 하는 짧은 대화가 하나 나온다. 우리는 요한이 하늘의 알현실에 있다는 사실을 상기해야 한다. 알현실은 (이제 15절에서 훨씬 온전히 나타나듯이) 예루살렘 *성전의 대응물, 하늘의 성전이다. 요한은 단순히 몰래 엿보는 관찰자로 먼 거리에서 보지 않는다. 그는 네 생물 및 스물네 장로와 함께 바로 그곳에 있다. 그리고 장로 가운데 하나가 이제 그에게 말하면서 요한의 독자들이 묻고 싶었던 질문을 던진다. "이 사람들은 누구입니까?"

장로가 직접 대답한다. 이는 요한의 공동체가 절실하게 들어야 했던 대답이다. **이들은 큰 고난을 겪어 낸 사람들입니다.** 그들은 악몽을 겪으며 살았고, 이제 깨어나 영광스럽고 신선한 새 아침을 맞을 수 있다. 그들의 옷이 흰 이유는 그들이 반드시 전적으로 거룩하고 순결한 삶을 살았기 때문이 아니라, 어린 양의 피, 유월절과 비슷한 예수님의 희생적 죽음이 그들을 죄의 예속에서 구원하여 살아 계신 하나님의 진정한 임재 안에 즉시 설 수 있게 만들었기 때문이다. 따라서 기다릴 필요가 없다. 사후의 긴 정화기에 대한 두려움도 전혀 없다. 예수님의 죽음과 그들이 이미 겪은 고난이 필요한 모든 것을 성취했다.

하나님은 그들에게 자신의 임재를 허락하실 뿐만 아니라 그들을 환대하실 것이다. 하나님이 "임하셔서 그들을 **가려 주실**" 것이다. 하나님의 '임하심'은 성전 안에 계신 하나님의 영광스런 임재를 가리키는 표현이고, '그들을 가려 주신다'(shelter them)는 표현은 문자적으로 하나님이 광야 방황기에 이스라엘 백성들 한복판에 장막을 치셨듯이 '그들 위에 장막을 치실 것'이라는 뜻이다. 다시 말해 예루살렘 성전의 모든 복이 그들의 것이 될 것이다.

그런데 그 이상이다. 이 대목에서 요한은 더 먼 미래, 새 예루살렘의 환상을 언뜻 보기 때문이다. 여기에 아직 '성전'이 있기 때문에 우리는 아직 거기에 있는 것이 아니고, 최후의 도성에는 성전이 없을 것이다(21:22). 그러나 계시록에서 (또 기독교 사상 일반에서) 자주 그렇듯이, 현재와 미래는 여러 가지 엇갈리는 방식으로 중첩되어 맞물리고, 또 이 사람들—요한이 간절하게 **여러분**이라고 부르는 사람들, 곧 에베소에서 혹은 서머나에서 혹은 버가모에서 혹은 어디에서든 고난을 겪을 이 사람들—은 마지막 도성의 복 중의 일부를 이미 경험할 것이다. 하나님은 그들을 폭풍우로부터, 또 배고픔과 목마름으로부터 보호하실 것이다(요 6:35에서 예수님이 군중에게 하신 것과 똑같은 약속). 또 역할이 놀랍게 반전되며 어린 양이 목자로 변할 것인데, 여기에는 요한복음 10장('선한 목자')의 왕의 역할과 사실 시편 23편의 하나님의 역할(자기 백성을 생수가 흐르는 시내로 인도하는 목자이신 하나님)이 전제되어 있다.

그리고 새 예루살렘을 최종적으로 기대하는 가운데(21:4), 하나님은 친히 "그들의 눈에서 모든 눈물을 닦아 주실 것"이다. 이 약속에 담긴 친밀감은 계시록 곳곳에 자리한 하나님의 전체 비전에 대해 많은 것을 말해 준다. 그렇다. 하나님은 아름다운 창조 세계를 훼손하고 이웃의 삶을 가련하고 비참하게 만드는 모든 사람들에게 정당하게 진노하신다. 하나님이 진노하시는 이유는 그 마음이 자비로 충만하신 하나님이 보좌에서 내려와 친히 모든 눈에서 모든 눈물을 닦아 주시는 것이 가장 그분다운 행동이기 때문이다. 우리가 '하나님'이란 단어를 들을 때 즉각 매정한 하늘의 관료나 난폭한 천상의 악당을 생각하지 않고 이런 하나님을 숙고하는 법을 배우는 것, 그것은 우리가 악몽에서 깨어나 하나님의 참된 날의 실체를 받아들이는 가장 중요한 길 중 하나다.

요한계시록 8:1-5
금 향로

¹어린 양이 일곱 번째 봉인을 떼자, 반 시간가량 하늘에 정적이 흘렀습니다. ²나는 하나님 앞에 서 있는 일곱 천사를 보았습니다. 그들은 일곱 개의 나팔을 받았습니다. ³다른 천사 하나가 와서 제단 앞에 섰습니다. 그는 금 향로를 들었고, 보좌 앞에 있는 금 제단에서 하나님의 모든 거룩한 백성들의 기도와 함께 바칠 수 있도록 엄청난 양의 향을 받았습니다. ⁴향의 연기가 천사의 손에서 성도들의 기도와 함께 하나님 앞으로 올라갔습니다. ⁵그때 천사가 향로를 가져다가, 제단에서 나온 불로 채워 땅에 던졌습니다. 시끄러운 천둥과 요란한 소리, 번개, 지진이 일었습니다.

버나드 레빈(Bernard Levin)은 지난 세대 가장 탁월한 런던의 저널리스트 중 한 명이다. 인생 후반기에 그는 대부분 「타임스」(*The Times*)에 글을 썼는데, 한동안 아주 다양하고 생생하고 가끔 아주 논쟁적인 칼럼을 매주 세 편씩 기고했다. 많은 독자들이 매주 사흘간 특별한 재미를 맛보았다. 나는 그의 수많은 칼럼을 오려 내 따로 파일을 만들었고, 그의 글을 묶은 여러 권의 책을 갖고 있다.

그가 깊이 사랑했던 것 중 하나가 음악이다. 그리고 그의 음악 영웅 중 한 사람이 슈베르트였다. 레빈은 클래식 음악, 특히 모차르트와 바그너의 오페라를 듣는 감동적인 순간을 즐겼다. 그는 우레 같은 환호와 기립박수, 장엄한 연주 후 기뻐하는 청중의 갈채에 매우 익숙했다. 그런데 한번은 당대의 가장 뛰어난 가수 중 한 사람의 슈베르트 노래 발표회가 끝났을 때, 청중들이 그저 침묵하며 앉아 있다가 그 뒤에도 계속 침묵하고, 그 후 천천히 일어나 콘서트홀을 떠났던 경위를 서술한 적이 있다. 음악의 마법이 너무 강력해서 어느 누구도 감히 박수 같은 저속한 행위로 그것을 깨뜨리려 하지 않았던 것이다.

이런 순간은 귀하고 드물지만, 소음에 찌든 우리 사회에서 침묵이란 단순히 소음의 부재나 달갑지 않은 일시적 권태의 부스러기가 아니라, 대개 수다와 달변에 휩쓸려 버리는 실재의 특징을 감지할 수 있는 깊고 고요하고 심오한 경험임을 우리에게 상기시킨다. 어린 양이 일곱 번째 봉인을 뗐을 때 "반 시간가량 *하늘에 정적이 흘렀"다는 요한의 말을 들을 때 우리가 가져야 할 태도가 이것이다. 경외심과 기대감, 그리고 열망. 그것만 아니면 끊임없었을 네 생물의 찬양이 사라진다. 장로들과 천사, 헤아릴 수 없이 엄청난 군중의 노래가 조용히 잦아든다. 모든 사람이 숨을 죽이고 있는 것 같다. 우리는 이것이 바로 그

계 8:1-5

들이 그토록 기다려 온 순간임을 감지한다. 우리는 그 장면을 지켜보며 감히 숨조차 제대로 쉬지 못한다.

아무튼 우리는 충분히 기다려 왔다. 혹은 그렇다고 생각할지 모른다. 6장 전체에서 우리는 보좌에 앉은 인물이 건네준 두루마리의 봉인을 어린 양이 제거하는 장면을 지켜보다 혹 실망했을 수도 있다. 네 기수, 그다음 제단 아래의 영혼, 그다음 땅의 주민을 사로잡은 공포. 그다음 휴지기가 있고, 하나님의 신실한 백성들이 '도장'을 받아 하나님의 심판이 임할 때 온 땅을 휩쓸 엄청난 피해가 그들에게는 해를 입히지 못한다. 그리고 그 휴지기에 우리는 박해를 겪는 사람들을 격려하기 위해 하늘의 실재의 환상을 언뜻 보는 특권을 얻었다. 그 환상에서 하나님의 백성들은 사악한 무리에게 폭행을 당하거나 억압적 체제에 의해 '법적으로' 고문당해 죽은 작고 초라한 그룹이 아니라, 그들을 친히 찾으시고 보호하시는 하나님과 함께 하나님의 승리와 자신의 구원을 경축하는 거대한 군중으로 등장했다.

그런데 이제 우리는 일곱 번째 봉인에 다다른다. 만약 우리가 보좌 주위의 웅장한 찬양과 경배 장면을 넘어서는 더 극적인 내용을 기대했다면, 아마 이 갑작스런 침묵에 실망할지 모른다. 그러나 우리는 뜻밖의 하늘의 고요를 당연히 거대한 일, 강력한 일, 극히 결정적인 일이 이제 일어난다는 의미로 받아들여야 한다.

정말 그렇다. 다시 새로운 길이 준비되어야 한다. 우선 우리는 다음번 일곱의 순환에 들어선다. 봉인 뒤에 (일곱 번째 봉인이 성취된 결과로) 우리는 일곱 나팔을 만난다. 나팔은 고대 유대교에서 다양한 목적을 위해, 어떤 때는 예배에(특별히 특정 절기에), 또 당연히 전투에 사용되었다. 가장 유명한 후자의 사례 중 하나가 이스라엘 백성들이 여리고를 돌고 난 뒤에 그들이 분 나팔 소리에 성벽이 완전히 무너진 때였다(수 6장). 보다 일반적으로 사람들은 경보를 발하기 위해, 경고하기 위해 나팔을 불었다(예컨대, 욜 2:1; 암 2:2; 3:6). 그게 바로 이곳의 의미인 것 같다. 나팔은 큰 재앙, 곧 하나님이 자기 백성을 종살이에서 구원하기 위해 준비하셨던 그때 이집트에 임한 재앙의 전 세계적 확장을 알렸다.

하지만 나팔이 울리고 일곱 봉인의 연속이 마무리되기 전에 다른 일이 일어나야 한다. 곧 계시록이나 그 비슷한 저작에서 흔히 그렇듯이, 하늘과 땅이 새로운 방식으로 하나가 되는 어떤 일이다. 금 향로를 든 천사가 등장한다.

우리는 땅 위 하나님 백성의 기도가 하나님 앞에 향처럼 드려져 하늘 알현실의 후각이 시각과 청각만큼 기쁘고 흡족하다는 사실을 이미 들었다(5:8). 이제 천사가 한 번 더 다가오고, 이번에 그는 엄청난 양의 향을 받는다. 향과 기도는 정확히 동일한 것은 아닌 것 같다. 아마 기도는 그 위에 향을 태우는 숯과 같을 것이다. 어쨌든 하나님의 백성의 기도, 특히 제단 아래 있는 순교자들의 기도(6:9-11)가 하나님의 보좌 앞으로 간다.

아마 1절의 '침묵'에는 또 다른 측면이 있는 것 같다. 일부 유대교 사상에서는 땅의 기도가 올바로 들리기 위해 하늘의 찬양이 잠시 멈추어야 한다. 그런데 주된 논점은 일곱 나팔과 그 나팔의 결과가 적어도 하나님의 백성의 기도에 대한 그분의 응답의 일부라는 점이다. 악이 정복되고 하나님의 영광스런 새 세상이 등장하기 위해 필요한 신적인 연속 심판은 인간 대리인과 무관하게 진행될 기계적 계획이 아니다. 앞서 보았듯이, 하나님은 세상에서 사람을 통해 일하기로 다짐하

계 8:1-5

셨다. 어떤 일이 벌어지는지 이해하지 못하는 사람들의 고통스런 기도일지라도, 기도는 이 신비한 동역의 핵심 요소다(롬 8:26-27을 보라).

땅 위의 기도가 금 향로를 통해 드려진 만큼, 응답도 즉각 동일한 방법으로 주어진다. 향을 바친 천사는 이제 향로를 제단 불로 채워 그것을 땅에 던진다. 악이 심판받고 정죄받아 땅에서 철저히 뿌리 뽑힐 때까지, 땅 전체가 하늘에서 들을 수 있는 유일한 말은 심판의 말이다. "천둥과 요란한 소리, 번개, 지진"은 하나님의 보좌 앞에 맨 처음 등장하는 장면에서 채택되어(4:5), 계시록 각 단락의 마지막에 나온다. 여기서 이것들은 일곱 봉인의 마지막에 등장한다. 11:19에서는 일곱 나팔이 울린 뒤에, 또 16:18에서는 다시 진노의 일곱 대접이 쏟아졌을 때, 우리는 하나님의 목적의 핵심이자 그분의 최종 계획의 중심인 하늘과 땅의 교류(21:1-8)가 언제나 경외심과 놀라운 경탄의 대상이 될 것이고, 또 현재 적절한 두려움과 전율의 대상임을 이해하게 될 것이다. 어리석고 오만한 자들만 혼자 힘으로 하늘 높이까지 오를 수 있다고 생각한다(창 11장). 하나님은 주권자로 계시는데 땅이 계속 악의 소굴로 있다면, 악에 대한 그분의 대답은 '불'일 수밖에 없다. 예수님은 자신이 "땅에 불을 던지러" 왔다고 친히 선언하셨다(눅 12:49). 여기서 금 향로를 든 천사는 어린 양의 신비한 사역을 계승한다.

요한계시록 8:6-13

재앙의 시작

> ⁶그때 일곱 개의 나팔을 가진 일곱 천사들은 나팔을 불 채비를 했습니다. ⁷첫 번째 천사가 나팔을 불었고, 우박과 불이 피와 뒤섞여 땅에 쏟아졌습니다. 땅의 삼분의 일이 불탔고, 나무의 삼분의 일이 불탔고, 모든 푸른 풀잎도 마찬가지였습니다. ⁸그때 두 번째 천사가 나팔을 불었고, 거대한 산과 같은 것에 불이 붙어 바다로 던져졌습니다. 바다의 삼분의 일이 피로 변했고, ⁹모든 바다 생물의 삼분의 일이 죽었고, 배의 삼분의 일이 부서졌습니다. ¹⁰그때 세 번째 천사가 나팔을 불었고, 큰 별이 횃불처럼 불타며 하늘에서 떨어져 강의 삼분의 일과 샘물을 덮쳤습니다. ¹¹그 별의 이름은 '독나무'입니다. 물의 삼분의 일이 독으로 변했고, 쓰게 변한 물로 인해 많은 사람이 죽었습니다. ¹²그때 네 번째 천사가 나팔을 불었고, 해의 삼분의 일과 달의 삼분의 일, 별의 삼분의 일이 타격을 입어, 그 빛의 삼분의 일이 어두워졌고, 낮의 삼분의 일과 밤의 삼분의 일도 빛을 잃었습니다. ¹³그때 나는 외톨이 독수리가 중천을 날며 크게 외치는 것을 보고 들었습니다. "화가 닥친다. 화가 닥친다. 마지막 세 천사들이 불게 될 나머지 나팔 소리 때문에, 땅의 주민에게 화가 닥친다."

한 교회의 외부 표지판에는 이렇게 쓰여 있다. "많은 사람들이 하나님을 섬기기 원하지만, 단지 훈수 두는 역할로만이다." 그리고 이곳은 계시록에서 최소한 몇 사람은 보좌에 앉아 계신 분에게 이렇게 단호하게 충고했을 순간 중에 하나다. "이렇게 하지 마십시오! 대체 이 모든 고의적 파괴의 의도가 무엇입니까?"

특히 네 생물과 장로들이 세상을 만드신 하나님의 선하심과 능력을 찬양했던 사실을 생각할 때(4장), 이런 질문의 취지는 쉽게 납득된다. 이는 그분의 창조 세계다. 하나님이 세상을 만드시되 선하게 만드셨고, 하나님이 세상을 사랑하신다. 그런데 어떻게 하나님이 땅과 나무, 바다와 그 생물, 강, 심지어 해와 달과 별의 삼분의 일을 무너뜨리는 이렇듯 무의미해 보이는 파괴를 승인하실 수 있단 말인가?

세 가지 예비적 대답이 우리에게 올바른 방향을 제시할 것이다. 먼저 지혜로운 옛 저자의 표현처럼, "당신은 아직 죄의 심각성을 고려하지 않았다." 한 세기의 전쟁과 테러, 첨단 기술의 대량 학살을 겪고 난 뒤에도, 적어도 서구 세계에서 세상은 여전히 정말로 유쾌한 곳이고, '악'이란 그저 우리가 얼마든지 쉽게 해결할 수 있는 일시적 현상에 불과한 것처럼 여기려는 경향이 있다. 반대 증거가 아무리 많아도, '계몽'을 통한 악의 제거 덕분에 국지적 소탕 작전(먼 곳이라면 더 좋다)을 몇 번만 더 하면 마침내 유토피아에 도달할 것이라는 이 현대의 신화가 대중의 상상력을 단단히 붙들고 있다. 그래서 하나님이 이 문제를 해결하기 위해 무언가 강력하고 파괴적인 일을 하신다는 생각은 너무 극단적이고 과격하다고 받아들여진다. 그러나 초기 그리스도인들 가운데 어느 누구도, 특히 예수님 자신이 악의 심각성을 이렇게 얼버무리려는 시도에는 공모하지 않으셨을 것이다.

두 번째 대답은 계시록에서 늘 그렇듯이, 우리가 실재의 상징을 놓치지 말아야 한다는 것이다. 일곱 나팔의 결과를 묘사하는 정형화된 방식은 요한의 처음 독자들이 분명히 알았을 내용, 곧 요한이 실제로 땅과 바다 따위의 삼분의 일을 얘기하는 게 아님을 우리에게 상기시켜야 한다. 요한은 세상을 정화하시려는 하나님의 과감한 행동에 대해 얘기하고 있다. 곧 우리가 위험한 질병에 걸린 나무의 치명적 암을 제거해 나머지가 살아나게 하는 것과 마찬가지다. 요한은 인간의 체제를 근본적으로 뒤집는 데 필요한 일에 대해 얘기하고 있다. 수백만 명이 그 체제에 예속되어 수모를 당했지만, 그 체제는 겉모양의 아름다움과 고상함, 고등교육 구조를 통해 입지를 굳혔다. 약간의 보완만으로는 충분치 않을 것이다. 대대적 수술만이 유효할 것이다.

세 번째 대답은 이 재앙에서, 또 뒤이어 16장에서 '진노의 대접'이 쏟아질 때 일어날 재앙에서 우리는 이스라엘 백성의 400년 노예 생활 마지막에 하나님이 이집트에 내리셨던 재앙의 주요 장면 재방영을 보고 있다는 것이다. 출애굽기 7-12장에서 백성들과 그 땅을 쳤던 열 가지 재앙은, 이스라엘의 하나님의 권능을 이집트에게 보여 주는 경고 역할과 더불어, 마침내 유월절에 이스라엘이 (그때도 오직 어린 양이 흘린 피 때문에) 도망치는 극적인 수단 역할을 한다. 지금 요한이 상정하는 재앙은 청중들의 마음에 옛 이집트 재앙의 반향을 남길 것이고, 그들에게 동일한 결과에 대한 확신을 주었을 것이다. 우리는 이미 요한이 전하는 이야기에서 유월절이 중요한 역할을 하고 있음을 보았다. 따라서 재앙이 경고와 동시에 해방의 수단으로 이집트를 강타했을 때처럼, 온 세상의 거주민에게 경고하고 하나님의 백성을 구원하기 위해 당연히 비슷한 재앙이 온 세상을 강타해야 한다.

이집트의 열 가지 재앙은 이렇게 전개되었다. 먼저 물이 피로 변했다. 그 뒤에 개구리, 그 뒤에 이, 그 뒤에 파리가 각각 피해와 파괴를 안겨 주었다. (매번 파라오는 마음을 굳게 하여 백성들을 보내 주지 않았다.) 그 뒤에 치명적 전염병이 이집트의 가축을 내리쳤다. 그 뒤에 백성들은 곪는 종기에 감염되었다. 그 뒤에 천둥과 우박이 곡물을 망쳐 놓았다. 그 뒤에 메뚜기 재앙이 왔고, 그 뒤에 점점 최후의 공포에 다다라 어둠의 재앙이 삼 일 동안 온 땅을 덮었다. 그리고 마침내 유월절 밤의 심판이 임했다. 죽음의 천사가 그 땅을 통과했고, 모든 가족(그리고 모든 가축 떼)의 맏이가 죽었지만, 이스라엘 백성의 맏이들은 집 문지방에 바른 어린 양의 피 덕분에 목숨을 건졌다. 이것이 최후의 결정타였고, 파라오는 이스라엘 백성을 그 땅 밖으로 내보냈다. 하지만 파라오는 바로 뒤에 마음을 바꿔 그들을 추적하여, 두 번째 위대한 구원 행위가 이어지게 했다. 그때 이스라엘 백성은 발을 적시지 않고 홍해를 통과했지만, 그들을 추적하던 이집트 군대는 물에 빠졌다(출 14장).

요한은 여기에서와 이후의 장에서 재앙을 서술하며 이 모든 것을 염두에 두고 있고, 독자들도 그러리라 기대한다. 요한은 재앙을 일일이 되풀이하지 않지만, 우리는 그 메아리를 놓칠 수 없다. 마침내 15:3에서 "모세의 노래와 어린 양의 노래를 부르"는 구원받은 백성들을 볼 때 우리는 놀라지 말아야 한다. 이는 아마 이 책에서 가장 까다로운 여러 본문을 풀 수 있는 주요 열쇠일 것이다.

처음 네 나팔을 불 때 (네 기수처럼, 하나씩 신속하게 연이어) 임하는 재앙 중 처음 두 가지는 이집트 재앙의 반복이지만, 분명 훨씬 더 광범위하게 적용된다. 이것은 한 나라만이 아니라 모든 인류를 향한 심각한 하나님의 경고다. 우박과 불은 땅과 그 채소의 삼분의 일을 망쳐 놓는다. 나일강만이 아니라 바다의 삼분의 일이 피로 변한다. 세 번째 재앙, 독으로 오염된 물 역시 우리에게 이집트를 상기시킨다. 네 번째 재앙은 이집트의 아홉 번째 재앙의 반복으로, 이전에 빛을 볼 수 있었던 시간의 삼분의 일이 어두워졌다. 다른 출처에서 유래하는 이미지도 떠오른다. 거대한 산이 바다에 던져지는 이미지는, 예컨대 마가복음 11:23 같은 상황에서 예수님이 직접 사용하셨고, 그 시대의 다른 유대교 저작에서도 익숙한 이미지다. 마찬가지로 거대한 별이 하늘에서 떨어지는 장면은 타락한 천사가 *하늘 밖으로 쫓겨나는 옛 이야기와 공명한다(사 14:12). 이사야서에서 이 옛 그림은 바빌론 왕에게 새롭게 적용되었다. 이를 잘 알고 있던 요한은 이 본문에서 커다란 별의 몰락을 계시록 마지막의 대단원을 향해 가는 예고 표지판으로 여긴다.

하지만 현재 문맥의 핵심은, 고난받는 하나님 백성들의 기도(8:3-5)에 뒤이어 땅에 던져진 불에 의해 "땅의 주민"(13절)에게 경고 역할을 할 대재난 사건의 긴 과정이 시작된다는 것이다. 땅의 주민이 되는 것에는 문제될 게 전혀 없다. 하지만 요한이 반복해 제시하는 핵심은, 마치 하늘이 없는 것처럼, 혹은 하늘이 존재하기는 하지만 현실과 무관한 것처럼 땅에서 살아 온 많은 사람들이 있다는 것이다. 요한의 책의 내용은 땅 위에 하늘의 통치가 다시 수립되는 것이다. 모든 근본적 체제 변화처럼, 현 체제에서 유익을 얻는 사람들이 자신의 심각한 곤경을 인식하려면 끔찍한 경고가 필요할 것이다.

요한계시록 9:1-12

메뚜기의 공격

¹그때 다섯 번째 천사가 나팔을 불었습니다. 나는 별 하나가 하늘에서 땅으로 떨어지는 것을 보았고, 그 별은 무저갱으로 내려가는 통로를 여는 열쇠를 받았습니다. ²무저갱의 통로가 열리자, 커다란 용광로에서 나오는 연기처럼 구덩이에서 연기가 나왔습니다. 구덩이에서 나온 연기 탓에 해와 하늘이 어두워졌습니다. ³그때 메뚜기들이 그 연기 밖으로 나와 땅 위에 나타났고, 그들은 땅의 전갈이 받은 권세와 비슷한 권세를 받았습니다. ⁴메뚜기들은 땅의 풀이나 식물이나 나무가 아니라, 하나님의 도장을 이마에 받지 않은 사람들에게만 해를 입히라는 명령을 받았습니다. ⁵사람들을 죽이지 말고, 다섯 달 동안 고통을 주라는 지시가 내려졌고, 그들의 고통은 전갈이 사람을 쏠 때 받는 고통과 같았습니다. ⁶그 시절에 사람들은 죽기를 바라겠지만 그럴 방도를 찾지 못할 것입니다. 그들은 죽고 싶은 마음이 간절하겠지만, 죽음이 그들을 피해 달아날 것입니다.

⁷메뚜기들의 겉모습은 전투 준비를 갖춘 말처럼 보였습니다. 그들은 금 면류관처럼 보이는 것을 머리에 썼고, 얼굴은 사람의 얼굴 같았습니다. ⁸그들의 머리카락은 여자의 머리카락 같았고, 이빨은 사자의 이빨 같았습니다. ⁹그들의 가슴막이는 쇠 가슴막이 같았고, 날개 소리는 많은 말이 끄는 전차가 전쟁터로 뛰어드는 소리 같았습니다. ¹⁰그들의 꼬리는 전갈의 꼬리 같아 침도 있었고, 꼬리에는 다섯 달 동안 사람들에게 해를 입힐 위력이 있었습니다. ¹¹그들은

> 무저갱의 천사를 왕으로 두었는데, 그의 이름은 히브리어로 아바
> 돈이고, 그리스어로는 아볼루온입니다.
> ¹²첫 번째 재앙이 지나갔습니다. 이후로 두 가지 재앙이 다가옵
> 니다.

밖은 이미 어두웠고, 바람은 점점 거세졌다. 당신이 커튼을 닫으려고 일어났을 때 불이 전부 나갔다. 정전이다. 초를 찾아 뒷문 근처에 있는 찬장까지 더듬거리며 가는 동안, 당신은 찬바람이 얼굴에 불어오는 것을 느낀다. 문이 열려 있다! 대체 무슨 일이지? 그때 소리가 들린다. 멀지 않은 곳에서 으르렁대는 낮은 신음소리. 당신은 초를 들고 성냥을 긋는다. 바람 탓에 불이 꺼졌지만, 이내 당신은 바로 문밖에 무언가 있음을 감지할 수 있다. 커다란 개 같긴 한데… 한 번 더 성냥을 긋고 촛불이 켜졌지만, 아차 싶었다. 개가 아니다. 당신은 그게 무엇인지 모른다. 괴물이다! 점점 커진다! 괴물은 커다란 이빨과 어마어마한 검은 날개, 길고 뾰족한 꼬리를 가졌다! 당신은 문을 닫으려고 해 보지만, 너무 늦었다….

공포 영화나 악몽, 혹은 둘 다의 소재다. 우리는 이 메뚜기 환상을 적어 내려가는 요한의 의도가 이와 비슷한 효과를 낳는 것이라고 짐작할 수 있을 뿐이다. 그는 이 생생한 책에서 이 슈퍼 메뚜기에 대해 다른 어떤 생물보다 훨씬 자세한 묘사를 쏟아 낸다. 너무 자세해서 사실 거의 무기에 가까운 7-10절의 생물의 모습에 매료된 많은 현대의 독자들은 메뚜기를 이런저런 종류의 현대 군사 무기, 예컨대 공격용

헬기 등으로 규정하려고 시도했다. 이는 요한의 상징을 제한해 이를 통해 상징을 구미에 맞추려는 전형적 예인 것 같다(물론 공격용 헬기가 자신에게 들이닥치는 순간 무방비 상태의 농민은 이렇게 보지 않을 수도 있다). 핵심은 당신의 온갖 최악의 꿈이 순식간에 실현되는 악몽을 꾸고 있다는 것이다. 다섯 번째 천사는 정말 괴물 같고, 정말 섬뜩한 어떤 것을 풀어 놓았다.

이보다 더 놀라운 사실은 다섯 번째 나팔이 떨어지는 또 다른 별에게 특별한 역할을 맡겼다는 점이다. 일반적으로 악과 공포의 궁극적 원천은 단단히 가두어져 있는 것 같다. 현재의 창조 세계에 대한 요한의 관념에는 현대 천체 물리학의 블랙홀 같은 반창조, 반물질, 파괴와 혼돈의 장소인 무저갱이 포함된다. (물론 내 말은 요한이 이 묘사에 상응하는 실제 구멍이 지상 어느 곳에 있다고 생각한다는 뜻은 아니다. 물론 어떤 사람들은 그렇게 생각했지만 말이다. 다시 한번 우리는 상징을 상징으로 읽는다는 입장을 고수해야 한다.) 예수님은 온갖 종류의 악—성적 비행, 절도, 살인, 간음, 탐욕, 사악함, 배반, 방탕, 시기심, 비방, 교만, 우둔함—이 사람의 마음속 심연에서 끓어오른다고 말씀하셨다. 자기 손을 씻어 '정결'을 유지하기 위해 최선을 다하던 자칭 정결한 사람들에게는 놀라움과 공포였겠지만 말이다(막 7:1-23). 이것이 우리 모두 안에 있는 블랙홀이다.

사람은 지혜로운 사랑의 창조주를 비추도록 만들어졌지만, 어쨌거나 그들의 마음은 배신과 오물, 사악함으로 가득했다. 이제 이는 우주적 차원에서도 사실인 것 같다. 하나님이 만드셨고 하나님이 사랑하신 세상 안에 이런 배반, 이런 반창조의 파괴성이 숨어 있다. 그래서 물론 하나님은 보통 악이 억제되기를 바라시지만, 이 문제가 해결되려면 조만간 악이 밖으로 나와 자신의 본색을 드러내도록 허용되어야 한다.

이 메뚜기 괴물은 어떤 의미에서 이집트의 메뚜기 재앙 및 요엘서의 무서운 메뚜기 군대와 유사하지만, 이들은 중장비와 무기 덕분에 저항 불가능한 난공불락의 존재가 되어 사람을 먹거나 더 정확히 말해 사람을 괴롭히는 메뚜기다. 이 괴물들은 엄격하게 제한된 지시를 따라 행동해야 한다. 괴물들은 (보통의 메뚜기처럼) 채소나 하나님의 도장을 받은 사람들을 제외한 다른 모든 사람에게 해를 준다. '메뚜기'는 구덩이에서 피어오르는 연기 자욱한 공기 아래서 등장하고(출애굽기의 또 다른 반복으로, 이번에는 모세가 화로의 먼지를 공기로 던지자 이로 변한 9:8-9이다), 그들의 왕은 아바돈 혹은 아볼루온이다. 히브리어 단어는 '파괴의 장소'를 뜻하고 그리스어 단어는 '파괴자'를 뜻해서, 여기에 드러난 반창조 에너지를 아주 효과적으로 보여 준다. 물론 메뚜기의 임무는 단순히 일시적 파괴가 아니다. 그건 너무 부드러운 표현 같다. 메뚜기는 죽지도 못하는 사람들이 죽기를 갈망하기까지 그들을 괴롭힐 것이다(6절).

이집트의 재앙에서처럼 우리는 여기서도 이 재앙의 목적이 땅의 거주민에게 회개를 촉구하는 것이라고 추론해야 한다. 이 내용은 마침내 20절과 21절에서 등장하는데, 이 구절들은 파라오와 그의 왕실에 대한 출애굽기의 논평과 비슷한 역할을 한다. 그들은 재앙을 목격하고도 마음을 굳게 했기 때문에, 결국 저자는 하나님이 직접 그들의 마음을 굳게 하셔서 마침내 그들에게 임할 심판에 더 적합하게끔 준비시키셨다고 선언한다.

죄악의 수수께끼, 또 그것을 다루는 하나님의 대응의 수수께끼가 다시 한번 우리를 숨죽이게 만들고, 아마 경악하게 만들 것이다. 하지만 성경 저자와 예수님 자신은 이런 생각을 묵살하지 말라고 우리에게 경고하실 것이다. 그렇게 하는 것은 여기서 뉘우치지 않는 사람들과 똑같은 실수를 저지르는 것이라고 할 수 있다. 우리도 우리 시대에 두려운 일들을 목격했다. 헬리콥터든 다른 군사 무기든, 그저 죽이고 파괴하기 위해 고안되고 사람의 마음에 공포를 일으켜 인간의 권력과 제국을 유지하기 위해 만들어진 괴물 말이다. 그런 무기가 요한의 환상에 등장하는 이 비대해진 곤충들처럼, 궁극적으로 아볼루온의 지시를 받고 무저갱에서 오지 않았다고 누가 말할 수 있겠는가? 고문이 지속되는 '다섯 달'이라는 기간은 아마도 메뚜기의 일반적 생애 주기 혹은 적어도 활동 기간을 염두에 둔 요한의 인식이 반영되었을 것이다. 하지만 그 기저에 흐르는 논점은 여기서 그들의 행위가 두렵기는 하지만 제한적이라는 것이다. 환상 곳곳에서 요한은 독자들이 하나님과 어린 양이 주권자이심을 알기를 바란다. 물론 악이 최종적으로 정복되려면, 악이 표면화되고 최악의 일을 벌이도록 허용되어야 하겠지만 말이다.

요한계시록 9:13-21

불타는 기수

> [13]그때 여섯 번째 천사가 나팔을 불었습니다. 나는 하나님 앞에 있는 금 제단의 네 뿔에서 나오는 한 음성을 들었습니다. [14]그 음성은

나팔을 가진 여섯 번째 천사에게 말했습니다.

"큰 강 유프라테스에 매여 있는 네 천사를 풀어놓아라." ¹⁵그리하여 네 천사는 풀려났습니다. 그들은 이 해, 이 달, 이 날, 이 시각에 인류의 삼분의 일을 죽일 준비를 갖추고 있었습니다. ¹⁶군인과 기수의 숫자는 (내가 듣기로는) 이억이었습니다. ¹⁷내가 보니, 말과 기수의 모습은 이랬습니다. 그들의 가슴막이는 불과 사파이어와 유황으로 만들어졌습니다. 그들의 머리는 사자의 머리 같았고, 불과 연기와 유황이 그 입에서 나왔습니다. ¹⁸인류의 삼분의 일은 이 세 가지 재앙, 곧 그 입에서 나오는 불과 연기와 유황으로 인해 죽었습니다. ¹⁹그 꼬리는 머리 달린 뱀과 같기 때문에, 알다시피, 말들의 힘은 그 입과 꼬리에 있습니다. 그들은 그런 식으로 해를 입힙니다.

²⁰다른 모든 사람들, 곧 이 재앙으로 죽지 않은 사람들은 자신들이 한 일을 회개하지 않았습니다. 그들은 귀신, 곧 보지도 듣지도 걷지도 못하는 금과 은, 청동, 돌, 나무로 만든 우상숭배를 그치지 않았습니다. ²¹또 그들은 살인이나 주술이나 음행이나 도둑질을 회개하지 않았습니다.

뒷문 밖의 어둠 속 괴물은 일종의 악몽이다. 그와는 종류가 다르지만 그에 못지않게 두려운 생각은 당신의 나라가 느닷없이 사납고 무자비한 적군의 위협 아래 놓이는 것이다. 적의 군대가 지금 국경에 집결해서 길목에 있는 무방비 상태의 마을과 도시로 진군하여 삼킬 준비를 하고 있다.

예수님 시대 얼마 전부터 이 정치적·군사적 악몽이 서구 유럽을 떠나지 않았고, 지금 우리 시대에 서구 세계 전체가 그렇다. 미국 대통령이 중동과 그 너머 아랍 세계의 여러 나라들을 가리켜 '악의 축'이라고 언급했을 때, 그는 이런 나라들을 지도에서 구분해 낼 수도 없는 사람들의 두려움을 자극하는 데 그치지 않았다. 그는 훨씬 오래된 기억을 일깨웠다. 20세기 전반에 서구 유럽과 북아메리카는 유럽을 가로지른 '철의 장막'을 보면서, 헤아릴 수 없이 많은 군대가 공산주의를 명분으로 내세워 침공할 준비를 갖추고 반대쪽에서 기다리고 있다고 상상했다. 베를린 장벽이 무너진 뒤, 전통적인 적(러시아)을 새로운 적(주로 무슬림 아랍 국가들)으로 대체하거나, 소위 서방의 '기독교' 국가를 한편으로 무신론에 맞서고 다른 한편으로 이단적 종교에 맞서 *믿음을 지키는 수호자로 그리는 일은 어렵지 않았다. (이런 분석과 그것이 낳은 여러 가지 행동의 실책은 다른 기회에 다룰 의제다.)

그러나 냉전의 공포 역시 훨씬 이전 시대의 악몽의 기억이었다. 15세기와 16세기에 중부 유럽은 '투르크'(the Turk), 곧 터키 제국 군대가 무자비한 진군을 계속할 것이라는 두려움에 사로잡혀 있었다. 결국 그들은 오스트리아 바로 앞에서 멈추었다. 하지만 서구 교회가 개신교의 종교 개혁 문제를 두고 다투는 동안, 유럽의 많은 통치자들은 동쪽 지평에서도 눈을 떼지 않았다. 내부의 종교 반란도 문제였지만, 동쪽에서의 공격은 훨씬 더 심각한 것이었다.

이는 로마 제국 시대에도 마찬가지였다. 옛 이스라엘 땅 북동쪽의 국경은 통념상 큰 강 유프라테스였다. (물론 실제로 이스라엘의 경계선은 한 번도 그 정도 북쪽까지 가지 못했다. 하지만 출 23:31과 시 72:8을 비롯한 다른 곳에서처럼, 성경의 위임은 기억되었다.) 예수님이 탄생하기 60년쯤 전 로마가 중동을 휩쓸었을 때, 유프라테스 상류가 저 유명한 파르티아 제국에 맞서는 경계가 되기도 했다. 파르티아 제국은 그 절정기에 현대의 이라크와 이란, 아프가니스탄을 넘어 저 멀리 파키스탄의 인더스강까지 뻗어 갔다.

따라서 요한이 환상에서 큰 강 유프라테스에 묶여 있던 네 천사가 풀려나 막대한 군대를 전투로 이끌 준비를 갖춘 것을 보았을 때, 예루살렘부터 로마, 그 너머의 모든 사람들은 이 말의 의미를 알았다. 최악의 정치적·군사적 악몽이었다. 이 환상이 엄청난 메뚜기 떼가 사람들을 괴롭히는 가공할 장면 바로 뒤에 나온다는 사실이 적절한 시점에 우리에게 재차 상기시키는 것이 있다. 곧 이 상징적 환상은 이제 연이어 등장하는 끔찍한 공포 환상에 의지해, 점점 커져 가는 두려움과 고통의 이미지를 보여 준다는 점이다. 이 모든 일이 한꺼번에 벌어져서 사람들이 회개하도록 도전받아야 한다. 이것이 이 모든 일의 목적이다.

하지만 별로 소용이 없지 않았느냐고 말할 사람도 있을지 모르겠다. 이 모든 위협, 이 모든 고통, 이 모든 죽음에도 불구하고 (메뚜기와 달리 유프라테스강 너머에서 온 기수들은 18절처럼 사람들을 죽이도록 허락된다) 사람들은 여전히 회개하지 않았다. 그러나 이것은 구약과 신약(예컨대 롬 2:1-11) 둘 다에서 다분히 공통된 현상이다. 유대교와 초기 기독교의 많은 사상가들의 생각이 이런 방식으로 흘러간다. 깊이 뿌리내린 파괴적 악이 각 사람의 마음속 심연만이 아니라 사람들이 함께 만들어 내는 패권과 억압의 체제에서 더 자주 등장한다는 사실을 고려할 때, 하나님은 어떤 일을 하셔야 하는가? 우리가 앞서 보았듯이, 만약 하나님이 그냥 창조 세계를 쓸어버리신다면 모든 일이 엄청난 실패로 귀결될 것이다. 하지만 만약 하나님이 사람들에게 회개할 공간, 정신 차릴 공간, 죽음의 원천인 *마귀와 우상이 아니라 *생명의 원천인 하나님을 경배할 공간을 허락하신다면(20, 21절), 인내하는 자비는 언제든 사람들이 숨 돌릴 공간을 악용해 사태를 더 악화시킬 수도 있는 가능성을 감수해야 한다. 그 결과 계속해서 반역하는 인간의 체제와 각 사람은 훨씬 더 나빠져 최종 심판에 적합하도록 무르익을 것이다. 우리가 16:5-6에서 보게 되듯이, 최종 심판에서 악은 최소한 부분적으로라도 몰락을 자초할 것이다.

만약 메뚜기와 불타는 기수가 상징이라면, 이들이 상징하는 **대상**은 무엇인가? 요한은 이 끔찍한 환상에 상응하는 지상의 실체가 무엇일 거라고 가정하는가? 여기서 우리는 주의해야 한다. 이 본문을 중동의 실제 전쟁에 대한 예언(만약 메뚜기가 헬리콥터로 간주될 수 있다면, 17-19절의 말은 무장한 무기나 탱크로 간주될 수 있다)으로 보는 사람부터, 이들 이미지가 지시하는 진짜 실체가 더없이 '영적'임을 강조하며 반역하는 악한 인간의 마음과 사고, 상상, 양심 속에 가해지는 고통과 위협을 가리킨다고 보는 사람에 이르기까지, 이 내용에 대해 온갖 다양한 추측이 존재한다.

올바른 답에 이르는 한 가지 가능한 열쇠는, 요한이 박해에 직면한 교회를 격려하기 위해 그들에게 보내는 예언적 편지로 이 환상을 기록하고 있음을 기억하는 것이다. 요한은 이미 일곱 봉인의 처음 네 환상에서, 사람이 만들어 낸 재앙이 세상에 임할 거라고 경고한 바 있다. 이제 일곱 나팔에서 요한은 적어도 처음에는 이른바 '자연재해', 즉 이집트의 재앙처럼 사람의 개입 없이 작용할 재앙을 그리고 있는 것 같다. 하지만 다섯 번째와 여섯 번째 재앙(다시 우리는 이것을 분리된 독자적 사건이 아니라 동일한 두려운 총체적 현실의 다양한 측면이라고 생각해야 한다)에서 요한은 청중들에게, 다가오는 재앙이 한 관점에서 보면 역겹고 악마적이고 파괴적인 세력으로 구성되지만, 다른 관점에서 보면 무방비 상태의 사람들을 공격하는 막강하고 두려운 군대로 구성될 것이라고 경고한다. 그래서 어떤 의미에서 여섯 번째 나팔은 첫 번째 봉인에 상응한다. 흰말을 타고 정복하러 떠나는 기수는 영국 전체 인구의 세 배 혹은 미국 인구의 3분의 2 정도 규모의 군대가 되었다. 구조적 관점에서 보면, 요한은 마치 이렇게 말하는 것 같다. "당신의 최악의 악몽을 생각해 보라. 이제 그것을 두 배로 확대하라. 그런 다음 그것이 느닷없이 한꺼번에 실현된다고 상상해 보라. 그것이 지금 진행되는 일과 같다. 이는 악이 최악의 일을 벌이도록 해서 결국 그 자체의 무게 때문에 무너지게 하는 하나님의 방법이다."

9장 마지막 절은 인간의 기본적 곤경에 대해 요한이 이해하는 윤곽을 충분히 보여 준다. 자기 시대의 모든 주류 유대인들과 마찬가지로 요한은 사람의 악이 우상숭배에서 발생한다고 믿었다. 당신은 당신이 경배하는 존재와 같아진다. 그래서 만약 당신이 하나님이 아닌 것을 경배한다면, 당신은 만들어진 목적과 의도대로 하나님의 형상을 지닌 인간이 아니라 다른 존재가 된다. 따라서 20절과 21절은 서로 병행한다. 우상, 곧 눈멀고 귀먹고 생명 없는 존재를 숭배하라. 그러면 당신도 스스로 눈멀고 귀먹고 생명 없는 존재가 될 것이다. 살인과 주술, 간음, 절도는 미봉책으로 이익과 권력, 쾌락을 갈취함과 동시에 참된 인간성의 다른 부분을 속이는 온갖 형태의 눈멂과 귀먹음, 죽음이다.

*회개는 그저 몇 가지 사소한 실수에 대해 유감을 표명하는 것 이상이다. 회개는 마음에서 우러나온 애끓는 심정으로, 기쁨을 약속하지만 죽음을 가져다주는 우상에게서 철저히 돌아서는 것이다. 하나

님은 이런 방식의 회개를 갈망하신다. 반역을 일삼지만 여전히 자신의 형상을 지닌 피조물을 구슬려 회개를 얻어 내기 위해, 하나님은 무슨 일이든 하시는 것 같다.

그런데 여섯 나팔 뒤에도 회개는 아직 일어나지 않았다. 일곱 번째는 어떨까? 다시 한번 요한은 우리를 기다리게 만든다.

요한계시록 10:1-11
작은 두루마리

¹그때 나는 다른 힘센 천사 하나가 구름을 두르고 하늘에서 내려오는 것을 보았습니다. 그의 머리 위로 무지개가 있었고, 그의 얼굴은 해 같았고, 그의 발은 불타는 기둥 같았습니다. ²그는 펼쳐진 작은 두루마리를 손에 들고 있었습니다. 오른발은 바다에, 왼발은 땅에 둔 채, ³그는 울부짖는 사자처럼 큰 소리로 외쳤습니다. 그가 외칠 때, 일곱 천둥이 각기 자기 음성으로 대답했습니다. ⁴일곱 천둥이 말할 때, 나는 적으려고 했지만, 하늘에서 한 음성이 들리며 지시했습니다. "일곱 천둥이 한 말을 봉인해 두어라. 그것을 적지 마라."

⁵그때 내가 바다와 땅에 서 있는 것을 보았던 천사가 하늘을 향해 오른손을 들고, ⁶영원무궁히 살아 계신 분, 하늘과 그 안에 있는 것, 땅과 그 안에 있는 것, 그리고 바다와 그 안에 있는 것을 만드신 분께 맹세했습니다. 그 맹세는 이렇습니다. 곧 더 이상 시간이 남지 않았지만, ⁷이제 곧 나팔을 불 일곱 번째 천사의 음성이 들리는 날

하나님의 신비가 완성될 것이다. 이것이 하나님께서 자기 종 예언자들에게 전하셨던 것입니다.

⁸내가 들었던 하늘의 음성이 다시 내게 말했습니다. "가서, 바다와 땅에 서 있는 천사의 손에서 펼쳐진 두루마리를 받아라." ⁹그래서 나는 그 천사에게 올라가 말했습니다.

"작은 두루마리를 내게 주십시오."

그가 내게 말했습니다. "그것을 받아먹어라. 그것이 네 배에는 쓰겠지만, 네 입에는 꿀처럼 달 것이다." ¹⁰그래서 나는 천사의 손에서 작은 두루마리를 받아먹었습니다. 내 입에서는 달콤한 꿀 같은 맛이었지만, 그것을 먹자 배가 아팠습니다. ¹¹그가 내게 말했습니다. "너는 다시 여러 백성과 민족, 언어와 왕국에 대해 예언해야 한다."

지금까지 가장 유명한 야구 심판 중 한 사람인 빌 클렘(Bill Klem)은 심판의 판정이 최종적일 뿐만 아니라 어떤 의미에서 창조적이라고 한 주장으로 명성을 얻었다. 한 유명한 사건에서 그는 투구를 판정하기 전에 오래 기다렸다. 심판들 중에는 공이 그 자체로 '볼'이거나 '스트라이크'이기 때문에 심판은 그저 사실을 그대로 승인하면 된다고 주장하는 사람도 있을 것이다. 그러나 클렘은 그보다 훨씬 엄정한 사람이었다. 선수가 물었다. "자, 볼인가요? 스트라이크인가요?" 클렘이 대답했다. "소니, 내가 판정하기 전까지는 아무것도 아니야."

말의 능력에 대한 클렘의 신념은 그 시대 타자와 투수를 짜증나게 했겠지만, 단어를 말함으로써 새로운 실재를 창조한다는 관념은 위대한 예언자에게서 고전적 표현을 찾을 수 있는 유서 깊은 관념이다. 예언자는 앞으로 올 일에 대한 환상이나 계시만 받지 않았다. 그들은 어느 정도 새로운 상황을 생성하는 말을 해야 한다. 하나님의 말씀(예언자는 자신의 말이 바로 하나님의 말씀이라고 믿었다)과 마찬가지로, 말은 행동을 유발한다. 말은 무언가를 일으킨다. "주님은 *말씀으로 하늘을 지으시고, 입김으로 모든 별을 만드셨다.…한 마디 주님의 말씀으로 모든 것이 생기고, 주님의 명령 한 마디로 모든 것이 견고하게 제자리를 잡았다"(시 33:6, 9, 새번역). 또 하나님이 예언자의 입에 말씀을 두실 때 동일한 일이 일어난다. 예언자는 단지 앞으로 일어날 일을 서술하는 데 그치지 않는다. 예언자는 말함으로써 그 일을 발생시킨다. 예언은 일이 일어나게 만든다.

이로써 이제 요한은 막중한 책임을 맡는다. 하나님의 목적의 일부로서 일어나야 할 새로운 일이 있고, **요한의 말은 이 일을 발생시킬 것이다.** 이것이 천사가 작은 두루마리를 *하늘에서 가져오는 장면의 의미다. 이 "작은 두루마리"는 5장의 '두루마리'와 같은 단어는 아니지만 동일한 실체인 것 같다. 어린 양이 봉인을 떼셨다. 이제 두루마리는 읽힐 수 있고, 요한이 그 일을 할 사람이다. 그가 하늘의 알현실로 초대받은 이유가 이 때문인 것 같다.

예언은 이렇게 일한다. 하나님의 말씀은 실재가 되기 위해 요한의 말이 되어야 한다. 이것은 다니엘 7:14, 22, 27에서처럼, 하나님의 백성이 그분과 함께 세상을 통치할 것이라는 말의 한 가지 의미다. 최후의 심판에서 어린 양이 그러시듯, 하나님은 말씀을 통해 통치하신다(19:15). 하지만 여기서 그분의 말씀은 먹고, 소화한 다음 말하도록 예언자에게 주어진 말씀이다.

하나님의 모든 선물처럼, 두루마리는 꿀처럼 단맛이다(시 19:10; 119:103). 그러나 요한이 두루마리를 소화시키고 나자 그는 그 *메시지가 쓰다는 사실을 깨닫는다. 에스겔이 똑같이 하나님의 예언의 두루마리를 먹으라는 명령을 받았을 때처럼(겔 2:8; 3:1-3), 더 끔찍한 경고가 뒤따를 것이다.

'두루마리를 먹는 것'은 고금을 막론하고 하나님의 말씀이 예언자 자신의 삶의 일부가 되었을 때에만 그가 그 말씀을 말할 수 있음을 나타내는 생생한 은유다. 그 말씀은 자양분이 될 수도 있고, 쓸 수도 있고, 둘 다일 수도 있다. 이는 하나님이 순종하는 사람을 통해 세상에서 일하기 원하신다는 말의 한 가지 의미다. 말씀을 통해 하나님의 새로운 명령을 세상에 전달하는 예언은 더 광범위한 인간 사명의 한 특수한 측면이고, 여기서 요한은 그 책임을 걸머진다. 그 뒤에 특히 12-20장에 나오는 내용은 요한을 통해 전해진 하나님의 말씀이 두려운 심판과 영광스런 승리의 자비를 낳아 "하나님의 신비가 완성"되는 것이다.

작은 두루마리의 수여, 또 그 말씀을 예언으로 바꿔 하나님의 목적을 실현하라는 사명. 우리가 숨죽이고 일곱 번째 나팔이 울리기를 기다리는 동안 이 모든 일이 일어난다. 천사의 말에 의하면, 이것은 곧 일어날 것이고, 그 일이 일어날 때 "하나님의 신비"가 완성될 것이다(7절). 더 이상 시간이 남지 않았다(6절). 내 생각에 이것은 일부 비성경적 철학자들이 애호하는 무시간의 '영원' 속에 모든 것을 남겨 두어 '더 이상 시간이 없다'는 의미가 아니라, 도리어 하나님의 인내를 당연시하는 모든 사람들에게 '시간이 다 되었다'고 하는 의미다. 이번에 만사가 그 목표에 다다를 것이다. 이것은 일곱 나팔의 연속이 시간적인 면에서 다른 '일곱'—편지, 도장, 그리고 대접—의 연속 사이에 놓이지 않고, 동일한 기본 순서의 한 핵심 측면임을 상기시켜 준다. 우리는 이 책의 최종 절정이랄 수 있는 11장 마지막을 향해 조금씩 접근하고 있다. 거기에 덧붙일 사실이 있다면, 동일한 이야기를 근본적으로 다른 각도에서 접근하는 이 책 후반부 전체가 아직 남아 있어서, 이런 예비적 얘기들이 제 역할을 다하지 못하면 언급될 수 없는 온갖 양상이 심도 있게 제시된다는 점이다.

이 장 첫머리에 묘사된 천사는 찬란한 빛 가운데 무대에 혜성처럼 등장하는데, 이전 단락의 침울함과 공포 뒤라서 한결 더 반갑다. 그는 땅을 위한 하나님의 말씀과 함께 구름에 둘러싸여 하늘에서 오는데, 추측건대 구름은 하나님이 이 메시지 안에 친히 임재하시나 동시에 감추어져 있다는 암시다. 천사의 머리 위 무지개는 4장의 보좌 환상, 또 그곳에서 일깨워진 옛 성경의 메아리를 상기시킨다. 그의 얼굴은 1장에서 *인자의 얼굴처럼 태양과 같고, 불타는 기둥 같은 그의 발은 광야의 불기둥, 하나님의 인격적 임재를 나타내는 불의 상징을 우리에게 상기시킨다. 이는 결코 평범한 천사가 아니며, 그가 말할 때 우리는 그 이유를 깨닫는다. 그의 목소리는 부르짖는 사자와 같다. 그는 사자—어린 양, *메시아의 말씀을 가지고 온다. 그는 온 창조 세계를 다스리는 창조주 하나님의 주권을 구현한다. 하늘과 땅(earth)이 전체 창조 세계의 두 영역이고 남자와 여자가 이를테면 동물 세계의 두 영역이듯이, 바다와 땅(land)은 '지구'(earth)의 두 영역이다(2, 5절). 6절에서 천사는 하늘과 땅, 바다, 그리고 그 안에 있는 모든 것을 만드신 분을 걸고 맹세하기 때문에, 그가 가져오는 메시지가 창조주로부터 유래한다는 점은 더할 나위 없이 분명하다. 따라서 그가 가져오는 메시지가 파괴 세력과 한통속이고, 현재의 세상이 쓰레기의 일부라서 내던져져 완전히 다른 것으로 대체되어야 한다고 말하는 온갖 주장은 배제된다. 하나님의 신비가 완성될 때, 그것은 창조의 완성이지 폐기가 아닐 것이다.

우리는 한 번 더 자신을 추스르며 일곱 번째 나팔을 기다린다. 그러나 일곱 번째 나팔이 울리기 전에, 요한이 이 글을 보내는 교회는 자신이 이 위대한 우주적 시나리오의 어디에 서 있는지 알아야 한다. 결국 그들은 관객에 불과한가? 아니면 그들 자신이 특별한 역할을 맡고 있는가?

요한계시록 11:1-14

두 증인

¹ 그때 나는 지팡이 같은 측량자 하나를 받았습니다. 한 음성이 들렸습니다. "일어나서, 하나님의 성전과 제단, 그리고 그 안에서 예배하는 사람들을 측량하여라. ² 하지만 성전의 바깥뜰은 그대로 두고 측량하지 마라. 그곳은 이방인들에게 내준 곳이고, 그들은 거룩한 도성을 마흔두 달 동안 짓밟을 것이다. ³ 나는 내 두 증인에게 일천이백육십 일 동안 베옷을 입고 예언하는 임무를 맡기겠다. ⁴ 이 두 사람은 온 땅의 주 앞에 서 있는 두 감람나무, 두 등잔대다. ⁵ 누구든 그들에게 해를 입히려면, 그들의 입에서 불이 나와 원수들을 삼켜 버릴 것이다. 그래서 누구든 그들에게 해를 입히려면, 그런 사람은

반드시 그렇게 죽을 것이다. ⁶이 두 사람은 예언하는 동안 하늘을 닫아 비가 내리지 않게 할 권한을 갖고 있다. 그들은 물을 다스려 물을 피로 바꾸어 놓는 권한도 갖고 있고, 적당하다고 여기는 만큼 몇 번이고 온갖 재앙으로 땅을 칠 권한도 갖고 있다. ⁷그들이 증언을 완수했을 때, 무저갱에서 올라온 괴물이 그들과 전쟁을 벌여, 그들을 물리치고 죽일 것이다. ⁸그들의 주검은 영적으로 소돔과 이집트라 불리는 곳, 그들의 주님이 십자가에 달리셨던 그 큰 도성의 거리에 놓일 것이다. ⁹여러 백성과 종족, 언어, 민족이 사흘 반 동안 그들의 주검을 구경할 것이다. 그들은 두 증인의 주검이 무덤에 안장되는 것을 허락하지 않을 것이다. ¹⁰땅의 거주민들은 그들의 죽음을 기뻐하고 즐거워하여, 서로 선물을 보낼 것이다. 이 두 예언자가 땅 위에 사는 사람들에게 고통을 주었기 때문이다."

¹¹사흘 반이 지난 후, 하나님에게서 온 생명의 영이 그들 안에 들어가자, 그들은 발로 딛고 일어섰고, 그들을 본 모든 사람이 큰 두려움에 사로잡혔습니다. ¹²그때 그들은 하늘에서 큰 음성이 "여기로 올라오라!" 하고 말하는 것을 들었습니다. 그들은 원수들이 지켜보는 가운데 구름을 타고 하늘로 올라갔습니다. ¹³바로 그때 대규모 지진이 일어나 도성의 십분의 일이 무너졌고, 지진 때문에 칠천 명의 사람이 죽었습니다. 나머지는 큰 두려움에 휩싸여 하늘의 하나님께 영광을 돌렸습니다.

¹⁴두 번째 화가 지나갔습니다. 세 번째 화가 곧 닥칩니다.

사람들이 난해하게 여기는 책이 많지만, 성경은 그중에서도 가장 난해한 책이다. 사람들이 성경의 많은 부분을 난해하게 여기지만, 계시록은 보통 가장 난해한 책으로 간주된다. 또 사람들은 계시록을 난해하게 여기지만, 지금 우리 앞에 놓인 11장 전반부야말로 많은 사람들에게 가장 난해한 부분이다. (이런 미심쩍은 구분에 강하게 이의를 제기하는 다른 도전 본문이 있지만, 11장은 자기 자리를 고수할 수 있다.) 이것은 어떤 내용인가?

한 가지 측면에서 이 본문의 내용은 분명하다. 요한은 성전을 측량하라는 명령을 듣는다. 그때 두 '증인'이 등장해 중요하고 진기한 행동을 하다 살해당해 묻혔다가, 그 뒤에 새 *생명으로 부활하여 *하늘로 높여진다. 이 본문의 어조는 대부분의 주변 자료와 사뭇 다르다. 공포로 몰아넣는 기수, 사람을 먹는 메뚜기를 비롯한 나머지가 전부 등장하는 거시적 장면 대신 우리는 구체적인 두 인물, 그들의 사역과 운명에 관한 아주 진기하면서도 짧은 이야기를 보는 것 같다.

그런데 이 모든 것은 어떤 **의미**인가? 또 본문은 이 책의 나머지와 어떻게 들어맞는가? 본문은 요한의 환상을 어떻게 진척시키는가?

당연히 계시록의 독자들은 본문의 의미에 대해 의견이 분분했다. 하지만 나는 대략 다음의 방향을 받아들이는 이들과 의견이 일치하는 편이다.

먼저 (겔 40장과 슥 2장에서 예언자의 비슷한 행동을 반복하는) 요한의 '성전 측량'은 예루살렘 성전 혹은 4장과 5장의 하늘 성전/알현실과 아무 관련이 없다. 요한이 저술하던 시기에, 아니 기독교 운동 아주 초기부터 예수님의 제자들은 자신들을 참 성전, 하나님이 지금 능력 많으신 *영을 통해 살고 계신 장소라고 여겼다. 요한은 이 공동체에 표시를 남겨, 7장에서처럼 궁극적 해(害)에서 보호받게 하라는 명령을 받는다. 그렇지만 여기에 '바깥뜰'이라는 용어로 표현된 공동체가 위험에 노출될 것이라는 다른 의미도 있다. 이방 나라들이 3년 반(상징적 숫자, 완전함을 나타내는 '일곱'의 절반이 여기서 42개월 혹은 1260일로 잘게 나뉘었다) 동안 공동체를 짓밟을 것이다. 에스겔의 환상에서 성전 측량이 하나님이 와서 거하실 곳을 표시하는 한 방법이었듯이, 요한이 이 사람 성전, 이 공동체에 표시를 남기는 것은 자신의 임재로 이 백성을 영예롭게 하고 복을 주시려는 하나님의 엄숙한 뜻을 알리는 한 방법이다.

하지만 이 백성들의 임무와 역할은 무엇인가? 계시록 전체에서 하나님의 백성의 소명은 예수님을 신실하게 증거하는 것이다. 그것이 고난을 의미하고 또 수치스런 죽음을 의미할 가능성이 아주 높더라도 말이다. 2장과 3장의 일곱 편지는 계속해서 '승리한' 이들에게 특별한 보상을 약속했다. 우리가 보았듯이, 이것은 죽음을 통해 친히 승리를 성취하신 예수님을 따라 타협이 아닌 순교에 직면할 준비가 된 사람들을 의미했다. 이제 (이것이 많은 사람들에게 특히 어렵게 다가오는 부분인데) 3-13절의 "두 증인"은 **예언자적 증언, 신실한 죽음, 그리고 하나님에 의해 정당성을 인정받는 증인 온 교회를 나타내는 상징**처럼 보인다. 교회 전체는 1:20에서처럼 '촛대'로 상징된다. 교회는 세상의 사악함과 세상이 스스로 가할 악에 대한 애도의 표식으로 "베옷을 입고" 예언해야 한다.

그렇다면 왜 두 증인인가? 내 생각에, 부분적으로 요한은 두 가지 중요한 성경 이야기를 배경으로 염두에 두고 있다. 먼저 이집트의 이교도 왕 파라오에게 맞서서, 우리가 이미 8장과 9장에서 본 반복된 재앙을 통해 하나님의 능력을 입증한 모세의 이야기가 있다. 둘째, 이교화에 앞장선 이스라엘 왕 아합에게 맞서서, 기도의 결실로 가뭄을 가져왔고 그 뒤 하늘에서 불이 떨어지기를 구함으로써 하나님의 능력을 입증한 엘리야의 이야기가 있다. 요한의 의도는 모세와 엘리야가 문자적으로 땅으로 돌아와 11장의 내용을 실행할 거라는 의미는 아니다. 물론 그렇게 생각한 사람들도 일부 있었지만, 그런 생각은 이런 유의 저작을 오해하는 것이다. 요한이 말하는 바는, 교회의 예언자적 증언이 모세와 엘리야의 위대한 전통 속에서 능력의 표적을 행하고 이로써 주변 불신자들을 괴롭게 하겠지만, 그들의 사역의 절정은 "무저갱에서 올라온 괴물"의 손에 의한 순교적 죽음이라는 사실이다.

우리는 이 '괴물'을 아직 만나지 못했다. 뿐만 아니라 우리는 "영적으로 소돔과 이집트라 불리는 곳, 그들의 주님이 십자가에 달리셨던 그 큰 도성"도 아직 찾아내지 못했다. 요한은 이후의 여러 장에서 이 모든 것을 명확하게 해 줄 텐데, 거기서 우리는 당시 로마에 의해 구현된 이교도 제국의 권력이 '괴물'이고, 로마 자신 혹은 어쩌면 이 경우 전 로마 제국의 공적 세계가 '도성'일 수 있음을 깨닫는다. 그리고 요한이 독자들에게 기필코 각인시키겠다고 마음먹은 내용은 이것이다. 즉 하나님이 신실한 예언적 증언을 담당하라는 사명을 주셨고 우리를 보호하신다고 해서, 우리가 고난과 죽음을 모면할 수 있다는 뜻이 아니라는 말이다. 도리어 이 고난과 죽음 자체가 교회가 경배하고 따르는 예수님의 그것처럼 궁극적 예언자의 표징이 되어, 세상이 그로 인해 하나님께 영광을 돌리게 된다는 것이다.

이 일은 어떻게 이루어지는가? 사흘 반 동안(여기서 우리는 다시 일곱의 반의 상징을 접한다) 세상은 교회에 대한 승리를 기뻐할 것이다. 하지만 돌연 하나님이 새로운 방식으로 일하실 것이다. 하나님의 숨이 죽은 시신들 속으로 들어가는 에스겔 37장의 환상이 실현될 것이다. 또 하나님의 백성이 구름을 타고 하늘로 가는 다니엘 7장의 환상도 실현될 것이다. 교회의 순교 이후 이루어지는 교회의 정당성 입증은 예언자의 증언을 완성할 것이다.

그 결과는 이것을 지켜보던 세상이 마침내 회심하는 것이다. 이것이 13절 마지막의 강력한 표현의 의미다. 계시록을 비롯한 다른 성경책의 다른 곳에서, 사람들이 두려워 떨며 와서 "하늘의 하나님께 영광을 돌"리는 모습은 하나님의 주권에 대한 일시적이거나 마지못한 인정이 아니라 진심으로 하나님께 참회하며 돌아선다는 뜻이다. 다시 말해, **재앙이 실패한 그곳에서 교회의 순교적 증언이 성공을 거둘 것이다.** 이렇게 해서 열방이 와서 창조주께 영광을 돌릴 것이다. 이렇게 해서 '세상 나라'가 "우리 주님과 그분의 *메시아"의 *나라가 될 것이다. 이것이 바로 뒤이어 나오는 15절의 내용이다.

따라서 가장 난해한 계시록의 가장 난해한 이 본문은, 요한이 이 책을 쓰고 있는 교회들에게 말하고 싶었던 가장 중요한 핵심 진술 가운데 하나임이 밝혀진다. 어린 양은 두루마리의 봉인을 떼셨고, 그분이 그렇게 하시자 온갖 종류의 두려운 일이 벌어졌다. 나팔 소리가 울렸다. 온갖 종류의 공포가 발생했다. 그러나 이제 두루마리는 요한에게 건네졌고, 요한은 (성전을 측량하는) 상징적 행동과 (두 증인의) 비유적 이야기를 통해 예언한다. 그리고 4장과 5장에서 이미 언급했듯이, 이렇게 해서 하나님 나라가 하늘에서처럼 이 땅에 실현될 것이다.

우리는 13절 상징의 강력한 효과를 놓치지 말아야 한다. 하나님이 소돔과 고모라를 심판하셨을 때, 그곳에서 의인 열 명만 찾았다면 하나님은 그들을 살려 주셨을 것이다(창 18:32). 하지만 이제 악한 도성의 10분의 1만 무너지고 10분의 9는 구원을 얻을 것이다. 하나님이 엘리야를 통해 이스라엘을 심판하셨을 때, 이교도 신 바알에게 무릎을 꿇지 않은 사람 7천 명만 남았다. 그런데 이제는 7천 명만 죽고 대다수 사람들은 구원받을 것이다. 갑자기 이전 장들의 연기와 불 밖으로 한 환상이 등장한다. 곧 창조주 하나님이 자비의 하나님으로, 세상의 반역과 부패를 두고 슬퍼하시지만 그것을 구원하고 회복하기로 결단하시고, 어린 양의 신실한 죽음을 통해, 그리고 이제 어린 양의 예언자 제자들의 신실한 죽음을 통해 그렇게 하시는 환상이다. 아주 치밀하게 구성된 계시록 전반부를 마감하는 11장 마지막의 영광스러운 경축으로 향하는 길이 뚜렷이 나타난다.

요한계시록 11:15-19
승리의 노래

> ¹⁵일곱 번째 천사가 나팔을 불자, 하늘에서 큰 음성이 들려왔습니다. "이제 세상의 나라는 우리 주님과 그분의 메시아에게 넘어갔고, 그분이 영원무궁히 다스릴 것이다." ¹⁶하나님 앞에서 자신들의 보좌에 앉아 있던 스물네 장로들은 납작 엎드려 하나님을 경배했습니다.
> ¹⁷그들은 이렇게 찬양했습니다.
>
> "전능하신 주 하나님, 지금 계시고 전에 계셨던

주께 감사를 드립니다.
주께서 권능을, 큰 권능을 잡으셔서,
다스리기 시작하셨기 때문입니다.
[18]민족들이 분개하였으나, 주의 진노가 내렸고,
그와 더불어 죽은 자들이 심판받을 때가 되었습니다.
주의 종 예언자들과 거룩한 이들과
큰 자들과 작은 자들, 곧 주의 이름을 두려워하는 이들에게
상을 내릴 때가 되었습니다.
이제 땅의 파괴자들을 멸하실 때입니다."

[19]하늘에 있는 하나님의 성전이 열리고, 그분의 성전 안에서 하나님의 언약궤가 등장했습니다. 번갯불, 요란한 소리, 천둥, 지진, 세찬 우박이 있었습니다.

세계에서 가장 유명한 교회 가운데 하나인 웨스트민스터 사원의 주 제단 위에는 15절의 흠정역(King James Version) 번역문이 새겨져 있다. "이 세상 나라들이 우리 주와 그분의 그리스도의 나라들이 될 것이다." 이것은 제단과 웅장한 그 주변 광경을 실제로 내려다볼 뿐만 아니라, 1천 년 동안 왕과 여왕의 대관식이 거행되던 그 앞의 코스마티 보도(Cosmati pavement)를 내려다보는 인상적 장소에 걸맞은 인상적 본문이다. 이 본문은 이 군주들과 그 신민들에게 그들의 왕관은 기껏해야 일시적이고 어쨌거나 빌려 온 것임을 일깨우는 엄숙한 문구

로 의도되었다. 주권, 즉 *나라는 한 분이신 참 하나님과 그분의 *메시아의 소유다.

그런데 흠정역 번역자들이 사용한 헬라어 본문은 잘못되었다. 사실상 다른 모든 헬라어 신약성경 사본이 시사하듯이, '나라'는 복수가 아니라 단수여야 한다. 흠정역 번역자들도 의식했듯이, 아무튼 이 단어는 이 절에 한 번만 나온다. 그들은 두 번째 '나라들'을 이탤릭체로 기록하여, 헬라어에 분명히 담겼다고 보이는 의미를 영어로 표현하기 위해 그 단어를 문장에 첨가했음을 보여 준다.

내가 이 흥미로운 사실에 관심을 기울이는 이유는, 웨스트민스터 사원이 이렇게 중요하고 돋보이는 곳에 잘못된 성경 본문을 기록했다는 가벼운 불만을 표하기 위해서만은 아니다. 실은 여기서 '나라'가 단수라는 사실이 매우 중요하다. 요한이 지금 전달하는 환상은 우주적이고 전 지구적인 것이고, 하나님이 메시아를 통해 세우신 '나라'는 단순히 이런저런 민족을 통치하는 나라들의 집합이 아니다. 이는 '세상 나라'를 하나의 실체로 퍼 올려 그것을 합법적 영토로 돌려 달라고 요구하시는 그분의 보편적 통치다.

이 결정적인 절정의 순간은, 우리가 짐작할 수 있듯이 이 책 맨 마지막에 등장할 것이다. 사실 19장의 여러 부분이 우리가 여기서 보는 내용을 닮았다. 그런데 이런 사실은 계시록에서 처음에 봉인이 나오고, 그 뒤에 나팔, 그 뒤에 12-14장의 모든 내용이 나오고, 진노의 대접에서 절정에 이른다는 식으로 하나의 연속 사건을 다루고 있는 게 아님을 우리에게 상기시킨다. 우리가 다루는 내용은 하나의 중요한 단일 실재에 대한 여러 다양한 각도의 환상이다. 곧 하나님은 세상의 끔찍한 혼란과 문제들을 통해, 어린 양을 따라 고난 가운데 하나님 나라를 증거할 한 백성을 예수님을 통해 세우고 계신다는 점이다. 그들의 고난을 통해 세상은 *회개와 *믿음에 이르게 되고, 궁극적으로 하나님은 만물을 다스리는 왕이 되실 것이다.

이렇게 말하는 수천 가지 방법이 틀림없이 있지만, 요한은 서너 가지를 선택했다. 여기서 우리는 그중에 한 가지 절정을 만나는데, 이것은 또 (요한이 한꺼번에 여러 다양한 차원에서 쓰고 있기 때문에) 이 책 전반부 전체의 절정 역할을 한다. 이 본문을 끝맺는 19절은 또 12장과 13장의 전혀 다른 장면으로 이어지는 길을 준비한다. 말하자면 거기서 이야기는 처음부터 다시 시작되고, 우리는 완전히 새로운 각도에서 동일한 드라마가 상연되고 동일한 최종 결과를 낳는 것을 볼 것이다.

계시록의 주제는 성경의 주요 원형(다니엘서)과 마찬가지로, 온통 하나님 나라다. 내 경험상 이것은 성경 전체에서 가장 많이 오해받는 주제 가운데 하나다. 너무 많은 그리스도인들이 '하나님 나라'를 단지 '*하늘의 하나님 나라'라는 관점에서만 이해해 왔다. 이때 그 의미는 하나님이 (하나님이 우리를 구출해 내시려고 하는 '땅'이라 불리는 이 너저분한 곳과 상반된) '하늘'이라고 불리는 곳의 책임을 맡으셨고, 인생의 주된 목적은 '당신이 죽을 때 하늘로 간다'는 뜻에서 '하늘 나라에 들어가는 것'이다. 아마 많은 사람들에게, 또 대부분의 교회에게 계시록이 말 그대로 닫힌 책이었던 여러 이유 가운데 하나는, 계시록이 이런 통속적 견해와 강력하고 극적으로 충돌하기 때문일 것이다. 하나님 나라는 단순히 '하늘'을 위해 계획된 것이 **아니다**. 하나님은 온 세상의 창조주시고, 그분의 전체 목적은 온 세상을 자신의 것으로 되찾아, 인간의 반역에 떠밀려 비참하게 궤도를 벗어나기 이전에 하나님이 항상 의도하셨던 그런 곳이 되는 과정을 시작하는 것이기 때문이다. 많은 세대의 오해에도 불구하고, 이는 사실 네 *복음서의 *메시지다. 이런 오해가 발생한 이유는, 마태가 '하늘 나라'(다른 복음서는 대부분 '하나님 나라'로 적는다)라는 어구를 사용할 때 독자들은 '하늘에 가는 것'을 마음에 떠올리며, 이것이 바로 마태가, 따라서 예수님이 얘기하신 내용이라고 손쉽게 가정했다는 데 부분적 요인이 있다.

하지만 여기 아주 분명한 사실이 있는데, 그것이 내포하는 의미도 명백히 정치적이다. 웨스트민스터 사원에 있는 지금의 제단과 그 주변을 구상했던 사람들이 비록 잘못된 본문을 사용했을지 모르지만, 그들의 생각은 옳았다. 이것은 현재의 개인적 영성이나 도피주의자의 미래적 *'구원'과 관련이 없다. 이는 이제 하나님이 책임을 맡으셨고 그분의 통치 방식은 '메시아' 어린 양에 의해 세워졌다는 소식으로 세상 권력에 맞서시는 살아 계신 하나님에 관한 것이다. 너무 강력해서 환영받지 못하는(애석하게도 세상은 물론이고 교회에서조차 환영받지 못하기 일쑤다) 이 구절의 메시지는 바로 '고난받는 사랑이 모든 것을 이긴다'는 것이다. 물론 역사는 이 내용을 입증했다. 교회가 가장 급속히 확장되던 시기는 로마 제국이 고문과 사형으로 이 운동을 근절하기 위해 최선을 다하던 처음 3세기였다. 위대한 초기 교사 중 한 사람은 "순교자들의 피가 교회의 씨앗이다"라고 말했다. 역사는 이 점을 반복해 입증했다.

따라서 본문은 초기의 많은 그리스도인들이 예수님에 관한 중요한 핵심 예언이라고 여겼던 시편의 성취다. 시편 2편은 나라들이 하나님께 맞서 격동하고, 하나님은 그에 대응해 거룩한 시온산에 왕을 세우신다고 말한다. 그때 하나님은 이 왕, 자기 '아들'에게 세상 나라를 유업으로 주겠다고 약속하신다. 이스라엘의 '유업'은 단지 하나님이 아브라함에게 약속하셨던 땅, 중동의 작은 조각 땅만이 아니라, 온 세상과 그 모든 나라가 될 것이다. 나라들이 격동하여 싸울 때, 메시아 곧 하나님의 아들-왕이 그들을 전복시키실 것이다. 시편 저자의 말에 의하면, 그들의 최고의 처신은 복종하는 것, 화친을 청하는 것이다.

요한의 환상의 이 장 여기에서 **이 일이 이미 일어났다**. 17절과 1:4 같은 본문의 차이점에 주목하라. 1:4에서 요한은 하나님을 "지금 계시고 전에 계셨고 앞으로 오실 분"이라고 말했다. 여기 17절에서 요한은 하나님을 "지금 계시고 전에 계셨던" 분으로 묘사한다. **미래가 이미 현재 안에 도달했기 때문이다**. '앞으로 오심'이 실현되었다. 순교자 교회의 고난의 증언은 하나님이 하나님이시고, 예수님이 주님이요 왕이시라는 사실을 세상에 신실하게 입증했고, 세상은 하늘의 하나님께 영광을 돌림으로써 반응했다.

이제 남은 것은 "땅의 파괴자들을 멸"하는 것이다. 이것이 하나님의 심판의 궁극적 의미다. 흔히 심판은 사람이 정말 즐기고 싶은 것을 좌절시키는 부정적이고 '파괴적인' 것으로 여겨졌다. 이것이야말로 가장 큰 거짓말 중 하나다. 하나님의 심판은 창조 세계를 망가뜨리는 모든 것에 대한 창조주의 심판이다. 4장과 5장의 환상에 깊이 뿌리내린 하나님의 목적은 아름다운 창조 세계가 반물질, 반창조, 반*생명 세력으로부터 구원받는 것이다. 이제 죽음이 죽을 차례다.

장로들의 노래는 4:5과 8:5의 다른 순간의 노래처럼 번개와 천둥, 고요를 일으킨다. 이것은 과도기, 하늘의 계시의 권능에 땅 자체가 떠는 순간이다. 덧붙여, 계시록에서 단 한 번 요한은 하늘에 있는 하나님의 *성전이 열리자 승리의 노래와 함께 그분의 알현실이 계시되고 그 안에서 '*언약궤'가 등장한다고 말한다. 언약궤―십계명을 비롯해 옛 언약의 다른 핵심 상징물을 담고 있는 상자―가 새 성전에 회복될 것인지에 관한 숱한 추론이 유대교 분파 안에 있었다. 여기서 언약궤의 등장은 하나님이 마침내 자신의 언약적 약속에 충실하셨음을 상징하는 것 같다. 하나님이 하겠다고 말씀하신 그 일을 이제 하나님이 이루셨다. 하나님이 정권을 잡고 통치를 시작하셨다.

요한계시록 12:1-6
여자와 용

> [1] 그때 하늘에 큰 표징이 나타났습니다. 곧 해를 입고, 발아래 달을 두고, 머리에 열두 별의 면류관을 쓴 여자였습니다. [2] 그 여자는 한 아이를 배었고, 해산의 진통과 괴로움으로 비명을 질렀습니다. [3] 그때 다른 표징 하나가 하늘에 나타났습니다. 곧 머리 일곱에 뿔이 열 달린 커다란 붉은 용이었습니다. 그의 머리에는 일곱 개의 왕관이 있었고, [4] 그 꼬리로 하늘에서 별의 삼분의 일을 휩쓸어 땅에다 내던졌습니다. 용은 막 출산하려는 여자의 반대편에 서서, 아이가 태어나면 아이를 삼키려 했습니다. [5] 여자는 쇠지팡이로 모든 나라를 통치할 사내아이를 낳았습니다. 그런데 그 아이는 하나님과 그분의 보좌로 이끌려 갔습니다. [6] 그 사이, 여자는 하나님께서 자기를 위해 한 장소를 마련해 두신 광야로 도망하여, 일천이백육십 일 동안 그곳에서 보살핌을 받았습니다.

나를 비롯해 수많은 이들의 유년 시절 영웅이던 한 유명한 크리켓 선수의 장례식에 참석한 적이 있다. 교회는 많은 사람들로 발 디딜 틈 없었고, 이 훌륭한 선수와 동료거나 경쟁자였다가 경의를 표하기 위해 찾아온 다른 여러 크리켓 선수들을 위한 특별석이 마련되었다. 나는 다른 크리켓 선수 수십 명이 걸어 들어올 때 출입문 근처에 서 있었는데, 무척 실망스런 순간이었다. 그들 대부분은 틀림없이 예전에 유명한 선수였을 텐데, 나를 비롯해 그곳에 있던 다른 사람들은 그들 대다수를 알아보기 어려웠다. 우리는 그들이 최고 실력을 발휘하던 10대와 20대, 30대에 어떤 모습이었는지는 기억했지만, 이제 60대, 70대, 어떤 경우 80대가 된 그들을 알아보기란 쉽지 않았다. 나중에 우리 중 몇 사람이 그들에게 작은 이름표라도 붙여 주어 그들이 누구인지 알아볼 수 있었으면 좋겠다고 동의했다. 알아봤다면 그들에게 사인을 요청했을지도 모른다.

이렇게 정체를 확인하는 문제는 우리가 계시록에서 매 장마다 맞닥뜨리는 문제다. 페이지마다 이런 인물이 등장했다가 퇴장한다. 내 생각에, 요한의 의도는 이들을 통해 일부 성경 주제나 인물 혹은 (11장에서처럼) 하나님의 백성 공동체의 정체성을 상징적으로 나타내려는 것일 가능성이 높다. 다만 우리는 요한이 그들에게 가끔 작은 이름표라도 붙여 주어 우리에게 실마리를 주었으면 하고 바란다.

현재 장에서 우리가 논점을 완전히 놓치지 않도록 요한이 끼워 넣은 특별한 한 가지 단서가 있다. 여자가 낳은 아이는 "쇠지팡이로 모든 나라를 통치할" 소년이다(5절). 이는 시편 2:9에 대한 분명한 언급이다. 앞 본문에서 우리가 보았듯이(11:18), 다른 수많은 초기 그리스도인들과 마찬가지로 요한은 이 시편을 명백하게 예수님에게 직접 적용한다. 그분은 *메시아, 하나님이 불러 열방을 호령하게 하신 분이다 (물론 우리는 5장을 뒤로하고, 이 목표를 성취하는 예수님의 방법은 당시 폭력적인 유대 민족주의 운동이 상상했던 것과 사뭇 다르다는 사실을 알고 있지만 말이다).

이 사소하지만 핵심적인 단서로 인해 어떤 사람들은 이 이야기 속 여자가 예수님의 어머니 마리아라고 주장했다. 너무 성급한 결론이다. 이런 종류의 상징은 그런 식으로 작동하지 않고, 요한은 그 여자가 문자적 어머니가 아니라 '표징'이라고 우리에게 명백하게 얘기한다. 이 여자 배후에 두 인물이 서 있을 가능성이 아주 높다. 먼저 성경에서 흔히 '딸 이스라엘', *야웨의 신부로 언급되는 이스라엘이 있다. 여기서 이스라엘은 예언자에게 자주 책망받는 믿음 없는 이스라엘이 아니라 신실한 참 이스라엘, 하나님의 길에 머물고 자신의 소명을 따르려고 분투해 온 나라라고 여겨진다. 이 신실한 이스라엘, 말하자면 궁극적으로 '처녀 딸 이스라엘', 마리아 자신을 통해 메시아가 태어나신다. 그런데 세상을 향한 하나님의 목적에서 이제 무대 중앙을 차지하는 이 여자는 출애굽기 19:6의 "제사장 *나라, 거룩한 민족"이다. 그는 열방을 위한, 또 실은 온 창조 세계를 위한 하나님의 계획을 실행하도록 선택된 하나님 백성의 전체 이야기를 대표한다. 해와 달과 별로 그의 옷과 그의 발판, 그의 면류관을 만드는 이유가 그 때문이다.

창조주 하나님의 반대편에 가담한 세력들이 여자와 그 아이를 공격하기로 결정한 이유 역시 그 때문이다. 마침내 거대한 꼬리를 흔들며 악당이 무대에 등장한다. 이 악당이 이전 장에서 우리가 본 모든 고통의 배후에 있었음을 우리는 즉각 깨닫는다. 어둠의 비밀이 드러난다. 진짜 문제의 정체가 확인되었다. 커튼이 올라가 드라마 속 드라마, 이제 전체 책의 핵심 장면을 이루는 핵심 사건이 상연된다. 여자와 아이는 세상을 위한 하나님의 목적을 수행하고 있다. 용은 그 목적이 진행되기 전에 끝장내기 위해 최선을 다한다. 사자-어린 양의 *복음의 계시와 더불어 악의 궁극적 신비의 계시도 나란히 진행된다.

이 본문의 여자 배후에 있는 두 번째 이미지는 하와, 모든 인간 *생명의 최초 어머니일 것이다. 결국 하와는 자기 '씨'가 뱀의 머리를 상하게 할 것이라는 말을 들었다(창 3:15). 두 가지 정체성은 함께 간다. 만일 이 여자가 '이스라엘'이라면, 그는 인류를 향한 하나님의 목적을 자기 안에 실현해야 할 인물이다. 그리고 그 목적에는, 이 계획의 필연적 핵심 부분으로 궁극적 악의 권력의 분쇄가 포함된다. 파괴자가 파괴되어야 한다.

용의 일곱 머리와 열 뿔(적어도 다니엘서까지 거슬러 올라가는 유대교 사상의 대중적 이미지)의 비밀이 더 명확해질 때, 용은 나중에 훨씬 완전히 드러날 것이다. 그러나 이미 우리는 용이 상당한 권력을 지녔음을 본다. 결국 용 자신은 '*하늘에' 있다(3절). 구약성경에서처럼, '대적', 즉 '*사탄'(9절에서 보듯이, 이것이 그의 본질이다)은 하늘 법정의 일부고, 세상을 향한 창조주의 계획에 맞서 반역한다. 분명 이는 또 하나의 큰 신비다. 하지만 이 반역의 결과는 의문스럽다. 메시아의 탄생에 이르기까지 오랜 세월 동안 하나님의 백성에게 사방에서 공격이 쏟아진 뒤, 메시아가 탄생할 때 사이비 '유대인의 왕', 헤롯의 공격 시도가 그 뒤를 이었다(마 2장). 출생하는 아이를 삼키려는 용의 시도는 좌절된다. 그리고 그 뒤 용은 더 크게 좌절한다. 예수님 생애의 전체 이야기가 엄청나게 압축되어 아이가 하나님과 그분의 보좌로 이끌려 가기 때문이다(5절). 다시 말해, 예수님이 자신의 죽음과 *부활,

*승천을 통해 승리를 얻고, 이로써 용이 어떤 일을 하든 더 이상 약하시지 않다.

여자 곧 신실한 하나님의 백성은 그사이 위험에 처한다. 이것 역시 마리아에 대한 언급일 수 없고, 이 대목에서 혈통상의 이스라엘 백성에 대한 언급일 수도 없다. 계시록 전체에서처럼, 예수님은 이스라엘의 메시아시고 그분을 중심으로 이스라엘이 재정의되었기 때문에, 광야로 도망해 한동안(3년 반, 1260일) 하나님의 보살핌을 받는 여자는 교회여야 한다고 요한은 믿는다. 다시 한번, 요한이 전하는 이야기에서 독자들은 자신이 단순히 관객이 아니라 실제 참여자임을 깨닫는다. 그들은 '여자'의 일부, 우리가 앞으로 보게 되듯이 지금 용이 뒤쫓고 있지만 돌보심을 받을 가족의 일부다(12:13). '광야'로 도망하는 여자의 이미지는 아마 이스라엘 백성이 광야로 들어가 폭군 파라오에게서 도주하는 *출애굽 이야기에 대한 또 다른 언급일 것이다. 물론 그들은 광야에 이르러 다시 새로운 도전에 직면하지만 말이다.

무대가 마련되었다. 이 여자는 이런저런 방법으로 계시록 마지막까지 우리와 함께할 것이다. 물론 이 여자의 끔찍한 풍자인 또 다른 여자가 중간에 아주 크게 주목받을 테지만 말이다. 용 역시 그 중간에 대부분 우리와 함께할 것이고, 12-20장 전체 내용의 일부는 요한이 글을 쓰는 대상인 교회에게 용이 어떻게 작동하고, 따라서 용의 권력이 어떻게 전복되는지 이해시키는 것이다. 교회는 현재의 분투와 고난이 하나님께서 일하시던 중에 주무시러 가셨다는 표식이 아님을 알아야 한다. 현재의 분투와 고난은 위대한 우주 드라마가 상연되고 있고, 그 안에서 그들이 두렵지만 중추적 역할을 맡았다는 표식이다.

요한계시록 12:7-18

성난 용

⁷그때 하늘에서 전쟁이 터져, 미가엘과 그의 천사들이 용과 맞서 싸웠고, 용과 그의 천사들이 반격했습니다. ⁸하지만 용과 그의 천사들은 이길 수 없었고, 하늘에는 그들이 머물 곳이 더 이상 없었습니다. ⁹그래서 큰 용은 땅으로 떨어졌습니다. 큰 용은 악마와 사탄이라고도 불리고, 온 세상을 속이는 옛 뱀입니다. 그의 천사들도 그와 함께 떨어졌습니다. ¹⁰그때 나는 하늘에서 나는 큰 음성을 들었습니다. "마침내 이제야 구원과 권능, 우리 하나님의 나라와 그분의 메시아의 권세가 나타났다! 우리 가족의 고발자, 밤낮으로 하나님 앞에서 우리 가족을 고발하던 자가 떨어졌다. ¹¹그들 가족은 어린 양의 피와 자신들이 증언한 말씀으로 그를 정복했다. 그들이 죽기까지 자기 목숨을 사랑하지 않았기 때문이다. ¹²그러므로 너 하늘과 거기 사는 모든 자들아, 기뻐하여라! 하지만 땅과 바다에는 화가 있을 것이다. 악마가 시간이 얼마 남지 않았음을 알고 몹시 분노하여 너희에게 내려갔기 때문이다."

¹³용은 자기가 땅으로 내던져진 것을 보고, 사내아이를 출산했던 그 여자를 뒤쫓아 갔습니다. ¹⁴그런데 그 여자는 커다란 독수리에게서 두 날개를 받아, 뱀이 있던 곳에서 광야로 날아가, 그곳에서 잠시 동안, 두 때와 반 때 동안 보살핌을 받았습니다. ¹⁵뱀은 여자 뒤에 강 같은 물을 입에서 토해 내, 물의 힘으로 여자를 쓸어버리려고 했습니다. ¹⁶하지만 땅이 여자를 도와 그 입을 열고, 용이 입에서 토

> 해 낸 강물을 삼켰습니다. ¹⁷그때 용은 여자에게 화가 나서, 여자의 나머지 자녀들, 곧 하나님의 명령과 예수의 증언을 지키는 이들과 맞서 전쟁을 벌이려고 떠났습니다. ¹⁸그리고 그는 바닷가 모래 위에 섰습니다.

경기가 끝난 뒤 탈의실에서 흥겨운 토론이 일어났다. 누가 승리 골을 기록했는가? 골문 입구에서 엄청난 혼전이 있었다. 공이 이리저리 튀었다. 공격수 두 명이 동시에 발을 휘둘렀다. 두 선수 모두 공이 발에 닿았다고 느꼈고, 다음 순간 공은 그물 안에 있었고, 경기에 이겼다. 그렇다면 누가 점수를 냈는가?

매니저는 토론을 듣다가 다른 의견을 제시하며 끼어들었다. "사실 점수를 낸 사람은 나야." 그들은 매니저에게 버럭 화를 냈다. "그게 무슨 말이에요?"

매니저가 말했다. "생각해 봐. 내가 오늘 너희 둘을 선수로 선택했어. 다른 선수들에게는 바로 그런 상황에서 어떻게 공을 선두로 보내는지 가르쳤고, 너희 둘에게는 어떻게 수비수를 제치고 정확한 순간에 적소에 있을지 가르쳤지. 그러지 않았다면 결승골을 얻지 못했을 거야. 그러니 내가 오늘 승리 골을 기록한 것이지."

결국 기록용지에는 두 선수 모두에게 점수가 기록되었지만, 매니저는 자기 주장을 펼쳤고 그들도 알아차렸다. 누가 결정적 승리를 얻었는가 하는 질문에는 얼핏 보는 것보다 훨씬 많은 차원이 있다.

이것이 이 본문의 수수께끼다. 결정적 승리를 얻었지만, 승리를 얻는 과정에 전혀 다른 두 그룹의 사람들이 연루된 것 같기 때문이다. '*하늘의 전쟁'이 있다. 이는 상당히 놀라운 개념이다. 다니엘 10장의 위대한 천사장 미가엘이 모든 천사들을 소환해 용과 그의 천사들과 맞서 싸우게 한다. 만약 우리가 상상을 통해 여기에 어떤 의미를 부여할 수 있다면, 이런 것이어야 한다. 곧 우리가 인식하는 도덕적·정치적 투쟁, 즉 이생에서 전개되는 선과 악, 정의와 불의 사이의 전투는 영적 영역에서 벌어진 훨씬 태곳적 전투를 반영한다는 사실이다. 미가엘이 승리를 거두었고, 용이 패배했다. 이 패배는 용이 하늘에서 완전히 쫓겨나 땅으로 던져진다는 뜻이다.

하지만 잠깐 기다리라. 이 위대한 사건을 뒤따르는 승리의 노래는 미가엘이 아니라 지상의 하나님의 백성에게 승리의 공을 돌린다. 하늘의 큰 음성이 말한다. "그들 가족은 어린 양의 피와 자신들이 증언한 말씀으로 그를 정복했다. 그들이 죽기까지 자기 목숨을 사랑하지 않았기 때문이다"(11절). 그렇다면 누가 용을 패배시켰는가? 미가엘인가? 아니면 순교자인가?

어떤 의미에서는 둘 다 맞다. 승리한 전투의 하늘의 실재는 순교자의 죽음이라는 지상의 실재와 탯줄로 연결되어 있다. 그들은 어린 양의 제자로서 자신들이 이미 그분의 피로 구원받았고, 그분의 희생적 죽음은 이제 자신들이 따라가야 할 본보기라고 믿는다. 또 그것이 전투를 이기는 방법이다.

용은 결국 '*고발자'다. 초기 교회는 이 초자연적인 '고발' 행동이 자기들에게 퍼부어진 온갖 '고발'에서 동떨어져 있지 않음을 깨닫는 법을 배웠다. 이런 고발에는 비공식적인 것과 공식적인 것이 모두 포함되었다. 왜 이 사람들은 일상적 이교 축제, 특히 황제 종교에 참가하지 않는지 의아해하며 속삭이던 비판적 이웃들의 비공식적 고발, 그리고 당국자들이 제기하여 공적 처벌, 종종 사형에 처했던 보다 공식적인 고발 말이다. 초기 교회와 관련해 온갖 종류의 중상과 거짓말이 오갔다. 그리스도인들은 이런 고발을 있는 그대로 보는 법을 배웠다. 곧 "거짓의 아비"의 고발이다(요 8:44).

다시 한번 요한은 청중들을 거대한 우주 드라마의 지도 위에 둔다. 그들은 이미 얻은 위대한 승리를 알고 축하할 것이다. (눅 10:18에서 *사탄이 번개처럼 하늘에서 떨어지는 것을 보았다고 선언하신) 예수님의 죽음이 천상의 검찰총장이 제기했을 수도 있는 비난을 무력하게 만들었기 때문에, '고발자'는 더 이상 하늘에 자리가 없다. 그러나 남은 시간 동안 사탄은 광야로 도망한 여자를 공격하기 위해 최선을 다한다. 물론 출애굽기 19:4처럼, 하나님은 여자에게 독수리 날개를 주어 날아갈 수 있게 하셨지만 말이다.

그 뒤의 내용은 연재 만화의 우주 추격전에 가깝다. 용은 강처럼 흐르는 물을 토해서 여자를 쓸어버리려고 한다. 땅은 그 입을 열어 강물을 삼킨다. 여자가 도망한다. 그리고 성난 용은 시선을 다른 데로 돌린다. 바로 "하나님의 명령과 예수의 증언을 지키는 이들"이라고 더 상세히 정의된 여자의 '자녀들'이다. 즉 다시 한번, 당신도 이 드라마의 일부다(라고 요한은 독자들에게 말한다). 용이 고약하고도 강력한 고발을 홍수처럼 더 많이 퍼부으며 당신을 붙잡으러 나오더라도 놀라지 말라. 창조의 하나님이 당신을 돌보실 것을 믿으라. (**땅**이 여자의 구출에 등장한다는 사실이 매력적이다. 창조 세계가 용과 함께 일하지 않고 하나님과 그분의 백성들 편에 있는 것으로 나타난다.)

물론 더 많은 것이 남았음을 예상해야 한다. 더 많은 박해와 공격,

더 많은 거짓 고발. "땅과 바다에는 화가 있을 것이다. 악마가 시간이 얼마 남지 않았음을 알고 몹시 분노하여 너희에게 내려갔기 때문이다"(12절). 결정적 전투에서 이겼고, 악마가 그 사실을 안다. 하지만 '고발자'로서의 기본 본성으로 인해 악마는 점점 더 광적으로 변해, 이제 하나님과 그분의 아들, 어린 양이 성취하셨고 성취하고 계신 진리를 공격한다. 그것이 정당하든 그렇지 않든 고발하고, 억누르고, 비방하고, 중상하고, 부인한다. 인식하든 못하든, 모든 그리스도인은 이 진행 중인 전투에 가담해 있다.

요한이 자신의 독자들과 오늘까지 자신의 책을 읽는 모든 사람들을 격려하고 경고하기 위해 이 장에서 묘사한 그림은 첫 장면에 불과하다. 더 많은 것이 남았다. 용은 마지막에 바다 곁 모래 위에 서 있다. 그런데 옛 유대인이라면 누구나 알았듯이, 바다는 괴물이 등장할 어두운 곳이었다.

요한계시록 13:1-10
첫 번째 괴물

> ¹그때 나는 한 괴물이 바다에서 올라오는 것을 보았습니다. 그 괴물은 뿔이 열이고 머리가 일곱이었습니다. 열 개의 뿔마다 왕관을 썼고, 머리 위에는 하나님을 모독하는 이름들이 써 있었습니다. ²내가 본 괴물은 곰의 발과 사자의 입을 가진 표범 같았습니다. 용은 괴물에게 자신의 권력과 보좌와 막강한 권한을 주었습니다. ³머리 가

운데 하나가 살해당해 죽은 것처럼 보였지만, 치명적 상처가 나았습니다. 온 땅이 그 괴물로 인해 두려워하고 놀라 ⁴용을 경배했습니다. 용이 괴물에게 자신의 권한을 주었기 때문입니다. 사람들은 괴물도 경배하며 말했습니다. "누가 이 괴물과 같겠는가? 누가 그에게 맞서 싸울 수 있겠는가?" ⁵또 괴물은 큰 소리로 하나님을 모독하는 말을 내뱉는 입을 받았고, 마흔두 달 동안 설칠 권한을 받았습니다. ⁶괴물이 입을 열어 하나님을 모독하는 말을 하고, 그분의 이름과 그분의 거처, 다시 말해 하늘에 거주하는 이들을 저주했습니다. ⁷괴물은 하나님의 거룩한 백성들에 맞서 전쟁을 벌여 그들을 격퇴할 권한을 받았고, 모든 종족과 백성과 언어와 민족을 다스릴 권한을 받았습니다. ⁸그래서 땅 위에 사는 모든 사람이 괴물을 경배했습니다. 곧, 죽임당한 어린 양이 가진 생명책에 세상의 기초가 놓인 때부터 그 이름이 적히지 않은 모든 사람입니다.

⁹누구든 귀 있는 사람은 들으십시오!

¹⁰누구든 잡혀가야 할 사람은 잡혀갈 것입니다. 누구든 칼로 죽어야 할 사람들은 칼로 죽을 것입니다. 이는 인내하며 믿음을 가지라고 하나님의 거룩한 백성들에게 주는 권고입니다.

그의 단독 범행이 아니다. 조사팀이 도시 거리에서 벌어진 기이한 살인의 배경을 장기간 수사한 뒤 내린 결론이었다. 타국의 한 외교관이 어느 젊은이의 칼에 찔렸고, 범인은 달아났다 체포되었다. 재판에서 범인은 혼란스러워하며 갈팡질팡했고, 스스로 확신이 없어 보였다.

그는 어떤 단서도 주지 않았지만, 재판부는 변호사의 심문을 들을수록 동일한 결론에 이르게 되었다. 그것은 그냥 정신 나간 사람 하나가 즉흥적으로 저지른 범죄가 아니었다. 그 이상의 무언가가 더 있었다. 이 모든 배후에는 어두운 세력이 있었다. 유일한 질문은 "어떤 세력인가?"였다. 어떤 나라가 이 젊은이를 고용하거나 사주해 외교관을 살해하게 했는가? 당신이라면 어떻게 생각하겠는가?

현실 정치 세계나 지하 거래에서 벌어지는 일이 영적 전투의 세계에서도 똑같이 벌어진다. 즉 궁극적 권력은 자신을 드러내기보다 대리인을 통해 행동하는 것을 더 좋아한다. 그들은 제2 혹은 제3의 중개인을 선택했다. 그들은 일부 권력을 그들에게 위임했다. 그들은 도움이 필요할 때 지원해 준다. 아마도 오늘 우리는 소위 '어둠의 세력'이 일하는 방식에 대해 우리 선조보다 훨씬 더 많이 알고 있을 것이다.

물론 모든 일에 대해 음모 이론을 날조해, 임의의 사건 속에 사실 숨은 영향력이 작용한다고 오해하기 쉽다. 그러나 사건을 하나의 특정 방향으로 몰고 가는 세력이나 힘, 에너지가 실제로 존재하는데도 순전히 사건이 임의로 진행된다고 상상하는 것도 그만큼 쉽고 또 위험하다.

우리는 '세력'이나 '권력'('경제 세력' '문화적 압력' 등등)에 대해 얘기하지만, 고대 유대인들은 훨씬 생생한 언어를 사용했다. 현재의 단락은 1세기에 아주 대중적이던 성경 본문, 다니엘 7장에 크게 의존한다. 많은 사람들은 다니엘 7장이 2장 및 9장과 더불어, 이교도 제국의 전복과 하나님의 백성 이스라엘(혹은 최소한 이스라엘 안의 의인들)의 권력 상승을 예고했다고 믿었다. 따라서 사람들은 정확하게 어떤 일이 전개되는지 그 단서를 찾으려는 기대 속에서 다니엘 7장을 깊이 연구했다. 그 내용에 대한 참신한 해설이 제시되었다(아마 가장 잘 알려진 것은 1세기 말경 예루살렘 함락 이후에 쓰인 제4에스드라서 혹은 제2에스드라서라고 불린 책 속에 있다). 예수님 자신이 다니엘 7장을 하나님의 목적에서 자신이 맡은 역할을 이해하는 중심 테마 중 하나로 삼으셨다.

다니엘 7장에는 바다에서 올라오는 네 괴물이 나온다. 괴물은 이런 유의 저작에서 대부분 그렇듯 악몽의 소재다. 첫 번째 괴물은 날개 달린 사자다. 두 번째는 입에 어금니 셋이 있는 곰이다. 세 번째는 네 날개와 네 머리를 가진 표범이다. 그 뒤에 쇠 이빨과 청동 발톱을 가진 더 크고 무서운 네 번째 짐승이 나온다. 네 번째 짐승은 열 뿔을 가졌고, 다른 작은 뿔들이 그 주위에서 자랐다.

해석은 아주 명확하다. 이 괴물들은 네 나라를 나타내고, 그중 네 번째는 특히 크고 잔인한 세계 제국이 될 것이다. 뿔들은 다른 왕들을 나타내고, 그중에 마지막 뿔이 하나님의 백성과 전쟁을 벌이고 하나님을 직접 모독한다. 그런 다음 엄청난 역전이 벌어진다. "옛적부터 계신 분"이 법정 심리를 위해 자리를 잡고 앉아 최후의 거대한 괴물을 고발하고, 그의 권력을 파괴하고, 대신 그것을 영원한 우주 통치권을 받기 위해 옛적부터 계신 이 앞에 나타난 "*인자 같은 이"에게 넘겨주신다.

요한이 이 다니엘서 본문을 깊이 염두에 두었다는 사실에는 의문의 여지가 없다. 또 요한을 비롯해 그 시대의 많은 사람들이 어떤 의미로 읽었을지도 의문의 여지가 없다. 그들은 실제 짐승, 지중해에서 기어 올라와 거룩한 땅을 공격하는 트리피드(Triffids, 머리가 셋 달린 식물성 괴물—옮긴이) 괴수의 큰 날에 관심을 두지 않았다. 그들은 이 괴물이 대표하는 지상의 실재에 관심이 있었다. 그리고 1세기에는 정체 확인이 어렵지 않았다. 요한의 단일 괴물은 다니엘서의 네 괴물이 하나로 압축되어 일부 표범, 일부 곰, 일부 사자에, 열 뿔과 일곱 머리를 가진 괴물이다. 이 괴물은 로마다.

혹은 앞으로 우리가 보게 되듯이, 괴물은 땅을 밟고, 그 길목에 있는 모든 것을 부수고, 그 길에 끼어든 다른 신들을 모독하고, 자기만 (그리고 자신에게 권력을 준 용만) 정당하게 경배받는 이교도 제국의 어두운 권력이다. 아마 이것은 2:13에서 버가모가 "*사탄이 자기 보좌를 둔" 곳으로 묘사되는 이유를 설명해 줄 것이다. 버가모는 황제 통치와 제의의 중심지였고, 요한은 화려한 자주색 용포 뒤에 제국이 세상 대부분의 지역을 좌지우지하게 해 주는 어두운 사탄적 통치의 영적 실재가 있음을 본다. 로마는 1세기에 명백하고 유일한 '괴물' 후보였다. 하지만 무정하고 비인간적인 이교도 제국 현상은 애석하게도 로마의 쇠락이나 종결로 끝나지 않았다. 그런 이유로, 이 모든 내용이 요한의 독자들에게 지녔던 예리한 타당성은, 다른 외피를 입고 오늘의 다른 독자들에게 이어진다.

3절은 1세기 후반 로마 통치의 특별한 특징에 시선을 돌린다. 고대의 로마 공화정은 아우구스투스의 양아버지 율리우스 카이사르의 암살(주전 44년)과 뒤이은 내전 이후 아우구스투스 아래서 100년쯤 전에 '제국'이 되었다. 하지만 네로의 통치 및 그의 죽음과 더불어 이 위태롭고 거만하고 불안정한 제국이 그 자체의 무게로 인해 주저앉을 거라고 생각한 사람도 있었다. 분명 네로의 죽음(주후 69년) 직후 괴물 체제 전체가 치명상을 입은 것처럼 보였을 것이다. 네 명의 황제 후보가 연이어 로마로 진군해 적군을 죽이고 왕위를 주장했고, 그 뒤 마지막 한 명만 제외하고는 다음에 도착한 군대에게 차례로 살해당했기 때문이다. 갈바(Galba)와 오토(Otho), 비텔리우스(Vitellius)가 등장했다가 사라졌다. 그리고 베스파시아누스(Vespasianus)가 등장해 자리를 지켰다. 그의 아들이자 후계자 티투스(Titus)가 몇 달 안에 선왕 베스파시아누스가 가담한 군사 작전을 완수했다. 바로 베스파시아누스 군대가 그를 부추겨 엄청난 보상을 얻기 전에 가담한 군사 작전이었다. 티투스 군단은 예루살렘을 파괴하고 *성전을 불태워 잿더미로 만들었다. 많은 목격자들에게 이 사건은 세상의 종말처럼 보였다.

그사이, 네로는 결코 죽지 않았다. 혹은 그는 실제로 죽었지만 다시 *생명을 얻었다는 소문이 돌았다. '부활한 네로'를 자처하는 여러 지도자들이 등장했고, 누구도 오래가지 못했지만 소문은 지속되었다. 네로는 전에 있었고, 지금은 없지만, 앞으로 등장할 것이라고 그들은 말했다(17:8). 요한이 괴물의 머리 중에 하나가 살해당한 것 같았지만 그 치명상이 치료되었다고 말할 때(3절), 그 말의 의미가 이것일 것이다. 그러나 요한의 독자가 모두 즉각 알아차렸을 중요한 핵심 특징은, 괴물이 경배를 요구했고 그 배후에 있는 어두운 이교도 신들과 함께 경배를 받았다는 것이다. 그 시기의 로마 동전을 얼핏 보아도 고유한 사연을 알 수 있다. 황제마다 차례로 '신의 아들'이라고 주장했을 뿐만 아니라, 전통적으로 이런저런 고대의 이교 신과 연관된 의복을 입었기 때문이다.

물론 일단 황제가 신이 되면, 다른 신들이 들어설 자리는 없다. 사람들이 새로운 신, 로마와 황제를 예배하는 한 지역과 부족의 신을 계속 경배해도 아무 상관이 없었다. 하지만 누군가 그리스도인들처럼 자신은 그럴 수밖에 없다고 생각하여 거절한다면, 충돌은 불가피하다. 요한이 다채롭게 인용하는 책의 처음 여러 장에 등장하는 다니엘과 그의 친구들처럼, 온 세상이 괴물을 숭배하는 것 같다. 그 이름이 어린 양의 생명책에 기록되었다고 여기에 묘사된 신실한 소수의 사람들만 그렇게 하기를 거절한다.

이 단락 마지막 절에는 요한이 지금 묘사한 장면을 묵상하는 그의 냉철한 현실주의가 반영되어 있을 것이다. 일부 사람들은 사로잡힐 것이다. 다른 사람들은 칼로 죽임을 당할 것이다. 이것이 인생사다. 적절한 반응은, 싫다고 발버둥치지 않고 인내와 *믿음을 굳게 붙드는 것이다. 11장은 말 그대로였다. 죽음에 이르는 신실한 증언을 통해 어린 양은 승리를 거두고, 하나님의 *나라가 괴물의 나라를 대신하고, 용이 자신의 권력의 마지막 부스러기까지 상실할 것이다. 우리는 앞으로 이것이 어떻게 이루어지는지 보아야 한다. 하지만 요한이 이 대목에서 하는 일은, 교회의 작은 지역적 투쟁이 의미를 갖기 위해, 또 타협하지 말고 증언하라는 도전이 의미를 갖기 위해 배경에 있어야 할 더 크고 암울한 그림을 그리는 것이다. 우리가 용과 괴물을 기억할 때만, 우리는 기독교 신앙과 믿음과 거룩함이 정말 얼마나 지독하게 중요한지 깨닫는다.

요한계시록 13:11-18
두 번째 괴물

> ¹¹그때 나는 다른 괴물 하나가 땅에서 올라오는 것을 보았습니다. 이 괴물은 어린 양의 뿔처럼 뿔이 두 개였고, 용처럼 말했습니다.

¹²이 괴물은 첫 번째 괴물 앞에서 모든 권한을 대행하고, 땅과 그 위에 사는 사람들이 치명적 상처에서 회복된 첫 번째 짐승을 경배하게 했습니다. ¹³이 괴물은 엄청난 표적을 행하여, 백성들이 보는 앞에서 불이 하늘에서 땅으로 떨어지게 하기도 했습니다. ¹⁴또 이 괴물은 첫 번째 괴물 앞에서 행했던 표적으로 땅 위에 사는 사람들을 속여, 칼로 상했다가 살아난 괴물의 우상을 만들라고 땅의 주민들에게 지시했습니다. ¹⁵이 괴물은 첫 번째 괴물의 우상에 숨을 불어 넣어 괴물의 우상이 말을 하게 하고, 괴물의 우상을 경배하지 않은 사람은 누구든 죽여도 좋다는 허락을 받았습니다. ¹⁶그는 크든 작든, 부유하든 가난하든, 자유민이든 노예든, 모든 사람이 오른손과 이마에 새겨진 표식을 받게 하여, ¹⁷괴물의 이름이나 그 이름의 숫자 표시가 없을 경우 아무도 매매하지 못하게 했습니다.

¹⁸여기에 지혜가 필요합니다. 누구든 분별력 있는 사람은 괴물의 수를 세어야 합니다. 그것이 사람의 수이기 때문입니다. 그 수는 육백육십육입니다.

나는 고서들이 꽂힌 책장으로 둘러싸인 방에 앉았다. 기분이 좋았다. 세미나에서 잠깐 휴식 시간이 났을 때(미국 거대 도시의 한 호텔에서 세미나가 열렸다), 나는 일어나서 어떤 종류의 논문이 꽂혀 있는지 살펴보기 위해 가장 가까운 서가로 걸어갔다. 뜻밖의 충격이 나를 기다리고 있었다. 그것은 서가가 아니라 모조품이었다. 선반처럼 보였던 것은 깊이가 3센티미터도 안 됐다. 게다가 책처럼 보였던 것은 사실 책이 아니라, 아니 실은 책의 일부였다. 멋스런 옛 가죽 표지를 댄 서적 수백 권이 책등을 보이고 있었지만, 책의 1센티미터 정도만 잘라 내 뒷벽에 접착제로 붙여 마치 그 방이 진짜 도서관처럼 보이게 만들었다. 사실 같은 책으로 진짜 도서관을 만드는 것이 훨씬 수월했을 것이다. 그후 나는 그곳이 섬뜩하게 느껴졌고, 하루를 마치고 그곳을 빠져나오는 것이 기뻤다. 그건 진짜가 아니라 패러디였다.

패러디란 어떤 사람이 진짜처럼 보이지만 그렇지 않은 모조품을 만들 때 생긴다. 가끔 이런 일은 사람들이 『햄릿』 같은 셰익스피어의 비극을 재미난 짧은 촌극으로 바꾸거나, 모차르트의 교향곡을 카주(kazoo)나 하모니카로 연주할 때처럼 희극적 효과를 노리고 의도적으로 행해지기도 한다. 간혹 속이려는 의도를 갖고 행해지기도 하는데, 만약 당신이 사람들을 제대로 속이면 당신의 패러디는 새로운 실재가 된다. 이것은 요한의 시대에 고대 근동 전역에서 일어났던 일이다.

요한과 그의 독자들이 특히 알현실 환상(4장과 5장)을 통해 알고 있듯이, 실재는 다음과 같은 것들이다. 즉 보좌에 앉아 계신 분은 모든 창조 세계를 다스리는 전능하고 주권적인 주님이시다. 그분의 아들 어린 양은 죽음을 통해 세상을 이기셨고, 사람들을 하나님의 새 창조 세계의 통치자와 제사장으로 임명하기 위해 죄의 예속에서 그들을 구출한 분이시다. 또 하나님의 *영은 이 사람들 안에서, 또 그들을 통해 역사하여 하나님의 사역을 완수하신다. 반면 1세기 전체에 걸쳐 서부 터키에서 점점 더 강력해지던 패러디는, 사탄적인 용에게서 궁극적 권위를 얻은 로마 제국이 스스로 세계 통치자라는 소문을 퍼뜨리고 있었다는 것이다. 로마가 첫 번째 괴물이었다. 또 용과 비슷하지만 그 수하에 있는 두 번째 괴물은, 최선을 다해 지역 차원에서 괴물을 모방할 뿐만 아니라 괴물의 호의를 유지하기 위해 자기 영토 안에 있는 모든 사람이 괴물을 숭배해야 한다고 주장하던, 각 도시와 각 속주의 지역 엘리트인 것 같다. 이 일은 도처에서 진행되었고, 요한의 청중들은 그것에 아주 익숙했을 것이다. 각 도시마다 로마를 위해, 황제를 위해, 혹은 황제 가문의 가족을 위해 새로운 신전을 하나 더 짓도록 허락받기 위해 서로 경쟁했다. 이 지역 실세들이 "땅에서 올라오는", 즉 바다를 건너서 오지 않고 지역에서 등장하는 두 번째 괴물이다. 그들은 불경한 삼위일체를 완성한다. 곧 하나님, 예수님, 성령의 연합을 섬뜩하게 패러디한 용과 첫 번째 괴물, 두 번째 괴물의 삼위일체다.

진리의 패러디의 한 부분은 괴물이 거의 살해당한 듯 보였지만 다시 살아나 지금 존재한다는 사실을 지역 엘리트(요한은 '어린 양의 뿔과 같은 뿔'이라고 말한다. 즉 그들은 자신과 다른 존재처럼 보이려고 애쓴다!)가 심지어 과시한다는 것이다. 로마는 명백한 치명타에서 회복되었다. 물론 그리스도인들은 예수님을 참 어린 양으로 전했고, 그분의 실제 죽음과 *부활은 그분에 대한 충성, 그분이 용을 친히 격파하셨다는 믿음의 근거였다. 하지만 패러디는 강력했다. 다양한 신상이 돌아다녔고, 숨 쉬고 울고 말까지 하게 하기 위해 일반적으로 채택된 여러 가지 속임수가 있었다. 그 시대의 교양 있는 이교도 저자들은 그런 여러 기술을 언급하면서 그들의 속임수에 조롱을 퍼붓는다. 그러나 사람들이 가담했고, 점점 더 많은 사람들이 지역 '괴물'의 노력을 통해 첫 번째 괴물을 숭배했다. 그리고 그런 수단을 통해 용까지 숭배했다.

더군다나 숭배하느냐 아니냐가 지역 공동체에 수용될 수 있는 사람과 그렇지 않은 사람을 즉각 나누는 구분선이 되었다. 이때 이후로

머지않아 일부 지역 공직자들은, 만약 당신이 필요한 *제사를 바치지 않으면 시장에 올 수 없다는 공적 요구 조건을 도입했다. 사람을 '상거래 가능자'와 '상거래 금지자'로 구분하는 데 사용된 여러 종류의 표시와 가시적 기호가 있었다. 아주 초기부터 그리스도인들은 냉혹한 선택에 맞닥뜨렸다. 어린 양에 대한 진실함을 지키고 생계 수단과 매매할 수 있는 능력을 박탈당하는 위험을 감수하든지, 아니면 괴물에게 굴복해 지역 공직자의 명령대로 황제에게 제사한다면 모든 일이 괜찮을 것이었다. 물론 어린 양의 제자로서 당신의 진실성은 예외다.

따라서 우리는 이 그리스도인들이 직면한 딜레마의 이면을 이해할 수 있다. 우리는 자신이 항상 실재를 선택하고 패러디를 거부할 거라고 생각하기 쉽다. 하지만 정말 그런가? 오늘날 유사한 주요 쟁점이 제기되어 우리에게 도전할 때, 그것이 우리의 생각만큼 선명하게 구분되지는 않을 것이다. 1세기의 많은 그리스도인들도 그렇게 느꼈을 가능성이 높다. 만약 내가 '신의 아들' 같은 문구가 새겨진 황제의 동전을 사용한다면, 그것은 타협으로 간주될까? 만약 성대한 황제의 축제가 열릴 때, 비록 내가 직접 가지는 않더라도 신전으로 가는 군중을 붙잡기 위해 길가에 상점을 연다면, 그것은 타협인가? 만약 내가 도로 위쪽에 있는 황제의 신전에서 제물로 바쳐졌던 것임을 알면서 시장에서 고기조각을 산다면, 그건 문제가 되는가? 또 만약 지금 우리가 기독교 *신앙을 공개적으로 조롱하고 기독교적 생활 방식 이외에 온갖 상상 가능한 다른 생활 방식을 조장하는 신문을 산다면, 그 신문의 스포츠 뉴스만 읽더라도 문제가 되는가? 만약 내가 여러 회사들 가운데 하나로 대수롭지 않게 호수와 강을 오염시키고 야생 동물을 살해하는 회사에서 일하고 있다면, 문제가 되는가? 내가 일하는 은행이, 사실상 유명무실한 노동법 덕분에 지역 사람들을 실질적으로 노예화했다는 책임에서 벗어난 라틴아메리카 지역 회사의 주요 투자자라는 사실을 내가 우려해야 하는가?

이런 것들은 우리가 맞닥뜨린 유일한 질문도 아니고, 아마 가장 중요한 질문도 아닐 것이다. 하지만 중요한 것은 우리도 생각만큼 그렇게 선명하게 구분하기 어려운 선택에 직면하고 있음을 인정하는 것이다. 우리는 실재와 패러디를 구별하고, 그에 걸맞게 행동하는 분별력을 갖추도록 기도해야 한다.

이 장의 마지막 절은 계시록 전체에서 가장 유명한 절 가운데 하나다. 이 절은 어떤 것보다 가장 중요한 패러디를 제시한다. 당시 잘 알려진 여러 공식 중 하나에 의거할 때 숫자 666이 히브리어 문자로 쓰인 이름 네로 황제(NERO CAESAR)를 나타낸다는 사실은 확실하다고 할 수 있다. (많은 민족과 언어에서 문자를 숫자로 사용했다. 만약 우리가 A=1, B=2 등등으로 이어지는 체계를 고안했다면, 우리도 그랬을 것이다.) 전에 있었고, 지금은 없으나, 앞으로 올 괴물은 네로 황제가 거의 확실하다.

그러나 숫자 666은 단순히 암호라고만 할 수는 없다. 이것 역시 패러디다. 우리의 추측대로, 특히 요한에게 완전수는 777이었을 것이다. 어떤 사람들은 예수(JESUS)라는 이름이 어떤 숫자 체계에서는 888—일종의 초(超)완전—로 계산된다고 주장하기도 했다. 하지만 요한에게는 의혹이 전혀 없다. 네로와 더불어 그가 대표하고 구현한 체제는 온전한 숫자에서 하나 모자라는 것이 세 번 반복된, 실재의 패러디에 불과했다. 예수님이 실재셨고, 네로는 위험하고 모독적인 복제품에 불과했다. 이 점을 우리가 인식하는 것이 현명하지만, 또 우리의 의식과 우리 사회를 살펴서 우리도 실재인 척하는 가짜에게 어느 정도나 기만당했는지 살피는 것이 현명하다.

요한계시록 14:1-5
어린 양의 정예군

> ¹내가 보니, 어린 양이 시온산에 서 있었고, 어린 양과 함께 그의 이름과 그의 아버지의 이름을 이마에 쓴 십사만 사천 명이 서 있었습니다. ²나는 많은 물소리 같고, 웅장한 천둥소리 같은 음성이 하늘에서 나는 것을 들었습니다. 또 내가 들은 음성은 하프 연주자가 하프를 타는 것 같았습니다. ³그들은 보좌 앞에서, 그리고 네 생물과 장로들 앞에서 새 노래를 부르고 있었습니다. 땅에서 구속받은 십사만 사천 명 말고는 누구도 그 노래를 배울 수 없었습니다. ⁴이들은 여자로 자신을 더럽힌 적이 한 번도 없는 사람들로서, 결혼하지 않은 사람들입니다. 그들은 어린 양이 가는 곳이면 어디든 따라갑니다. 그들은 사람들로부터 구속받아 하나님과 어린 양께 바쳐진 첫 열매고, ⁵그들의 입에서 거짓을 조금도 찾아볼 수 없었습니다. 그들은 흠이 없습니다.

나는 저 멀리 언덕 위의 소규모 행렬이 중동의 밝은 저녁 하늘을 배경으로 만들어 낸 작은 실루엣을 보았다. 영국에서는 막대기와 개를 가진 사람들이 양들을 이 들에서 저 들로 데려가지만, 중동에서는 오늘날에도 목자가 앞서가면 양들이 그 뒤를 따른다. 양은 목자의 음성을 알고, 또 목자가 자기들을 초원으로, 물가로, 안전지대로 인도해 주리라고 신뢰한다. 막대기나 개가 전혀 필요 없다.

물론 예수님 자신이 요한*복음 10장에서 이런 목자 이미지를 사용하셨다. 또 '나를 따르라'는 부르심은 그분이 사람들에게 준 가장 지속적인 명령 중 하나다. 복음서에서 '예수님을 따르는 것'은 예수님께 속한 사람, 그분을 믿는 사람을 묘사하는 기본 어구라고 해도 과언이 아니다(예컨대 마 4:19; 8:22; 9:9 등). 하지만 특히 요한복음에서 우리는 이 주제에 대해 다소 예리하고 놀라운 본문을 발견한다. 예수님은 "누구든 나를 섬기려거든, 나를 따라야 한다"고 말씀하셨다(요 12:26). 베드로는 감옥, 심지어 죽음에까지 어디든 절대 예수님을 따르겠다고 단언하지만(요 13:37; 눅 22:33), 예수님은 베드로가 예수님을 알지도 못한다고 부인할 것이라고 준엄하게 경고하신다.

이 내용에 비추어 우리는 예수님의 부활 후 베드로가 예수님을 사랑한다고 세 번 고백하고, 예수님이 최종적으로 "나를 따라라!" 하고 대답하셨던 요한복음 21장의 매우 감명 깊은 본문을 읽는다(21:19). 그 순간에도 베드로에게는 몇 가지 질문이 있었다. 베드로는 그들을 따르던, 예수께서 사랑하시던 제자를 바라보며 묻는다. "주여, 이 사람은 어떻게 됩니까?" 예수님의 대답은 모든 복음서에서 가장 유명한 경구 중에 하나로, 소명을 안고 분투하며 왜 상황이 이런 식으로 흘러가는지 궁금해 하는 모든 사람들의 마음과 머리에 메아리를 남긴다. 예수님은 대답하신다. "내가 올 때까지 그가 여기 남아 있는 것이 내 뜻이라 해도, 대체 그게 너와 무슨 상관이냐? 너는 **나를 따라야 한다!**" 어리석은 질문 던지지 말고, 그냥 따라오라. 다른 사람에게 신경 쓰지 말고, 너는 나를 따라오라. 뒤돌아보지 말고(눅 9:62), 나를 따라오라.

우리가 어린 양의 정예군에 대한 정의 속에서 다음 문장을 발견할 때, 이 모든 것이 그 배경에 있다. "그들은 어린 양이 가는 곳이면 어디든 따라갑니다"(4절). 여기에는 더 이상 말이 필요 없는 의미가 담겼다. 어린 양은 희생적 죽음을 통해 용과 그 하수인에게 승리를 거두셨다. 이제 그분은 자기를 따라 동일한 길을 걸음으로써 그 승리를 실행에 옮기라고 자기 백성들에게 요청하신다. 예수님은 공생애 기간에 이 점을 강조하셨다. 만약 누구든지 예수님을 따라가려 한다면, 그들은 자기를 부인하고 자기 십자가를 걸머지고 따라야 한다. 어쨌거나 승리에 이르는 길은 십자가의 길이다. 이는 그때에도 생소하고 도전적이었지만, 오늘날에도 똑같이 생소하고 도전적이다.

그렇다면 내가 '정예군'이라고 이름 붙여 준 이들은 누구인가? 이야기의 이 대목에서 이들이 갑자기 등장하는 데는 어떤 목적이 있는가? 그 대답은 요한이 다시 한번 시편 2편을 사용하고 있다는 것이다. 열방이 격동하고 사람들은 어리석은 일을 구상하지만, 하나님의 대답은 자신의 왕, 자신의 아들을 "나의 거룩한 산 시온"에 세우시는 것이다. 그래서 1절에서 어린 양이 시온산에 서 있다고 말한다. 앞서 우리는 용이 여자와 그 아들, *하늘로 옮겨진 그 자녀의 어린 형제들에게 격노한 것을 보았다(12:5). 앞서 우리는 두 괴물, 즉 바다에서 나오는 거대한 제국의 괴물과 지역 사회에서 직접 등장하는 지역의 이차적 괴물을 보았다. 그들은 시편 2편에서 격노하고, 연기를 뿜고, 위협하고, 모독하는 자들이다. 그러나 이제 하나님은 자신이 선택한 왕을 보여 주시는데, 그분이 선택한 왕은 혼자가 아니다. 그분은 정예 부대, 정예군에게 둘러싸였다. 그들이 승리할 것에 추호의 의심도 없다.

그들이 정예군이기 때문에, 요한은 그들을 (그가 사용하는 상징의 엄격한 울타리 속에서) '결혼하지 않은 사람'이라고 부른다. 고대 이스라엘에는 출전(出戰)하는 것과 관련해 분명한 정책이 있었다. 만일 전쟁이 정당성을 얻으면 그것은 성전(聖戰)이 되었고, 전쟁에 참가하는 사람들은 성관계의 (일시적) 자제를 포함해 특별한 순결 규정을 준수해야 했다(예컨대 신 23:9-10; 삼상 21:5). 여느 때처럼 우리는 상징과 그 상징이 지시하는 실재에 대해 명확하게 할 필요가 있다. 상징에 의하면, 이 부대는 14만 4천 명으로 구성된다(우리는 물론 앞서 7장에서 그들을 만난 적이 있다). 그들은 새 노래를 부른다. 그들은 성관계를 자제했다. 다시 말해 그들은 전투에 나설 영구적 준비를 갖춘 하나님의 백성의 이상적 대표자들이다. 이 상징이 지시하는 실재에 의하면, 그들은 사실 누구도 헤아릴 수 없는 엄청난 무리다. 그들은 모든 그리스도인이 알고 있을 노래를 부르는 것 같다. 또 그들 중 일부는 기혼이고 일부는 미혼이겠지만, **모두 실제 전투에 나설 영구적 준비를 갖추었다.** 이 전투는 괴물 및 그들의 요구와 맞붙는 싸움이고, 이 싸움은 언제든 고난 혹은 심지어 죽음까지 그들에게 요구할 거라는 뜻이다.

따라서 이 정예군은 로마와 그 지역 지지자들의 괴력에 직면해, 아마도 무기력과 절망을 느꼈을 작은 그리스도인 그룹을 격려하는 역할을 한다. 요한은 조금도 그러지 말라고 말한다. 하나님이 약속하셨듯이 어린 양이 즉위하셨고, 그분의 정예군은 어린 양을 따라 승리를 거둘 전투 준비를 갖추고 그분 주위에 서 있다. 그들은 승리자가 될 것이다. 이들은 이마에 괴물의 소인 대신 하나님과 어린 양의 (표시만이 아니라 실제) 이름을 받은 사람들이다. 일단 그들이 황제의 이름 대신

계 14:1-5

이 이름에 충성하고 있다는 사실이 알려지면, 물론 이것은 이교 사회에서 그들에게 낙인을 남길 것이다. 그러나 이것은 또한 그들이 *메시아께서 하나님 앞에서 자기 백성으로 인정하실 사람들이라는 표식을 남길 것이다(마 10:32).

어린 양 주위의 이 거대한 군중은 모든 신자의 총합은 아니다. 이것은 시작, 더 큰 수확이 올 것을 알리는 중요한 예고 표지판이다. 이것이 4절 "첫 열매" 이미지의 내용이다. 고대 유대인의 추수기에, 첫 곡식단(혹은 어떤 것이든 첫 낱알)은 추수까지 훨씬 더 많이 거둘 것이라는 기대와 기도를 상징하는 "첫 열매"로 하나님께 바쳐졌다. 그렇더라도 이 14만 4천 명은 교회에게 격려가 될 것이다. 이미 엄청난 군중이 존재한다! 어린 양이 승리를 거두고 계신다! 우리는 인내하며 계속 임무를 수행할 수 있다.

또 그들이 이렇게 하는 길은 특별히 거룩한 삶 속에서 그분을 따르는 것이다. 요한이 보기에, 용의 전체 체제의 주된 특징 중에 하나가 거짓말이다. 용은 머리끝에서 발끝까지 비진리의 세계, 가짜의 세계, 기만의 체제를 창조한다. 그러나 정예군에게서는 "그들의 입에서" 어떤 거짓말도 찾을 수 없다. 그들은 어린 양처럼(사 53:9) 이 면에서는 물론 다른 모든 면에서 흠이 없다. 이는 예수님을 따른다고 주장하는 모든 사람에게 도전으로 남는다. 진리와 거짓말은 가끔 분간하기 어려울 수 있지만, 우리는 바로 여기서 분수령에 선다. 하나님의 승리는 실제 세계, 온 창조 세계와 관련이 있다. 하나님과 어린 양께 더 가까이 갈수록, 우리는 모든 것을 더 명확하게 보고 모든 것을 더 진실하게 말해야 한다. *사탄의 가장 효과적인 전략은 사람들의 정신을 완전히 빼놓는 것이다. 이것이 실패할 때 사탄은 거짓말을 믿고 전달하도록 사람들을 부추긴다. "대수롭지 않은 일이야. 사소한 일에 불과해. 정말로 하나님은 신경 쓰시지 않아. 그런 건 어리석고 편협한 규정일 뿐이야. 너는 하나님이 네 인생을 즐기기를 원하신다는 걸 모르니?" 등등. 어린 양을 따르는 것은 거짓말을 거절한다는 뜻이다. 항상, 언제까지나.

요한계시록 14:6-13

인내하라는 요청

⁶그때 나는 다른 천사 하나가 중천을 날아가면서, 땅 위에 사는 사람들, 모든 민족과 종족과 언어와 백성에게 전할 영원한 복음을 들고 가는 것을 보았습니다. ⁷그는 큰 소리로 이렇게 말했습니다. "하나님을 두려워하여라! 그분께 영광을 돌려라! 그분이 심판하실 때가 다가왔다! 하늘과 땅과 바다와 샘물을 만드신 분을 경배하여라!"

⁸다른 천사 하나가 그를 뒤따라오며 이렇게 말했습니다. "큰 성 바빌론이 무너졌다! 바빌론이 무너졌다! 바빌론은 자신의 음행 위에 쏟아질 진노의 잔을 모든 민족이 마시게 했다."

⁹세 번째 천사가 그들을 뒤따라왔는데, 그 천사도 큰 소리로 말했습니다. "누구든 괴물과 그 우상을 경배하거나 이마나 손에 표식을 받는다면, ¹⁰그 사람은 자기 진노의 잔 속으로 곧장 부어지는 하나님의 진노의 포도주를 마시겠고, 거룩한 천사들과 어린 양 앞에서 불과 유황으로 고통받을 것이다. ¹¹그들의 고통의 연기가 영원무궁히 올라갈 것이다. 괴물과 그 우상을 경배하는 자들과 그 이름의

> 표식을 받는 자들은 밤이나 낮에도 휴식이 전혀 없을 것이다."
>
> ¹²그래서 하나님의 계명과 예수의 믿음을 지키는 하나님의 거룩한 백성들의 인내가 필요합니다.
>
> ¹³그때 나는 하늘에서 큰 음성이 나는 것을 들었습니다. "이것을 적어라. 이 순간부터 주 안에서 죽은 사람들에게 하나님의 복이 임한다."
>
> 영께서 말씀하십니다. "그렇다, 그들이 자기 일에서 벗어나 쉴 것이다. 그들의 행위가 그들을 뒤따르기 때문이다."

며칠 전 나는 *지옥이 정말 영원한지 알고 싶어 하는 어떤 사람에게서 긴 이메일을 받았다. **정말** '영원한가.' 이메일은 성경 여기저기서 가져온 본문을 상세하게 언급하는 내용으로 가득했다. 여러 주장이 이 모양 저 모양으로 나열되었다. 발신인의 말에 의하면, 그는 몇몇 다른 교회 지도자에게 동일한 질문을 던졌지만, 한 번도 만족스런 대답을 얻지 못했다. 내가 무슨 생각을 했을까?

내가 생각하고 말한 첫 번째(그리고 주된) 내용은, 그가 이 질문에 집착하고 있는 것처럼 보여 흥미롭다는 사실이었다. 다양한 기독교 전통에서 성장한 나의 지인들은 아마 대부분 보편주의자—다시 말해, 결국 지금까지 존재했던 모든 개개인이 하나님의 새 세상에서 행복을 누릴 것이라고 믿는 사람—는 아닐 것이다. 하지만 대부분은 '지옥'(무엇이라고 부르든 상관없다)에 관한 질문이 자기 일상의 순례에서 다급한 질문에 속한다고 여기지 않는다.

그러나 어쩌면 이것은 다급한 질문이어야 한다. 어쩌면 이것은 우리 가운데 상당수가 성경이 명확하게 가르치는 내용을 '희석시켰다'는 표식이다. 어쩌면 우리는 막판에 지옥에서 영원히 불타지 않도록 회개하라고 경고했던 이전 세대의 설교 관행을 회복해야 한다.

혹은 어쩌면 우리는 이와 같은 본문에서, 우리가 이 책 곳곳에서 빈번히 보았듯이 요한이 상징을 사용하고 있고, 또 상징의 효과를 감지해야 할 뿐만 아니라 철저히 숙고하고 상징이 지시하는 실재를 탐구하는 것이 중요함을 인정해야 한다.

여기서 상징의 효과를 이해하기 위해 우리의 생각을 바빌론으로 되돌려야 한다. 주전 597년에 남아 있던 이스라엘 지파를 삼킨 거대한 제국의 수도 바빌론은 그 뒤로 유대인의 기억에 악의 전형, 우상숭배와 부도덕, 더없는 잔인함의 전형으로 남은 도시였다. 계시록에 대해 조금이라도 아는 사람은 누구나 나중에 '바빌론'이 이 책 16장과 17장, 18장에서 요한이 아무런 의심의 그림자도 없이 '로마'를 가리키는 상징으로 사용한다는 사실을 안다. 그러나 요한이 의도한 것은 '바빌론으로 이해되는 로마'고, 그는 특히 구약의 가장 중요한 두 예언서의 렌즈를 통해 바빌론을 이해한다. (우리는 또 다른 고대의 이미지, 곧 창 11장의 바벨탑을 포함시킬 수도 있다. 하지만 이것은 우리의 주요 목적과 너무 동떨어진 곳으로 우리를 이끈다.)

첫 번째는 이사야서다. 이사야서의 주요 중심 단락인 40-55장은 거의 자포자기 상태의 이스라엘 *포로들에게 전해진다. 그들이 사로잡혀 간 바빌론은 거대하고 전능해 보인다. 바빌론의 신들이 승리를 거둔 것처럼 보이고, 이스라엘의 하나님 *야웨는 그저 또 하나의 신, 이제 그 면에서 실패한 신처럼 보인다. 그 힘과 부드러움의 조합에서 필적할 만한 상대가 전혀 없는 시에서, 이사야는 야웨의 위대하심과 *언약적 신실하심을 상술한다. 야웨는 *하늘과 땅의 창조주시다. 그분은 바빌론의 별 볼 일 없는 가짜 신에게 패배하지 않으실 것이다. 야웨는 자기 백성을 구출하시고, 언약을 재정립하시고, 온 창조 세계를 새롭게 하실 것이다.

그리고 야웨는 이 모든 일을 '종'의 사역을 통해 하실 것이다. 이 예언의 물줄기에서 네 개의 하위 시가 등장한다. 이 시들은 먼저 이스라엘을 구출하고 세상에 정의를 가져다주는 종의 임무를 강조한다. 그 뒤에 종의 고되고 성과 없어 보이는 사역이 열방에게 야웨를 계시할 것을 강조하고, 그 뒤에 야웨의 음성을 기꺼이 듣는 종의 태도와 그 결과로 인한 종의 고난과 인내를 강조한다. 그리고 마지막에 자기 백성들의 죄를 담당하는 수치스런 죽음이 그의 회복과 정당성 인정으로 이어질 것을 강조한다(42:1-9; 49:1-7; 50:4-9; 52:13-53:12).

이 시 주위에 바빌론에 대한 파멸의 신탁이 있다. 바빌론은 포로들에게 '진노의 잔'을 남김없이 마시게 했지만, 하나님은 그 잔을 그들에게서 가져다가 대신 바빌론에게 주실 것이다(51:17-23). 압제자가 자신이 구상한 악한 체제에 의해 희생당할 것이다. 악이 그에 걸맞은 보상을 받을 것이다.

이러한 문맥에서 이사야는 네 번째 '종'의 시를 시작하며 *복음'을 가진 전령의 도착을 알린다(52:7). 여기서 요한이 '영원한 *복음'을 전하는 천사를 본다고 우리에게 말하는 것과 같다. 이 '복음'은 무엇인가?

오늘날 많은 사람들에게 기독교의 '복음' 혹은 '좋은 소식'은 자신들에 관한 *메시지다. 하나님이 자기들을 사랑하시고, 하나님이 자기들을 용서하시고, 하나님이 자기들에게 '하늘'의 복된 곳을 약속하신다. 하지만 성경에서 대부분의 '복음' 요약은 개인적 의미를 축소하지 않으면서도 그 범위가 훨씬 광대하다. 바울은 성경을 성취하는 예수님의 죽음과 *부활의 구원 사건의 관점에서(고전 15:3-8), 혹은 예수님이 다윗의 아들이시고 그분이 부활을 통해 *'하나님의 아들'로 공적으로 인정되셨고 그분이 우주적 주님이시라는 관점에서(롬 1:3-5) '복음'을 요약한다. 이 요소들은 이사야서에서 또 다른 세 가지 직접적 결과를 낳는다. 요한은 이 모두를 의식하고 있는 것 같다.

먼저, "너의 하나님께서 통치하신다!" 바빌론 포로들에게 전해진 이 메시지는 단 한 가지만 의미할 수 있다. 너희 하나님, 야웨께서 바빌론에게 승리를 거두셨고, 너희는 이제 자유롭게 집으로 갈 수 있다. 예루살렘이 재건될 것이다(52:7, 9).

둘째, '너희 하나님이 돌아오신다!' 바빌론이 접근해 공격했을 때 하나님은 예루살렘 성전을 버리신 것처럼 보였다. 하지만 이제 하나님은 공개적으로, 또 가시적으로 돌아오실 것이다(52:8; 40:5).

셋째, '하나님이 강력하고 공적인 구원 사역을 행하신다'(52:10). 모든 열방이 이스라엘의 하나님이 자기 백성을 곤경에서 구원하셨음을 볼 것이다.

그래서 바빌론은 무너졌고 포로들은 고향으로 돌아왔다… 하지만 누구도 마침내 야웨께서 돌아오셨다고 말하지 않았다. 그런데 초기 그리스도인들은 야웨께서 예수님 안에서, 또 예수님 자신으로 돌아오셨다고 믿었고, 또 예수님이 그렇게 믿으셨다고 믿었다. 그들은 예수님이 십자가에서 무고한 어린 양으로 죽으셨을 때, 그분의 영광이 온전하고 최종적으로 나타났다고 믿었다(사 53:7). 이 모든 것이 계시록 14장의 복합적 성경 배경으로 아주 중요하다.

다른 본문은 예레미야서다. 예레미야는 생애 대부분을 바빌론 침략과 그 여파로 인한 두려움과 공포, 유배의 슬픔 속에서 보낸 것 같다. 그는 여러 끔찍한 장면을 보았고, 인간의 행동이 얼마나 극악무도할 수 있는지 경험했다. 그리고 예레미야는 자신의 책 마지막에서 그런 무서운 일이 일어나게 한 악한 열방을 향해 하나님의 심판을 엄숙하게 선언한다. 그는 이집트와 블레셋, 모압, 암몬, 다메섹을 꾸짖는 신탁을 전한다. 그리고 그 뒤에 50장에서 예레미야는 바빌론에 다다른다. 상세한 정죄를 기록한 두 개의 긴 장은 이 책의 강조점이 어디에 있는지 보여 준다. 아마 극도로 잔혹하고 비인간적인 체제 아래서 한 세대를 살았던 사람들만이 왜 이런 장이 쓰여야 했는지 이해할 것이다. 하지만 아마 하나님의 정의에 대해, 또 선하신 하나님이 불의와 억압에 눈감지 않으셔야 하는 긴급한 필요에 대해 깊이 생각하는 사람들도 그 대답의 일부를 얼핏 볼 수 있을 것이다.

그리고 이제 마침내 우리는 계시록 14장이 왜 이렇게 말하는지 이해한다. 이것은 괴물 '바빌론'의 통치 아래 살고 있는 이들을 위한 '복음', '좋은 소식'이다. 먼저 창조주 하나님이 마침내 만사를 정리하실 것이다(7절). 둘째, 바빌론은 음행의 포도주로 열방을 취하게 하려고 온갖 노력을 다한 뒤에 무너진다(8절, 이것은 우리가 조금 뒤에 보다 상세하게 살펴볼 이미지다). 셋째, 하나님의 심판은 공정하고 철저하고 완전할 것이다(9-11절).

이런 의미에서, 이 모든 것은 무시무시하고 끔찍하고 불결한 세상에서 살아온 이들을 위한 '복음'이다. 하나님이 만사를 정리하실 것이다! 시편 저자도 이것이 복음이라고 생각했다(시 96:10-13; 98:7-9).

우리는 이것을 근거로 요한이나 우리 혹은 그 누구라도, 9-11절에 묘사된 범주에 들어오는 사람이 누구인지 안다고 결론 내릴 수 없다. 그 자체로 문자적 묘사가 아니고 상징적이지만 다른 성경 본문을 더 많이 환기시키는 이런 내용은 경외심을 가질 때에만, 또 악의 깊은 유혹이 사람들을 완전히 집어삼킬 수 있음을 인식할 때에만 들린다. 요한은 예수님의 제자 가운데 누구도 이 어두운 진노의 소용돌이에 휘말리지 않기를 초조하게 열망한다. 그들의 본분은 죽음 자체가 패배했음을 알고, 인내하고 순종하는 신실한 제자가 되어 이제 저주의 근원이 아니라 축복의 근원이 되는 것이다. 바울이 고린도전서 15:58에서 말하듯이, 그들의 현재 수고는 헛되지 않다(13절).

요한계시록 14:14-20
곡식 수확

> ¹⁴그때 내가 보니, 흰 구름이 있었고, 구름 위에 인자 같은 분이 앉아 있었습니다. 그는 머리에 금 면류관을 쓰시고, 손에 예리한 낫을 드셨습니다. ¹⁵다른 천사 하나가 성전에서 나와, 구름 위에 앉아 있던 분에게 큰 소리로 외쳤습니다. "이제 추수할 때입니다! 낫을 들고 수확하십시오. 땅의 곡식이 익었습니다!" ¹⁶그래서 구름 위에 앉으신 분이 낫을 땅에 휘둘러 땅의 곡식을 수확하셨습니다.
>
> ¹⁷그때 또 다른 천사 하나가 하늘의 성전에서 나왔습니다. 그 천사도 예리한 낫을 갖고 있었습니다. ¹⁸또 다른 천사 하나가 제단에서 나왔습니다. 그 천사는 불을 다루는 권한을 갖고 있었고, 그가 예리

> 한 낫을 든 천사에게 큰 소리로 말했습니다. "가서 예리한 낫을 들고 일하시오. 땅의 포도나무에서 포도송이를 모으시오. 포도송이가 익었소!" [19]그 천사는 낫을 들고 땅으로 일하러 갔고, 땅의 포도나무에서 열매를 모아, 그것을 하나님의 큰 진노의 포도주 틀에 던져 넣었습니다. [20]도성 밖에 있는 포도주 틀을 밟자, 피가 포도주 틀 밖으로 말의 굴레 높이만큼 튀어 올라, 삼백 킬로미터 정도 흘렀습니다.

지난 여름 우리는 농부들이 밭을 가로질러 이리저리 다니는 모습을 바라보았다. 풍경이 점점 금빛에서 갈색 빛으로 바뀌면서, 알곡이 있던 자리에 내년의 파종을 기다리는 땅이 드러났다. 어느 날 밤 나는 늦게까지 연구했다고 생각했는데, 연구실을 나오며 부끄러움을 느꼈다. 그때까지 농부들이 부지런히 일하고 있어서, 저 멀리 밭에 여전히 불이 켜 있는 것을 보았기 때문이다. 우리는 비좁은 시골 길을 올라오는 손수레에 익숙해졌다. 일이 잘 끝났고 적절한 절기에 작업이 마무리되었다는 만족감이 있었다. 그 뒤에 농촌 공동체의 삶에서 여전히 중요한 순간인 추수 축제가 있었다.

최근에 어떤 사람이 라디오 방송에서, 요즘 사람들은 예전처럼 추수를 기뻐하지 않는다고 불평했다. 사람들의 말에 따르면, 제1차 세계 대전은 많은 농부들을 죽음으로 몰아넣어 수백 년 동안 지켜 오던 옛 전원생활의 많은 전통도 사라지고 말았다. 오늘날 사람들은 예전 사람들만큼 추수의 순수한 즐거움을 만끽하지 못한다. 이런 상황은 한편에서 추수기에 대해, 그리고 다른 한편에서 포도 수확기에 대해 읽는 1세기의 청중들에게는 분명 해당되지 않을 것이다. 당신은 이때를 위해 일했다! 지금은 몇 달 동안의 긴 파종과 경작, 관개, 가지치기, 보호가 마침내 마무리되는 기쁨의 순간이다. 이제 기뻐할 시간이다. 요한의 많은 독자들이 도시에서 살았다 하더라도, 그 시대와 문화 속에 살던 모든 사람들은 토지와 거기에 딸린 일상적 생활 방식에서 동떨어져 있지 않았다.

이 점을 감안할 때, 추수와 포도 수확을 묘사하는 이 본문이 억누를 수 없는 엄청난 기쁨의 때를 의미한다는 데는 의심의 여지가 없다. 엄청난 분량의 반대 증거가 없는 한, 우리는 다른 내용을 말할 수 없다.

물론 이 본문은 종종 다른 방식으로 읽히기도 한다. 즉 *인자, 예수님이 친히 낫으로 하나님의 진노를 시행하시고(14-16절), 또 *하늘의 천사가 (하나님의 영원한 진노를 겪어야 할 악한 열방을 의미하는) '진노의 포도'를 모으는 두렵고 큰 심판의 이야기로 말이다. 하지만 추수 이미지와 거기에 수반된 자연스런 함의는 이와 상반된 의미를 강하게 제시한다. 앞 장은 괴물을 경배하지 말라고 하나님의 백성에게 경고했다. 다음 장에서 우리는 이 동일한 백성들이 승리를 거두고 유리 바다 옆에서 새 노래를 부르는 것을 볼 것이다. 그들이 어떻게 괴물을 숭배하지 말라는 경고에서 승리의 노래로 옮겨 갈 수 있는가? 그들 자신이 주님의 추수 작물, 포도 수확물이 됨으로써 가능했던 것 같다. 이것은 정죄가 아닌 *구원의 이미지다.

그러나 이것은 고난을 통한 구원이다. 계시록에서 항상 그렇듯이, 요한은 독자들이 예상되는 박해에 *믿음과 인내로 맞서라고 격려한다. 천사가 나타나 "인자 같은 분"(단 7장에 대한 명백한 암시)에게 "낫을 들고 수확"하도록(욜 3장에 대한 명백한 암시) 독려할 때, 우리는 이들을 예수님이 친히 말씀하신 대로 구원받을 준비를 갖추고 "희어져 추수하게" 된(요 4:35, 개역개정) 신실한 백성들을 가리킨다고 이해해야 한다. 박해와 순교가 와야 한다면, 이 박해와 순교는 단지 야만적 체제가 제멋대로 가하는 사악한 공격이 아니라, 예수님이 친히 인간의 악함을 추수의 수단으로 사용하시는 것으로 이해해야 한다.

이것이 포도원 이미지로 표현되어 더욱 놀랍다. 포도나무와 포도, 거기서 생산되는 포도주는 성경에서 보통 하나님의 백성, 이스라엘의 이미지로 간주된다. 포도의 맛이 상할 때에만 문제가 발생한다(사 5장). 그렇다면 왜 요한은 포도가 하나님의 진노의 포도주 틀에 던져진다고 말하는가?(19절)

이 구절은 우리를 또 다른 예언서 본문으로 데려가는데, 이번에는 이사야 63장이다. 거기서 이사야 9장과 11장의 *메시아와 이사야 42장과 53장의 종 둘 다의 발전인 듯 보이는 왕실 인물이 등장해, 혼자 힘으로 포도를 짓밟아 그 과정에서 그의 옷이 과즙으로 물들어 간다. 그 상황에서 그는 복수, 즉 하나님의 땅을 망쳐 놓고 하나님의 백성을 예속시킨 사람들을 짓밟아 부수는 데 열중한다. 이런 암시 자체는, 이 장면에서도 포도를 모아 포도주 틀에 던지는 것이 다가오는 심판의 표징일지 모른다고 추정하는 쪽으로 기울어지게 한다.

하지만 요한이 계시록에서 나중에 이사야 63장에 호소할 때, 메시아의 옷에 남은 자국은 자신의 피에서 묻은 것이다(19:13-16). 우리는 어린 양이 자신의 피, 자신의 희생적 죽음을 통해 승리했고, 그분의 제자들이 동일한 방식으로 승리해야 한다는 말을 거듭 반복해 듣는다. 이는 이미 우리가 접한 바 있는 신기한 모순 어법, "어린 양의 진노"로 우리를 데려간다. 어쨌든 하나님이 구원을 이루시는 방식과 그분이 진노를 이루시는 방식은 긴밀하게 연결되어 있다. 이 두 길이 십자가에서 만나기 때문이고, 또 이 두 길이 예수님의 제자의 순교에서 만나기 때문이다. 포도주 틀은 바빌론과 모든 괴물 숭배자가 마실 하나님의 진노가 준비되는 곳이다. 그런데 포도주 자체는 추수되고 있는 순교자의 혈액이다.

요한이 이를 염두에 두고 있다는 사실은, 포도주 틀이 "도성 밖"에서 밟히고 있음을 생각할 때(20절) 한결 분명해진다. 만약 이것이 회개하지 않는 바빌론이나 다른 도성에 대한 하나님의 심판 그림이었다면, 우리는 포도주 틀이 도성 중앙에 있으리라고 기대할 것이다. 혹은 도성 전체가 곧 복수의 천사나 메시아가 직접 짓밟을 거대한 포도주 틀이 될 것이라고 기대할 것이다. 하지만 우리가 히브리서 13:11-14에서 보아 알고 있듯이, "성문 밖"은 예수님이 친히 붙잡혀 십자가에 달리신 곳에 대한 요약 진술로 잘 알려져 있다. 첫 순교자 스데반 자신이 "[도]성 밖"으로 떠밀려 돌에 맞았다는 사실은 우연의 일치가 아닐 것이다(행 7:58).

그렇다면 포도주 틀 밖으로 흘러나온 피가 "말의 굴레 높이만큼 튀어 올라, 삼백 킬로미터 정도" 흘렀다는 끔찍한 장면을 어떻게 이해해야 하는가?(20절) 물론 공포에 질린 목격자들이 피가 강물을 이루고 새와 동물이 그 피에 질식했다는 등의 기록을 남긴 엄청난 전쟁과 학살이 역사 속에 많이 있었다. 하지만 다시 한번 우리는 문자적 예언이 아니라 상징적 예언을 읽고 있음을 상기해야 한다. 무언가가 도성에서 흘러나와 그 깊이를 더해 간다는 관념은 에스겔서 마지막에 도성에서 흘러나오는 *생명의 물에 대한 아련한 기억을 담고 있다. 요한은 환상 상상력을 마음껏 펼쳐서 불어나는 피의 강물이 비슷한 역할을 한다고 이해했을 가능성이 있다. 물론 그것이 더 깊은 은혜 사역을 낳을지 아니면 더 깊은 심판 사역을 낳을지 우리가 쉽게 말하기는 어렵지만 말이다.

이 전체 본문은 여느 때만큼 오늘 우리에게도 필요한 강력한 *메시지를 전달하기 위한 것이다. 하나님의 때가 올 것이다. 하나님이 자기 백성을 안전하게 집으로 데려가실 것이다. 하나님이 심지어 세상의 악과 반역을 취하셔서, 그것을 자신에 대한 찬양과 자기 백성들의 구원으로 바꾸어 놓으실 것이다. 그리고 그사이에 하나님의 백성들은 고난 속에서 격려받아야 한다. 순교 자체가 하나님의 목적의 일부가 되어 그분의 지혜로운 치유의 질서―여기에는 무자비한 죄인에 대한 무자비한 심판이 포함된다―를 세상에 가져다줄 것이다. *출애굽에서처럼, 세상에 가해진 재앙은 하나님의 최종적인 구원 행동의 영광을 부각시키는 역할만 했다. 그리고 이것은 우리를 다음 장으로 데려간다.

요한계시록 15:1-8
마지막 재앙의 준비

> ¹그때 나는 또 다른 표징을 보았습니다. 하늘에서 벌어진 장엄하고 놀라운 광경인데, 일곱 가지 마지막 재앙을 가지고 오는 일곱 천사였습니다. 그들로 인해 하나님의 진노가 끝납니다. ²또 나는 불 섞인 유리 바다 같은 것을 보았습니다. 그 유리 바다 곁에는 괴물과 그 우상, 그리고 그 이름의 숫자에 맞서 승리를 거둔 사람들이 서

있었습니다. 그들은 하나님의 하프를 들고, ³하나님의 종 모세의 노래와 어린 양의 노래를 부르고 있었습니다. 이런 내용입니다.

주의 일은 위대하고 놀랍습니다,
오 주 하나님, 전능자시여.
주의 길은 공정하고 진실합니다,
오, 만민의 왕이시여.
⁴주여, 누가 주를 두려워하지 않으며
주의 이름에 영광 돌리지 않겠습니까?
오직 주만이 거룩하십니다.
모든 민족이 와서
주 앞에 경배할 것입니다.
주의 심판이 나타났기 때문입니다.

⁵그 뒤에 내가 보니, 하늘에서 '증거의 장막' 성전이 열렸습니다. ⁶일곱 가지 재앙을 가진 일곱 천사가 깨끗하고 빛나는 모시옷을 입고, 가슴에 금띠를 두르고 성전에서 나왔습니다. ⁷그때 네 생물 중 하나가 일곱 천사에게 영원무궁히 사시는 하나님의 진노가 가득한 일곱 금 대접을 주었습니다. ⁸성전은 하나님의 영광과 권능에서 나오는 연기로 가득했습니다. 일곱 천사의 일곱 재앙이 끝날 때까지 아무도 성전으로 들어올 수 없었습니다.

사람들을 기독교 *메시지에 매료시키는 것은 무엇인가? 그리스도인들이 '아버지'라고 부르는 하나님을 예배하도록 그들을 이끄는 것은 무엇인가? 지역 교회를 돌아다니며 사람들에게 이렇게 질문하면, (추측건대) 당신은 아주 다양한 대답을 얻을 것이다. 어떤 사람은 위기의 순간 자신을 돌봐 준 성직자나 평신도 사역자의 친절과 온유함에 끌렸을 것이다. 어떤 사람은 온갖 질문과 의문을 마음껏 표현할 수 있는 모임, 또 예의와 존중으로 대하며 유익한 대답을 준 모임에 참석했을 수도 있다. 물론 이때 효과를 거둔 것은 예의와 존중일 것이다. 또 다른 사람은 자신의 삶이 중요한 기로에 있음을 깨닫고 마땅히 갈 만한 곳이 없어 교회에 왔다가 기대 이상의 도움을 얻었을 수도 있다.

이 짧지만 인상적인 노래는 왜 개인만이 아니라 열방도 와서 살아 계신 참 하나님을 경배하는지 사뭇 다른 종류의 이유를 제시한다. "주의 심판이 나타났기 때문입니다." 계시록은 모든 열방이 와서 드리는 경배에 대해 자주 얘기하지 않기 때문에(물론 그런 일에 대해 얘기하는 고대의 유대교 전승이 잘 알려져 있었고, 초기 그리스도인도 그런 전승을 가져와 *메시아의 백성 안에 그렇게 많은 비유대인이 동참하는 이유를 설명했다), 그런 말을 할 때 그 말이 어떤 의미인지 면밀하게 숙고해 볼 가치가 있다. 하나님의 '심판'은 무엇인가? 그 심판은 어떻게 '나타났는가'? 그리고 이것이 어떻게 열방을 경배로 이끌었는가?

성경이 하나님의 '심판' 혹은 '심판의 시행'에 대해 얘기할 때, 그것은 염려할 이유일 뿐 아니라 기뻐할 이유도 된다. 앞에서 이미 시편 96편과 98편 마지막의 유명한 본문을 언급했다. 거기서 온 창조 세계, 인간은 물론이고 동물과 채소도 *야웨께서 "땅을 심판하러" 오시기 때문에 기쁨으로 노래한다. 왜 그런가? 왜 이것이 *복음인가?

유대의 외딴 시골에 있는 한 마을을 생각해 보라. 그곳은 도성에서 멀리 떨어져 있고, 정부 관료는 고사하고 장사치들조차 자주 오지 않는다. 운이 좋으면 순회 재판관이 몇 달에 한 번씩 작은 이웃 마을에 온다. 하지만 그렇다고 해서 필요한 일이 전혀 없다는 뜻은 아니다. 한 건축가가 자신의 실수를 인정하지 않는 고객에게 속는다. 한 과부가 작은 지갑을 도난당했지만, 변호해 줄 사람을 찾지 못해 아무 조치도 할 수 없다. 다른 사람에게 집세를 더 많이 받을 수 있다고 생각한 땅 주인이 한 가족을 집에서 내쫓는다. 그리고 무슨 이득을 볼까 노리던 한 사기꾼이 동료 일꾼이 자기에게 사기를 쳤다고 고발했고, 그에 대해 다른 동료들이 사기꾼의 고발을 믿는 쪽으로 사태가 기우는 것 같다. 이런 식이다. 이런 일들에 대해 무언가 할 수 있는 사람은 아무도 없다. 재판관이 올 때까지는 말이다.

재판관이 올 때 엄청난 기대감이 있을 것이다. 수개월간 억눌린 좌절감이 끓어오를 것이다. 재판관은 질서를 유지하고 고발과 변론을 똑같이 진정시켜야 할 것이다. 그는 각 사건을 적절하고 공정하게 듣고, 특별히 아무도 대변해 주지 않는 사람들을 보살펴야 할 것이다. 그는 단호하게 모든 뇌물을 거절할 것이다. 그런 다음 그는 **결정**을 내릴 것이다. 재판이 이루어질 것이다. 혼란이 진정되고 질서가 회복될 것이다. 부정이 적절하게 처리될 것이고, 도둑이 처벌받고 지갑은 주인에게 되돌아올 것이다. 욕심쟁이 땅 주인은 포기할 수밖에 없을 것이고, 거짓 고소인은 자신이 가하려고 했던 처벌을 그대로 자신이 받을 것이다. 그리고 마을 전체가 안도의 숨을 내쉴 것이다. 정의가 시행되었다. 세상이 균형을 회복했다. 고마워하는 지역 공동체는 마음 깊은 곳에서 우러나온 감사를 재판관에게 표할 것이다.

이제 마을의 관심사를 지구적 차원으로 확대해 보자. 악한 제국과 지역 하수인이 점점 득세하며 자기들 마음 내키는 대로 돈과 생명, 쾌락을 가져간다. 당국자에게 호소해도 아무 소용없다. 잘못을 저지르고 있는 것이 당국자이기 때문이다. 그래서 이집트인들이 이스라엘의 삶을 더 가련하게 만들었을 때 그들의 부르짖음이 이스라엘의 하나님께 올라갔듯이, 사람들의 부르짖음이 하나님께 올라간다. 그러므로 이스라엘을 위한 하나님의 행동은 해방하고 치유하고 한시름 더는 위대한 **심판**(judgement) 행동이다. 마침내 만사가 바로잡힌다.

우리는 당연히 이스라엘이 하나님의 구출 작전, 자기 백성을 자유롭게 하는 하나님의 위대한 '심판' 행위에 대해 감사하리라고 기대할 것이다. 하지만 요한의 지평을 다시 한번 지배하는 *출애굽 이야기는 그 이상으로 나아간다. 하나님이 행하신 일을 보고 그분에게 감사하는 것은 이스라엘만이 아니다. 열방이 바라보며 스스로 말할 것이다. "과연 이스라엘에는 하나님이 계신다. 과연 만사를 바로잡고, 땅을 심판하는 하나님이 계신다"(시 58:11을 보라). 또 그렇게 말하며 그들은 하나님을 경배하러 올 것이다.

모든 초기 그리스도인들처럼 요한이 보았을 때 그 어떤 것보다 중요한 한 가지 심판 행동이 있었고, 그로 인해 열방에서 온 사람들이 이미 이스라엘의 하나님을 경배하지 않을 수 없었다. 예수님이 거짓 메시아로 정죄받은 뒤 하나님은 그분을 죽은 자들로부터 살리셨다. 하나님이 인간 법정의 판결을 뒤집으셨다! 하나님은 상상할 수 없는 일을 하셨고, 결국 예수님이 메시아이심을 입증하셨다! 게다가 *부활은 십자가 자체가 죄와 죽음을 저주하고 처형한 위대하고 극적인 심판 행위였음을 증명했다.

이제 메시아 예수님 안에서 이 모든 일을 행하신 이스라엘의 하나님은 예수님의 제자들이 참 하나님의 백성임을 입증하셨다(특히 그들이 죽을 수도 있는 위험 속에서 예수님을 신실하게 증언한 것을 통해). 이것은 어린 양 안에서 드러난 '심판'에서 흘러나오는 또 하나의 '심판'이다.

그래서 "괴물과 그 우상, 그리고 그 이름의 숫자에 맞서 승리를 거둔" 사람들은 순교자고, 그들은 홍해를 통과한 이스라엘 백성처럼 자신들이 죽음을 통과했고, 출애굽기 15장의 모세와 미리암처럼 이제 하나님이 행하신 새로운 심판 행위를 기리는 새 찬양을 부르며 서 있음을 깨달았다. (본문의 노래는 많은 내용을 신 32장에 의존하지만, 그 초점은 그 뒤 출애굽 이야기의 다른 부분을 가리킨다.) 이집트의 재앙이 점점 거세졌고, 파라오와 그의 백성들은 이스라엘 백성들이 가도 좋다고 허락했다. 그들은 홍해를 통과했고, 노래를 불렀고, 시내산에 도착했다. 거기서 하나님의 계시의 불과 연기와 함께, 하나님은 모세에게 *율법 자체에 대한 지시만이 아니라 성막, 곧 하나님이 친히 오셔서 자기 백성들과 만나실 '증거'의 장막 혹은 회막에 관한 지시도 주신다. 이것이 예루살렘 *성전의 전신이다.

이제 환상의 새로운 반전을 통해, 요한은 하늘 성전의 중심이기도 한 하늘의 알현실 안에 "증거의 장막"이 있음을 본다. 이 '장막'은 모세나 다른 사람이 들어가기 위해서가 아니라, 천사들이 이집트가 아닌 바빌론에, 또 그의 유혹으로 인해 타락한 세상에 마지막 일곱 재앙을 가지고 나오기 위해 열렸다.

출애굽기의 성막처럼, 이사야의 성전 환상처럼(사 6장), 또 솔로몬의 성전 봉헌처럼(왕상 8장) 하나님의 임재가 연기 속에 가려져 있어 일반인은 오고 갈 수 없다. 이는 엄숙한 순간이다. 새 노래에는 활력이 넘치고 진심이 서렸다. 구원이 일어났다. 하지만 이제 우리는 그 모든 것의 가장 중요한 결전을 향해 나아가고 있다. 우리는 지난 두 장에서 용과 두 괴물을 지나왔다. 그들은 많은 사람을 파괴적인 길로 이끌었다. 이제 파괴자가 파괴되어야 할 때다. 이것이 마지막 일곱 재앙의 목적이고, 그 뒤를 잇는 대격변 심판의 목적이다.

요한계시록 16:1-9
처음 네 재앙

> ¹그때 나는 성전에서 큰 음성이 나와 일곱 천사에게 이르는 것을 들었습니다. 그 음성이 말했습니다. "너희는 가서 하나님의 진노의 일곱 대접을 땅에 쏟아라." ²그래서 첫 번째 천사가 가서 대접을 땅에 쏟자, 괴물의 표식을 받고 그 우상에게 경배했던 사람들에게 쓰라린 상처가 생겼습니다. ³두 번째 천사가 대접을 바다에 쏟자, 바다는 시신에서 나오는 피처럼 변했습니다. 바다의 모든 생명체가 죽었습니다. ⁴세 번째 천사가 대접을 강과 샘물에 쏟자, 물이 피로 변했습니다. ⁵그때 나는 물의 천사가 하는 말을 들었습니다.
>
> "주님은 지금 계시고 전에 계셨던 분이시고,

거룩한 분이시며, 공정하십니다!
주께서 의로운 판결을 내리셨습니다.
⁶그들은 성도와 예언자의 피를 흘렸고,
주께서 그들에게 피를 주어 마시게 하셨습니다.
그들은 마땅히 그래야 합니다."

⁷또 나는 제단이 응답하는 것을 들었습니다. "그렇습니다, 전능하신 주 하나님, 주의 심판은 참되고 공정합니다."
⁸그때 네 번째 천사가 대접을 해에 쏟자, 해는 불로 사람들을 태워도 좋다는 허락을 받았습니다. ⁹해의 엄청난 열기가 사람들을 불태웠고, 그들은 이런 재앙을 다스리는 권한을 가지신 하나님의 이름을 저주했습니다. 그들은 회개하거나 하나님께 영광을 돌리지 않았습니다.

어느 날 자전거를 타고 가다 예전의 개인 교사를 만났다. 나는 박사학위 과정의 초기 연구를 위해 전에 몇 년 동안 그와 함께 신약성경을 공부했었다.

그가 물었다. "요즘 어때요? 잘 지내죠?"

당시 나는 로마서 1:18-3:20에 파묻혀 있었다. 바울의 독자라면, 이 본문의 개략적 주제가 모든 인간의 악, 다시 말해 우리 모두를 향한 하나님의 진노(wrath)임을 알 것이다.

나는 실토했다. "실은 분노(wrath) 때문에 난감합니다."

"우리 모두 그래요!" 그는 쾌활하게 대답한 뒤 자전거를 타고 갔다.

나는 그가 진심이었다고 생각한다. 우리는 모두 진노 없는 세상에서 살고 싶을 것이다. 우리는 모두 진노 없는 하나님을 상상할 것이다. 사실 주류 서구 기독교의 대다수 분파는 바로 그렇게 상상했고, 그 결과를 전부 체득했다. 미국의 가장 유명한 20세기 신학자 중 한 사람[이자 그보다 훨씬 유명한 라인홀드 니버(Reinhold Niebuhr)의 형제]인 리처드 니버(Richard Niebuhr)는 언젠가 과도하게 극단적인 자유주의 기독교의 *메시지를 외우기 쉽게 설명했다. "진노 없는 하나님이 죄 없는 사람을 십자가 없는 *그리스도의 직무를 통해 심판 없는 *하나님 나라로 데려갔다." 맙소사. 우리는 이와 같은 *'복음'을 선호하겠지만, 이것은 분명 우리가 받은 복음은 아니다.

그리고 그런 복음은 분명 우리가 사는 세상과도 어울리지 않는다. 그게 문제다. 모든 가정과 학교, 회사, 국가 등 어떤 조직과 체제에도 무슨 종류든 심각한 문제가 있기 마련이다. 일이 틀어질 것이다. 인간의 교만과 탐욕, 두려움, 의심이 개입할 것이다. 문제를 파악해 이름을 붙이고 해결하지 못하면, 문제는 더 악화될 뿐이다. 그 문제를 통제 없이 번성하게 놔두면, 그것이 새로운 생활 방식으로 찬양될 수도 있다. 20세기 이야기의 한 부분은 바로 그런 것이었다. 즉 새로운 존재 방식―공산주의와 파시즘, 아파르트헤이트는 가장 명백한 세 가지 사례다―이 추악한 머리를 쳐들었고, 사람과 사회에 막대한 해를 입혀 결국 자신의 무게, 특히 자신을 지탱하기 위해 필요했던 거짓말의 무게에 눌려 붕괴되고 말았다. 리처드 니버가 진노와 죄, 십자가가 사라진 메시지에 대해 경고했던 이유 중 하나도 이런 일이 진행되는 것을 그가 볼 수 있었기 때문이다. 우리가 깨어 있어야 할 그 순간에 우리를 안심시켜 잠들게 할 수도 있다.

창조주 하나님의 '진노'는 주로 두 가지 내용으로 구성된다. 먼저 하나님은 인간의 악이 작용해 스스로 파괴를 거두어들이게 하신다. 둘째, 하나님은 상황이 일정 수준을 넘어설 때, 직접 개입해 중단시키고 '타임'을 외치신다. 우리가 자신의 임무를 안다면, 우리는 이 두 내용이 과해 보이더라도 이로 인해 하나님께 감사할 것이다. 둘 다 필요하다. 만약 과하지 않다면, 문제의 악은 그냥 잠시 멈추고 한동안 이마를 찌푸린 다음, 이전처럼 계속 임무를 수행할 것이다. 여기 처음 네 재앙에서 나타나는 것이 이 두 가지 형태의 '진노'의 혼합이다.

이것이 심오하고 강한 상징 언어라는 사실을 다시 한번 상기해야 한다. 천사가 이런저런 방식으로 '진노의 대접을 쏟을' 때 이 점이 명확한데도, 사람들은 종종 상징적 결과를 읽으며 이 교훈을 잊는다. 이 처음 네 재앙에서 쟁점이 된 내용은 상당히 단순하다. 하나님은 자연 원소(땅, 바다, 강, 해)를 통해 창조 세계 안에서 하나님의 형상을 지닌 자로서 자신의 지위를 탐욕스럽게 남용한 인류에게 심판을 내리도록 허락하실 것이다. 그들은 하나님의 세계를 돌봐야 했고, 동료 인간으로서 서로 돌봐야 했다. 그러나 하나님은 자연재해가 사람들에게 달려들어 그들의 악을 심판하도록 요청하실 것이다.

이 심판은 전면적이다. 이전에는 도장과 나팔로 인해 세상의 일부만 해를 입거나 파괴되어(다시, 이 모두가 상징임을 기억하라) 회개해야 할 이들에게 경고의 신호를 보냈다. 여기서는 그런 관념이 없다. 이번에는 바다의 모든 것이 죽는다. 강물이 전부 피로 변한다(다시, 요한은 이집트의 재앙에 의지한다). 더 이상 *회개할 여지가 없다. 이 재앙은 20장에서 끝날 긴 과정의 시작이다. 그 과정을 통해 하나님은 아름다운 세상에서, 먼저 (이 장에서) 세상의 파괴와 부패를 도와준 이들을, 그 뒤에 (17장과 18장에서) 엄청난 불의의 구조를 세운 거대한 황제 체제를, 그리고 마지막으로 (19장과 20장에서) 이런 체제 배후에 놓인 어둠의 세력을 제거하고, (고전 15:26-28처럼) 죽음과 하데스 자체를 끝장내실 것이다.

이렇듯 길고 강렬한 일련의 사상은 우리가 얼굴을 마주한 분이 변덕스럽거나 성질 사나운 신적 존재도 아니고 무심한 자유방임형 세계 통치자도 아니라는 사실을 무엇보다 선명하게 말해 준다. 우리는 세상을 만드신 하나님, 또 친아들, 어린 양, 그 보좌 자체를 공유하신 분의 *희생에서 관대한 사랑이 가장 선명하게 나타나는 하나님과 마주하고 있다. 만약 이 하나님이 (우리의 최근 역사만 살펴보더라도) 유럽의 대부분을 유린했던 공산주의와 파시즘 체제의 죄악을 증오하지 않는다면, 그분은 선한 하나님이나 사랑의 하나님이 아니시다. 만약 그분이 아파르트헤이트와 더불어 인류의 절반에 대한 조직적 비인간화를 미워하지 않는다면, 그분은 선한 하나님이 아니시다. 또 만약 그분이 이런 체제를 비롯해 유사한 체제에 대해 최종적으로 무언가 하지 않는다면, 그분은 사랑의 하나님이 아니시다.

사랑의 본성으로 인해 하나님은 언제나 정해진 시점 전에 개입해 '타임'을 요청하지는 않으실 것이다. 만약 하나님이 그렇게 하면, 회개하고 구원을 받을 수도 있는 너무 많은 사람들이 애매한 상태에 빠질 것이다. 그러나 하나님은 악이 자기 마음대로 행동하여 응보를 받게 하실 것이다. 그리고 하나님만이 심판할 수 있는 위치에 계실 그때, 하나님은 당연히 세상의 사악함을 끝장내실 것이다. 하나님이 정말 *메시아 예수님의 아버지시라면 이렇게 하셔야 한다. 천사들이 땅과 바다, 강과 해에 진노의 대접을 붓는다는 의미가 바로 이것이다.

요한계시록 16:10-21
마지막 세 재앙

¹⁰그때 다섯 번째 천사가 대접을 괴물의 보좌에 쏟았습니다. 괴물의 나라는 어둠에 휩싸였고, 사람들은 고통으로 인해 혀를 깨물며, ¹¹고통과 끔찍한 상처 때문에 하늘의 하나님을 저주했습니다. 그들은 자신들이 해 온 일을 회개하지 않았습니다.

¹²그때 여섯 번째 천사가 대접을 큰 강 유프라테스에 쏟자, 왕들이 돋는 해로부터 오는 길을 준비하기 위해 강물이 메말랐습니다. ¹³그때 나는 불결한 세 영이 용의 입과 괴물의 입, 그리고 거짓 예언자의 입에서 나오는 것을 보았습니다. 그들은 개구리 같았습니다. ¹⁴그들은 귀신의 영들로, 표적을 행하며 온 땅의 왕들에게 가서, 전능하신 하나님의 큰 날에 전쟁을 벌이도록 왕들을 집결시켰습니다. ¹⁵(보라, 내가 도둑처럼 간다! 깨어 있는 사람들과, 자기 옷을 지켜 벌거벗은 채로 다니지 않고 자신의 수치를 드러내지 않는 사람에게 하나님의 복이 있다!) ¹⁶또 그들은 히브리어로 므깃도산이라 불리는 곳에 왕들을 집결시켰습니다.

¹⁷그때 일곱 번째 천사가 공중에 대접을 쏟자, 커다란 음성이 보좌에서 성전 밖으로 나와 말했습니다. "다 되었다!" ¹⁸그리고 번개

와 으르렁 소리와 천둥과 엄청난 지진이 있었는데, 사람이 땅에 등장한 이후로 그렇게 엄청난 지진은 단 한 번도 없었습니다. [19]큰 도성은 세 토막이 났고, 만민의 도성들이 붕괴되었습니다. 그때 큰 도성 바빌론이 하나님의 존전에 소환되었으니, 이는 하나님께서 하나님의 진노의 포도주 잔을 바빌론에게 건네시기 위함이었습니다. [20]모든 섬이 피해 달아나고, 산들이 사라졌습니다. [21]하나가 사십오 킬로그램에 달하는 어마어마한 우박이 하늘에서 사람들에게 떨어졌습니다. 그들은 우박 재앙 때문에 하나님을 저주했습니다. 우박 재앙이 끔찍했기 때문입니다.

점심 식사는 더부룩했고, 모임은 지루했다. 방은 후덥지근했고, 스피커는 계속 윙윙댔다. 사회자는 동료 중 하나가 결국 졸음에 빠져 든 것을 목격했다. 그는 가련한 동료의 머리가 자기 앞 식탁에 올려놓은 팔뚝까지 내려올 기막힌 시점까지 기다렸다. 그리고 바로 그 순간, 그는 강사의 말을 가로채며 말했다. "혹시 존슨 씨께서 이 문제에 대한 자신의 견해를 얘기해 주실 수 있으시겠습니까?"

우리는 모두 잠에 흠뻑 빠져 버린 동료를 바라보았다. 그의 옆에 앉은 이들이 옆구리를 쿡 찔렀다. 꿈에서 벗어나던 그는 질문의 내용은 고사하고 자기가 질문을 받았다는 생각조차 하지 못했다. 나머지 사람들은 얄궂은 웃음을 감추고 눈을 가능한 한 크게 뜨고 집중하려고 애썼다.

요한이 15절에서 청중에게 주려고 하는 충격이 이와 비슷하다. 느닷없이 마지막의 끔찍한 세 재앙 신탁의 한복판에서 그는 청중을 향해 이렇게 말한다. "자! 거기, 뒤에 기대지 마세요! 예수님이 오고 계신데, 옷을 반쯤 풀어헤친 상태에서 만나고 싶진 않겠죠?"

이 내용은 너무 놀라워서 계시록의 현대 독자 중에 일부는 후대의 필사자가 실수로 15절을 이곳에 넣었다고 생각했다. 하지만 대단히 이상한 실수라고 할 수 있다. 왜 이 문장이, 왜 여기인가? 재앙이 점점 끔찍해지는 동안, 요한은 일부 독자가 물리적 의미가 아니라 영적 의미에서 졸지 모른다고 생각했을 가능성이 높다는 게 내 생각이다. 이렇게 생각하기 쉬울 것이다. "아, 맞아. 이 사람들은 재앙을 자초한 거야. 그들은 악하고 재앙을 받아 마땅해. 하지만 우리는 괜찮아. 그냥 느긋하게 쉬면 돼. 편안히 앉아서 영화나 즐기자." 아니다. 당신은 그럴 수 없다고 요한은 말한다. 나는 지금 속이는 영이 제멋대로 세상을 활보하는 심각한 위험에 대해 말하고 있다. 여러분 가운데 상당수는 속임수가 빤히 얼굴을 들여다보고 있는데도 깨닫지 못하고 낙제점을 받았다. 당신은 깨어 있어야 한다. 그렇지 않으면 예수님이 도착해서 당신의 머리가 팔뚝까지 내려오는 장면을 보실지 모른다….

이는 있어서는 안 될 실수다. 연속된 일곱 대접을 완성하는 이 마지막 세 재앙은 정말로 두렵고, 여기서 심판 아래 있는 체제에 충성하기가 얼마나 쉬운지 깨닫는 것이 두려움의 한 부분이다. 봉인과 나팔에서처럼, 처음 네 재앙은 한 세트에 속하고, 마지막 세 재앙은 다른 세트에 속한 것 같다. 그러나 봉인이나 나팔과 달리, 여섯 번째와 일곱 번째 사이에는 어떤 틈도 어떤 쉼도 없다. 마치 이제 더 이상 *회개할 시간이 없는 듯하다.

다시 한번, 우리는 이 장이 17-20장의 사건이 일어나기 **전에** 벌어져야 할 일을 서술한다고 생각하는 실수를 범하지 말아야 한다. 세 번 연이어 나온 일곱에 적용된 원칙이 바빌론, 곧 두 괴물과 용에 대한 마지막 심판 장면에도 적용된다. 즉 이것들은 동일한 궁극적 실재를 다른 각도에서 본 환상이다. 17절에서 *성전의 음성이 선언하듯이, "다 되었다!" 다 일어났다. 다 끝났다. 여기서 심판받는 이들은 온갖 회개의 기회가 주어졌지만 거절한 이들이다. 그들은 어린 양과 함께 고난받고 정당성을 인정받기보다 괴물과 함께 내려가기로 선택했다. 17-22장의 언어를 사용하자면, 그들은 신부의 길이 아니라 매춘부의 길을 선택했다.

따라서 다섯 번째 재앙은 괴물의 보좌에 대한 직접적 공격이다. 추측건대, 어느 특정 지리적 위치가 아니라 괴물 같은 황제 체제의 심장부를 강타해 (1989년에 동유럽 공산주의의 몰락에서 보았듯이) 그 자체의 무게로 붕괴되게 만드는 것이다. '어둠'은 이집트의 재앙을 한 번 더 상기시키며, 박해받는 자가 달아날 수 있도록 박해자를 파괴하는 것이 재앙의 목적임을 우리에게 다시 상기시킨다.

여섯 번째 재앙은 9장에서처럼 서구 유럽에 깊이 자리 잡은 동쪽의 큰 대적에 대한 두려움을 다시 일깨우는데, 그들의 경우에는 파르티아(Parthia)다. 유프라테스강이 경계선을 형성했다. 유럽의 라인강처럼 유프라테스강은 방어하기가 상대적으로 용이한 천연 장벽이었다. 그런데 여섯 번째 천사의 대접이 쏟아져 강물을 마르게 함으로써 사뭇 다른 종류의 *'출애굽'을 위한 길이 마련된다. 이스라엘 자손들이 신을 신지 않고 홍해를 건너는 대신, 동쪽에서 온 왕들이 이제 전투를 준비한 상태에서 군대를 이끌고 강을 건널 수 있다.

하지만 왜 서쪽의 통치자들은 이런 어리석은 대결에 휘말렸을까? 용과 바다에서 올라온 괴물, 또 땅에서 올라온 괴물—이제 우리는 이 괴물이 '거짓 예언자'로 묘사된다는 사실을 발견한다(13절)—이 땅의 왕들을 속여 그들을 이 크고 위험한 전투로 유혹했으리라는 것이 그 대답이다. 다시 여기에 이집트 재앙의 메아리가 있다. 불경한 삼위일체의 입에서 나오는 '불결한 세 영'이 개구리처럼 허울 좋은 이야기와 그럴듯한 논리를 갖추고 여기저기 뛰면서, 허망한 명분에 헌신하도록 크고 강한 이들을 설득하는 것처럼 보이기 때문이다.

틀림없이 요한은 독자들에게 계속 깨어 있어야 한다고 말한다. 여기는 아주 대단히 위험한 구역이다. 느닷없이 모든 신문과 텔레비전 방송국이 한 방향으로 밀어붙이는 것 같고, 소위 '여론'이 개구리처럼 여기저기 뛰면서 팽배한 분위기와 손을 맞잡을 때 전쟁은 점차 고조된다. 누구라도 이런 시절을 겪어 본 사람이라면, 요한이 무슨 말을 하고 있고 왜 이런 경고를 발하는지 알 것이다.

그렇다면 '므깃도[이 단어는 원래 하마게돈(Harmagedon)으로, 가끔 첫 문자 'H' 없이 적힌다]산'은 어떤가? 문자적으로 이곳은 팔레스타인 북쪽 갈멜산에서 조금 떨어진 내지로, 고대의 몇몇 주요 전투가 여기서 벌어졌다. 또 '므깃도산' 자체는 고대 이스라엘에서 전혀 알려지지 않았지만, 므깃도 지역은 유명한 전쟁터였고, 므깃도 성읍은 예언서의 상징에서 그런 충돌이 일어날 수도 있는 산에서 가까웠다. 아무튼 요한이 갑자기 지명을 문자적 의미로 사용하는 건 더없이 이례적인 일일 테고, 그러므로 우리는 여기서 요한이 그렇게 한다고 추측하지 말아야 한다. 요한의 논점은 단지 모든 악한 권력을 한곳으로 데려와 거기서 그들을 처리할 수 있어야 한다는 것이다. 세 마리 개구리가 속임수를 부리도록 놔두는 것도 그 때문이다. 이곳과 계시록의 나머지에서 요한이 서술하는 모든 사건의 정확한 연대 순서를 만들어 내려고 애쓰지 말아야 하듯, 우리는 요한의 므깃도산을 지도에 지정하려고 애쓰지 말아야 한다.

그 뒤에 일곱 번째 대접. 일곱 번째 대접은 '공중에' 쏟아진다. 곧 *하늘과 땅 사이의 영역, 영과 권력, 관념과 영향력의 영역이다. 그리고 이로써 모든 것이 종결될 것이다. 이로써 전체 과업이 완성된다. 연속된 심판을 마무리하는 8:5과 11:19처럼, 하늘과 땅의 충돌은 번개와 천둥, 지진을 낳는다. (이것이 상징이라는 사실을 다시 한번 기억하라!) 스가랴 12장에서 예루살렘이 지진에 의해 갈라지듯이, '큰 도성'(로마?)은 셋으로 갈라지고, 여호수아의 나팔 앞의 여리고처럼 다른 성읍도 붕괴된다. 섬은 달아나고 산은 사라진다.

요한의 청중들은 핵심을 파악하는 데 아무 어려움이 없었을 것이다. 이는 물리적 땅의 붕괴가 아니다. 이는 땅 **위에 있는** 전체 사회와 정치 제도의 붕괴를 서술하는 유일한 방법이다. 지진과 엄청난 우박만이 적절한 비유가 될 만큼 끔찍한 일이 인간 사회 안에서 일어날 것이다. 하나님은 이교도 사회의 중심에 있는 거짓말이 지표면의 균열처럼 마침내 폭로되도록 허락하실 것이다. 인간의 서로 다른 우상숭배적 제도의 지질판이 한 번 더 서로를 향해 격돌할 것이고, 어떤 것도 다시는 이전과 동일하지 않을 것이다.

그리고 이 모든 것의 한복판에서 하나님은 바빌론을 기억하실 것이다(19절하). 17장과 18장은 다시 말해 이 내용의 일부다. 마지막 진노의 대접의 최종 심판의 한 부분은 세상의 매춘부가 된 도성에 대한 심판이다. 그 도성의 섬뜩한 패러디가 폭로되어 파괴될 때에만 우리는 요한이 신부라고 부르는 백성에게 속한다는 말의 진가를 감상할 수 있다.

요한계시록 17:1-8
큰 도성 바빌론

¹그때 일곱 대접을 가진 일곱 천사 가운데 하나가 와서 내게 말했습니다. "나와 함께 가자. 많은 물 위에 앉아 있는 큰 매춘부가 받을 심판을 보여주겠다. ²그 여자는 땅의 왕들과 음행을 저질렀고, 땅의 모든 주민들이 그 여자의 음행의 포도주에 취했다."

³그래서 그 천사는 영 안에서 나를 광야로 데려갔습니다. 거기서 나는 붉은 괴물 위에 앉아 있는 한 여자를 보았습니다. 괴물은 하나님을 모독하는 이름으로 가득했고, 머리가 일곱에 뿔이 열이었습니다. ⁴여자는 보라색과 붉은색 옷을 입었고, 금과 보석과 진주로 치장했습니다. 손에는 혐오스러운 것들과 음행의 더러운 것들로 가득한 금 술잔을 들고 있었습니다. ⁵여자의 이마에는 이름 하나가 쓰여 있었습니다. "비밀! 매춘부의 어미요 땅의 혐오스러운 것들의 어미인 큰 도성 바빌론!" ⁶나는 그 여자가 하나님의 거룩한 백성들의 피와 예수의 증인들의 피에 취해 있는 것을 보았습니다. 나는 그 여자를 보고 대단히 크게 놀랐습니다.

⁷"왜 그렇게 놀라느냐?" 천사가 물었습니다. "내가 그 여자의 비밀과, 그 여자를 태우고 다니는 괴물, 곧 일곱 머리와 열 뿔을 가진

괴물의 비밀을 네게 설명해 주겠다. ⁸네가 본 괴물은 전에 있었으나, 지금은 없고, 무저갱에서 올라왔다 멸망하기로 정해졌다. 땅의 모든 거주민—다시 말해, 세상의 기초가 놓일 때부터 그 이름이 생명책에 기록되지 않은 모든 사람—이, 괴물이 전에 있었다가 지금은 없고 다시 오는 것을 보고 놀랄 것이다."

그들은 밴 안으로, 창문이 시커먼 차 안으로 끌려왔고, 강제로 납치당했든 아니면 더 나은 삶의 약속에 넘어갔든, 바다 건너로 끌려왔다. 납치범 외에는 아는 사람이 전혀 없고, 자신들이 받은 푼돈 외에는 가진 것이 전혀 없이 그들은 서구의 나라에 도착한다. 그들은 폭행과 위협, 강간을 당했다. 그 뒤에 거리로 팔려 나간다. 그들은 새로운 노예다. 공포와 충격, 끔찍한 학대로 인해 생긴 몸의 멍은, 내면에 쌓인 마음과 감정의 멍을 드러내는 시퍼런 징후일 뿐이다. 그들은 새로운 창녀, 새로운 부류의 현대판 매춘부다.

물론 고대 세계에도 이와 비슷한 사람들이 많았다. 다른 생계 수단이 전혀 없던 수많은 소년소녀들이 문자 그대로 사실상의 노예가 되었다. 악의 세계는 가재잡이 통발과 비슷하다. 들어오기는 쉽지만 나가기는 대단히 어렵고, 당신이 할 수 있는 거라곤 죽기를 기다리는 것뿐이다.

하지만 과거에도 그랬고 오늘날에도 다른 부류의 매춘부가 있는데, 요한이 환상에서 보는 것이 그런 부류다. (내가 이 모든 내용을 말하는 이유는 안락한 서구의 도덕론자가 '매춘부'나 '창녀'를 비롯한 여러 단어를 사용하며 고급 옷을 입고 이런 천민들에게 손사래를 칠 때, 그런 처지에 놓인 대다수 사람을 이 정도 절망과 비하로 몰아넣은 사회 현실을 도외시하거나 거기에 야합하기 쉽기 때문이다.) 고금을 막론하고 자기 몸을 팔 필요가 전혀 없는데도 매춘이 많은 돈을 신속하게 벌 수 있는 길이고, 또 비장의 카드를 제때 내놓으면 화려한 옷과 반짝이는 보석, 고급 장신구를 소유하고 높은 사회적 지위를 유지할 수 있음을 깨달은 젊은 남녀들이 있다. 역사를 통틀어 어떤 사람들은 이런 수단을 통해 (세상적 관점에서) 아주 잘살면서, 부유하고 유명한 사람들과 신중한 고객 관계를 유지하고, 사업과 쾌락을 동시에 잡는 상호 만족을 누렸다….

그 마지막은 상호 파멸이다. 요한이 지금 은유―우리가 앞으로 보게 되듯이, '매춘부 바빌론'은 은유이기 때문에―를 사용해 말하는 모든 것, 창조 질서가 선한 하나님의 선물이라는 유대교와 기독교의 믿음에서 유래한 인식에 의존한다. 곧 남자와 여자는 독신으로 혹은 부부간의 정절을 지키도록 부름받았고, 또 이것이 온 세상을 위한 창조주 목적 안에 있는 중심 모티브 가운데 하나라는 인식이다. 물론 이 때문에 계시록 마지막에 나오는 중요한 이미지가 전원 도시에서 이루어지는 어린 양과 그 신부의 결혼인데, 이 결혼 이미지는 최초의 동산에서 아담과 하와가 맺은 연합의 되풀이일 뿐만 아니라 그것을 한참 넘어선다. 자발적 선택으로 그 자리에 있는 부유한 매춘부는 고급 옷을 차려입고, 엄청난 치장을 하고, (특히) 마치 풍성한 잔치로 당신을 초대하는 것처럼 아름다운 금 술잔을 내밀 수 있다. 하지만 단순한 냉소주의가 아닌 *믿음의 눈은 이 술잔이 오줌과 똥, 피로 가득하다는 사실을 깨닫는다. 역겨운 단어를 사용해 유감이다. 그러나 나는 훨씬 더 역겨운 단어를 사용해야 했다. "혐오스러운 것들과 음행의 더러운 것들"(4절)이란 표현은 요한이 하는 말의 총체적 효과를 우리 대부분에게 제대로 전달하지 못한다. 요한의 논점은, 매춘부의 겉모습은 화려하지만 내면의 실제는 역겹고 속을 뒤집어 놓는 쓰레기라는 것이다.

그렇다면 왜 요한은 바빌론의 온갖 끔찍한 실체를 드러내기 위해 매춘부 이미지를 사용하는가? 먼저 계시록의 전체 내용이 창조주, 그리고 충실한 사랑의 신실함 속에서 이루어지는 어린 양과 신부의 연합, 남편과 아내의 연합에서 온전한 영광에 도달하는 그분의 창조 세계와 관련되어 있기 때문이다. 반면에 요한이 바빌론에서 보는 것은 가장 깊고 어두운 패러디, (완전수 777이나 어린 양의 888과 상반된 괴물의 666처럼) 진리에 가까운 것 같지만 여전히 동떨어진 일들이다. 가장 성공적인 최고의 거짓말은, 진리와 너무 비슷해서 눈 한 번만 깜빡이면 속아 넘어가는 거짓말이다.

둘째, 구약성경에서 이스라엘과 *야웨의 중요한 이미지 중에 하나가 이스라엘이 야웨의 신부라는 이미지이기 때문이고, 또 그 관계가 어긋날 때를 가리키는 가장 암울한 예언서의 이미지 중 하나가 이스라엘이 음행을 저질러 우상을 따라갔다는 호세아의 묘사이기 때문이다(호세아는 자신의 비극적 결혼 경험에 근거해 이렇게 묘사했다). 아마 이것이 요한의 독특한 환상의 뿌리일 것이다. 바빌론에 관한 논지는 바빌론이 우상을 숭배했다는 것이다. 땅을 약속하고, 당신이 내놓아야 할 것을 전부 가져가고, 그 뒤에 당신을 빈털터리로 만드는 미봉책의 사이비 신들 말이다. 사실 바빌론 자신이 그런 사이비 신이 되었다.

셋째, 기록에 남아 있는 모든 거대한 황제 체제처럼, 요한이 알던 로마 세계가 성적 부정을 먹고 자랐기 때문이다. 매춘은 로마의 우상숭배와 사회적·경제적 억압을 가리키는 은유일 뿐만 아니라 환유(metonymy)이기도 했다. 부정한 성관계는 더 심각한 문제의 징후였다. 당신이 권력과 돈을 소유했다면, 왜 안 그러겠는가? 바울처럼, 또 마가복음 7장과 10장의 예수님 자신처럼, 요한은 이런 행위를, 또 남성과 여성의 결혼이라는 하나님의 이상의 변질을 인간의 마음의 변질을 드러내는 정확한 표식으로 이해한다. 우상숭배에서 솟아나는 인간 마음의 변질은, 참 하나님을 예배하는 결과를 낳는 마음 변화 수술에 의해서만 치유될 수 있다.

넷째이자 마지막으로, 요한은 바빌론의 압제를 가리키는 적절한 은유로 매춘 이미지를 사용한다. 부유한 제국이 다른 나라를 자신의 소굴로 꾀어낼 때, 매춘과 같은 기분 나쁜 일이 진행되기 때문이다. 거대한 제국은 말한다. 여기 네가 꿈도 꾸어 보지 못한 사치가 있다! 여기서 네 모든 환상이 성취될 수 있다! 너는 그것을 위해 힘들여 일할 필요도 없고, 그것을 성취하기 위해 네 나라를 지혜롭게 정의롭게 혹은 인간답게 조직할 필요도 없다. 네가 해야 할 전부는 내게 오는 것이다. 그러면 내가 그것을 너와 함께 나누겠다. 아, 그래, 당연히 값을 치러야 하지만, 대가에 대해 신경 쓸 필요는 없지 않은가? 그러자 세상의 통치자, 선장, 상인, 은행가, 탁월한 문장가, 빼어난 공무원, 수많은 위원회의 의장, 공장 주인, 사소한 도급업자가 자신들이 모두 어둠 속으로 가고 있음을 인식하지 못한 채 열광적으로 줄을 선다. 어리석음이 그대로 폭로될 때쯤에는 너무 늦다. 일단 바빌론이 주는 금잔을 가지면, 당신은 그것을 마셔야 한다.

과거와 현재의 모든 바빌론은 자신이 앉아 있는 괴물에게서 권력을 얻는다. 바로 우리가 13장에서 바다에서 나온다고 인식한 괴물이다(3, 7-8절). 이 괴물은 외견상의 죽음 이후 얻은 새 생명으로 계속 사람들을 놀라게 한다. 요한은 이 괴물(비인간적이고 우상숭배적인 제국)이 현재 로마에서 보는 특별한 제도를 유지하고 지지한다는 사실을 깨닫는다. 로마의 경제적·군사적 권력의 금 술잔은 너무 많은 불행과 불결, 고통을 감추고 있다. 속임수로 온 세상을 효과적으로 유혹하는 괴물은 지금 세상이 매춘부를 따라가도록 만드는 데 만족한다. 이것은 자신의 목적에 훌륭하게 부합한다. 그 과정에서 유일한 문제는 괴물을 숭배하지 않고 대신 이 새로운 미치광이 신, 그들이 예수라고 알고 있는 신을 경배하라고 주장하는 이 형편없는 인종들이다. 그래서 매춘부 바빌론은 하나님의 백성의 피에 취해 있다. 예수님을 증언하면, 바빌론은 무엇을 할지 알고 있다. 매춘부는 필요한 순간에 폭력적으로 돌변한다. 요한의 독자들도 그것을 잘 알았다. 어떤 사람은 그 사실을 더 잘 알 것이다.

겉으로는 유쾌하지만 안으로는 속이는 도성에 대한 이 무섭고 다층적인 비난은 현대의 화려한 서구 문화 속에서 살고 있는 우리 모두에게, 또 우리의 현란한 세계를 멀리 떨어져 주시하고 바라보는 다른 모든 사람들에게 잠시 진지하게 생각할 기회를 주어야 한다. 이 그림에서 우리는 어디에 있는가?

요한계시록 17:9-18

괴물과 매춘부

⁹"지금은 지혜롭고 분별력 있는 정신이 필요한 때다. 일곱 개의 머리는 여자가 앉아 있는 일곱 언덕이다. ¹⁰또 일곱 왕이 있는데, 다섯은 이미 망했고, 하나는 아직 살아 있고, 나머지 하나는 아직 도착하지 않았다. 그가 나타나도 아주 잠시만 머물 운명이다. ¹¹전에 있었다가 지금은 없는 괴물은 여덟 번째 왕이다. 그 역시 일곱 가운데 하나고, 멸망할 것이다. ¹²네가 보았던 열 개의 뿔은 아직 자기 나라를 받지 못한 열 왕이지만, 괴물과 함께 한 시간 동안 왕으로 다스릴 권한을 받을 것이다. ¹³이들은 모두 한마음이라, 자신들의 권력과 권한을 괴물에게 넘겨준다. ¹⁴그들은 어린 양과 전쟁을 벌이겠고, 어린 양이 그들을 이길 것이다. 그가 만주의 주 만왕의 왕이기 때문이다. 어린 양과 함께하는 이들은 부름받고 택함 받은 신실한 이들이다."

¹⁵천사가 말을 이었습니다. "네가 보았던 바 매춘부가 앉아 있던 물에 대해 말하자면, 그것은 여러 백성과 무리와 민족과 언어다. ¹⁶네가 본 열 뿔과 괴물이 매춘부를 미워하여 처참하게 만들고 발가벗겨, 그 여자의 몸을 먹은 뒤에 불태울 것이다. ¹⁷하나님께서 그들에게 하나님의 뜻대로 행하려는 마음을 주시고, 한뜻으로, 하나님의 말씀이 이루어질 때까지 자신들의 나라를 괴물에게 주게 하셨다. ¹⁸네가 본 여자는 왕의 통치권을 갖고 땅의 왕들을 다스리는 큰 도성이다."

어린 시절에 지도 읽는 법을 배웠던 때의 흥분을 기억한다. 누군가 내게 온갖 상징이 어떤 역할을 하는지 설명해 주는 '손쉬운 지도' 책 같은 것을 주었다. 내 기억에, 나는 특히 등고선에 매료되었다. 오를 만한 언덕으로 가득한 전원의 한 구역에서 성장한 나로서는 완만한 경사를 보며 여유 있는 등고선으로 상상해 보고, 가파른 언덕길이나 거의 수직에 가까운 언덕을 보며 너무 가까워 그 사이에 공간이 없는 것 같은, 또 가끔은 정말 공간이 전혀 없는 등고선을 상상해 보는 게 즐거웠다. 그리고 거기에 숲과 교회, 우체국 따위가 전부 자신만의 고유한 작은 상징으로 표시되었다. 물론 이제는 온라인을 이용해 전통 양식의 지도를 항공사진으로 이리저리 전환했다가 다시 되돌릴 수 있다. 이렇게 하면 수월할 뿐만 아니라 재미도 줄지 않는다. 그렇더라도 상징 표식의 필요는 사라지지 않았다. 또 그 상징을 해석할 필요도 그대로 남아 있다.

물론 어떤 사람이 언덕을 오르면서 실제 언덕에는 등고선이 없다고 불평한다면, 등고선은 당신이 거기 도착해 발견하는 것의 실제 모습이 아니라, 실재에 대해 무언가를 말해 주는 지도 제작자의 상징에 불과하다고 설명해 줄 수 있을 것이다. 실제로 어떤 사람이 이런 실수를 범할까 싶지만, 우리가 현재 본문에서 접하는 것과 같은 약간의 묵시적 '암호'에 맞닥뜨릴 때 사람들은 비슷한 실수를 자주 범한다. 요한은 앞서 괴물과 매춘부의 상징 그림을 우리에게 제시했다. 이제 그는 이례적으로 우리에게 그 모든 것의 의미를 차근차근 말해 주려고 한다. 하지만 이것이 효과적일까? 우리가 상징을 이해할 때, 말하자면 등고선을 볼 수 있을까?

많은 사람들이 시도했지만, 그렇지 않을 것이다. 요한의 첫 번째 단서는 분명하다. "일곱 개의 머리는 여자가 앉아 있는 일곱 언덕이다." 당연하다. 로마에는 정말 일곱 개의 언덕이 있고(나도 거기에 올라 본 적이 있다), 로마에 대해 조금이라도 알고 있는 고대 세계의 모든 사람들이 이 사실을 알았다. 하지만 일곱 왕이 있는데, 그중 다섯은 왔다가 이미 사라졌고, 하나는 아직 거기에 있고, 또 하나는 곧 도착하겠지만 잠시만 머문다. 그리고 여덟 번째인 동시에 일곱 중 하나인 또 다른 왕이 있다… 이들은 누구인가?

그들의 정체를 한 가지 관점에서 규정할 수 있다. 물론 그러려면 계시록이 오늘날 대부분의 사람들이 추정하는 것보다 훨씬 이른 연대에 기록되었다는 뜻일 테지만 말이다. 로마 황제 명단을 아우구스투스부터 시작하면, 그 뒤에 티베리우스, 가이우스, 클라우디우스와 네로를 더해 다섯을 만들 수 있다. 이로써 주후 68년 네로의 죽음에 다다른다. 그리고 제국 주변의 많은 사람들은 네로가 정말 죽지 않았거나 혹은 그가 죽었지만 다시 *생명을 얻어 왕위를 탈환하기 위해 아마 파르티아에서부터 군대를 이끌고 와서 로마를 공격할 거라고 믿었음을 기억하라. 네로 다음에는 69년까지 그리 오래 살지 못했던 갈바, 그 뒤에는 왕위를 찬탈했지만 역시 오래 지키지는 못했던 오토가 등장했다. 이로써 일곱이 되고, 이때는 요한이 계시록을 기록하며 오토를 단명한 일곱 번째 황제라고 얘기하고 있을 가능성이 높다. 오토는 귀환하는 네로에 의해 축출될 것이고, 네로는 전에 있었지만 지금은 없고 앞으로 올 괴물이다. 즉 여덟 번째지만 일곱 중 하나다.

만약 당신의 머리가 이 대목에서 계속 헛돈다면, 그 이유는 당신이 고대 역사나 1세기의 상징적 문헌을 이해하는 데 둔하기 때문이 아니라, 우리가 이런 식의 정체 규정을 하리라고 요한이 기대하지 않았기 때문이다. 숫자 역시 상징일 가능성이 있다. 일곱 왕은 괴물의 나라의 외견상의 완벽함을 나타내고, (일곱 중에 하나인) 여덟 번째 왕이 등장해 나라를 새 날로 이끄는 것처럼 보이겠지만 도리어 그는 나라를 파멸로 이끌 것이다. 다시 말해 황제가 누구인지 정확하게 짜 맞추려고 애쓰지 말라. 중요한 것은 괴물의 나라가 무적의 완벽한 존재처럼 보이지만, 고위직 출신의 세력이 그 나라를 파괴할 것이다.

하지만 그 뒤에 열 왕이 더 등장한다. 이는 요한이 우리에게 황제 명단을 완성하기를 기대하지 않았다는 또 다른 단서다. 우리가 계시록의 연대를 아무리 늦게 잡아도 2세기 말까지 늦출 수는 없다. 그런데 만약 우리가 이미 열거한 일곱(혹은 여덟) 황제에다 또 다른 열 황제를 더하려고 한다면, 우리는 계시록의 연대를 2세기 말로 잡아야 한다. 괴물 체제의 일부고, 결국 매춘부 자신을 공격하고 파괴하는 "열 왕"은 더 광대한 로마 제국 안의 다른 통치 계급의 엘리트, 멀리 떨어진 서구 세계의 구석에서 오는 왕과 군주일 가능성이 훨씬 더 높다. 그들은 결국 로마 정부에게 싫증을 느껴, 로마 제국의 짐승 같은 괴물 권력을 사용해 오고 가는 모든 부귀와 영화를 오랜 세월 주워 담고 빨아들였던 도성을 공격할 것이다.

이 반란 세력은 모든 면에서 매춘부 자신과 마찬가지로 괴물의 통치의 일부다. 매춘부처럼 그들은 예수님의 제자들을 박해할 것이다 (14절). 괴물의 통치가 절대화에 의존하고, 모든 라이벌, 특히 절대적이고 각별한 충성과 숭배를 요구하는 라이벌에게 어떤 공간도 허용하지 않기 때문에 그들은 그럴 수밖에 없다. 그런데 (여기서 이것은 다시 요한의 독자들의 상황에 대한 또 한 번의 언급인데) 어린 양이 그들을 이길 것이다. 그분이 '만주의 주 만왕의 왕'이시고, 그분과 함께 있는 사람들이 부름받고 선택받은 신실한 이들이기 때문이다. 물론 어린 양은 언제나 이겼던 것과 동일한 방법으로 이기실 것이다. 곧 자신의 피에 의해, 그리고 자기 백성, 신실함을 지켰던 순교자들의 피에 의해서 말이다.

그사이, 잠시지만 결정적인 기간에 집단적 권위를 부여받을 열 왕(12절)은 괴물의 지배의 모든 악이 위기 국면에 도달하게 만드는 하나님의 도구가 되는 것 같다. 마침내 앞서 우리가 보았듯이, 악이 악에게 달려들어 그 과정에서 자멸할 것이다. 매춘부의 처벌에 대한 성경의 묘사에서 일부를 가져오고(레 21:9), 또 원래의 바빌론 함락에 대한 이사야의 묘사에서 일부를 가져온(사 47장) 이 간략한 바빌론 함락 서술은, 앞으로 바빌론의 심판이 훨씬 더 상세하게 묘사될 끔찍한 장을 예고한다.

이 모든 내용은 복잡해서 이해력의 한계를 넘어서는 것 같다. 그렇더라도 교회를 위한 변치 않는 최우선 교훈은 그때나 지금이나 분명하다. 장밋빛 풍요와 예속된 구원으로 세상을 옭아맨 야만적이고 유혹적인 '문명'과 국가주의 제국은 자신의 권력을 괴물, 즉 황제의 권력 체제에서 얻는다. 어떤 사람은 이것을 '지배 체제'(domination system), 즉 지리적·역사적 한계를 초월해 모든 세기마다 반복해 재등장하는 체제라고 불렀다. 요한의 독자들은 이 체제가 자신의 권력을 용, *고발자, *사탄에게서 얻는다는 사실을 이미 알고 있다. 거기서 파생된 전투에 휘말린 사람들은 자신이 위험한 혼돈, 멋모르고 야밤에 충돌하는 군대에 속했다고 느낄 필요가 없다. 그들은 보통 방식대로 그분의 피로, 또 신실한 증언의 *말씀으로 괴물을 이길 어린 양의 승전군에 속했다. 지금까지 그래 왔고, 앞으로 그럴 것이다.

요한계시록 18:1-8

바빌론의 재앙

¹그 뒤에 나는 다른 천사 하나가 엄청난 권한을 갖고 하늘에서 내려오는 것을 보았습니다. 땅에는 그의 영광의 빛이 가득했습니다. ²그는 힘찬 소리로 외치며 이렇게 말했습니다. "큰 도성 바빌론이 무너졌다! 바빌론이 무너졌다! 그 여자는 귀신이 사는 곳, 온갖 불결한 영의 피난처, 온갖 불결한 새의 피난처, 온갖 불결하고 가증스러운 괴물의 피난처였다. ³모든 나라가 그 여자의 음행이 빚은 진노의 포도주를 마셨다. 땅의 왕들이 바빌론과 음행을 저질렀고, 땅의 상인들이 바빌론의 사치 덕분에 부자가 되었다."

⁴그때 나는 다른 음성 하나가 하늘에서 이렇게 말하는 것을 들었습니다. "내 백성들이여, 바빌론에서 빠져나와, 그 여자의 죄에 휘말리지 말고, 아무 재앙도 받지 말아라. ⁵그 여자의 죄는 하늘까지 닿았고, 하나님은 그 여자의 죄악을 기억하셨다. ⁶그 여자가 다른 사람들에게 한 만큼 그 여자에게 갚아 주어라. 그 여자의 온갖 행위에 대해 두 배로 되돌려 주어라. 그 여자의 잔, 곧 그 여자가 독을 섞었던 잔에 약을 배로 섞어라. ⁷그 여자가 자기를 영화롭게 하고 사치를 누렸으니, 그에 상응하는 괴로움과 슬픔을 그 여자에게 안겨 주어라! 그 여자는 마음속으로 '내가 여왕이다! 내가 보위에 있다! 나

> 는 과부가 아니다! 나는 결코 애통하지 않겠다!'고 말했다. ⁸그러므로 하루아침에 재앙 곧 죽음과 애통, 기근이 그 여자에게 닥치겠고, 그 여자는 불살라질 것이다. 그 여자를 심판하시는 주 하나님이 강하기 때문이다."

영국처럼 작은 나라에서 거듭 제기되는 문제 중에 하나는 바로 모든 사람들이 어디에서 살아가는가 하는 도전이다. 소위 '그린벨트'를 보호하는 정부의 규제가 이론상으로는 존재하지만, 우리는 거의 매일 이 개발자, 저 지역 의회, 어떤 때는 정부 자체가 이전에 무슨 말을 했든 개의치 않고 특정 땅덩이에 어이없게 콘크리트 도로를 깔거나, 자동차 공원이나 새로운 슈퍼마켓, 고속 기차가 달릴 새로운 철도 혹은 또 다른 도시 우회로를 만들기로 결정했다는 소식을 접한다.

분명 매 상황마다 가끔 토론이 벌어지기도 한다. 물론 가끔 대형 슈퍼마켓 체인 같은 특별한 이익 관계에 따라 발휘되는 권력이 허용될 수 없는 방식으로 향방을 가르는 것처럼 보이기도 한다. 아무튼 우리는 도시가 넓은 야생 녹지를 잠식하는 위험이 현존하는 것처럼 보이는 세상에서 살고 있다.

요한과 그의 많은 독자들은 위험이 이와는 반대 방향으로 진행되는 것 같은 세상에서 살았다. 녹지는 긍정적 의미("자, 봐요. 우리가 가서 즐길 만한 제법 멋진 시골이에요")가 아니라 부정적 의미에서 야생 상태로 버려지기 일쑤였다. 즉 광야는 야생 동물의 출현지가 되었고, 사막은 범죄자들이 숨어서 모의를 꾸미는 공간이 되었고, 마을과 도시 사이의 녹지는 위험한 무법 지대가 되어 여행자들은 잰걸음으로 얼른 거기를 벗어나 건축물이 늘어선 다음 구역으로 가려고 했다.

요컨대 도시(city)는 흔히 이전 시대의 미답 지역으로 문명의 범위를 확장하려는 인간의 노력의 결과라고 여겨졌다. 요한은 이를 성경적 관점에서 이해했을 것이다. 즉 에덴동산은 하나님의 풍성한 통치를 세상에 구현하도록 인류에게 부과된 프로젝트의 출발점이었다. 창조 세계는 전원 도시(garden city), 인류 공동체의 기쁨과 영광스런 전원의 기쁨—이 균형은 유지하기가 점점 더 어렵다는 사실이 입증되었다—이 어느 정도 결합된 곳으로 구상되었다.

이 책 마지막에서 이 이상적 도시에 대한 요한의 환상을 볼 것이다. 그러나 지금 우리는 그 반대를 보고 있다. 곧 도시는 옛 시대의 바벨탑처럼 자신의 노력에 의해, 또 자신의 영광을 위해 스스로 절대적 장소(The Place), 인간 업적의 정점이 되려고 했다. 또 거친 광야가 그 궁전으로, 그 성전으로, 그 깨끗한 거리와 상점과 마당으로 뻗어 가면서 도시는 결국 껍질 속으로 움츠러들고 만다. 창조 세계는 오만한 인간이 건설했다고 여겼던 것에 대해 반환을 요구할 것이다. 바빌론은 *귀신, 불결한 영, 온갖 잘못된 종류의 새와 괴물이 판치는 곳이 될 것이다.

그리고 바벨탑의 파괴와 언어의 혼란(창 11장)이 복음이었듯이, 요한은 이것이 *복음이라고 말한다. (사 21:9과 렘 51:8의 반복으로) 바빌론이 무너졌다고 외치는 천사는 인간의 오만과 억압, 그리고 그 결과로 탄생한 음탕한 사치와 악이 최종 결정권을 갖지 않으리라는 소식을 가지고 온다. 하나님이 최종 결정권을 가지실 것이고, 창조 세계 자체는 하나님의 *말씀을 자유의 말씀, 안도의 한숨, 캄캄한 지하 감옥으로 쏟아져 들어오는 영광의 빛(1절)으로 들을 것이다.

6-8절에 언급된 심판은 악한 도시에게 일어난 일이 자초한 일임을 강조하도록 치밀하게 배열되었다. 이런 일은 우연히 일어나지 않았다. 복수는 하나님의 백성의 대행을 통해 일어나지도 않을 것이다. 복수는 어린 양의 제자들이 다루기에는 너무 위험한 무기다(신 32:35을 인용한 롬 12:19). 이것은 악을 자신에게 되돌리고, 오만이 아찔한 높이에 닿았다가 속수무책으로 땅에 추락할 수밖에 없게 하시는 (사 47:8-9의 반복인 7절) 하나님의 역사다. 바빌론은 자신이 알고 있는 유일한 악, 다른 사람을 위해 자기가 혼합했던 악을 받을 것이다. 바빌론은 중독시키려 했던 사람들에게 사용할 독약을 제조하는 데 자기 잔을 이용해 왔고, 이제는 그 잔을 직접 마셔야 할 것이다(6절).

따라서 하나님의 백성에게 '로마에서 빠져나오라'는 명령이 주어진다. 분명 이것은 이사야 48:20과 52:11-12, 그리고 특히 예레미야 51:45에 있는 소환 명령의 반복이다. 하지만 요한의 청중들은 이 *메시지를 어떻게 자기에게 적용해야 할까? 그들 중에 신실한 사람들은 바빌론과 타협하지 않았다. (일곱 편지에서처럼) 신실하지 못하거나 타협한 사람들은 다가오는 박해에 대해, 또 '이겨야' 하는 긴급한 필요에 대해 준엄한 경고를 이미 받았다. 아마 요한은 후자의 그룹에게 이 소환 명령을 내리는 것 같다. 혹은 지금 여전히 바빌론 유배의 손아귀에 단단히 붙들려 있는 다른 사람들이 이 *하늘의 음성을 듣고, 마지막 시간에라도 그 모든 것의 공허함—체제 전체가 속임수로 가득하고, 거짓말에 근거해 있으며, 재앙을 향해 치닫고 있음—을 깨닫기를 바라는 것 같다. 그런 사람들이 '하나님의 백성'인가? 그렇다, 요한은 '내 백성이 아니던' 사람들을 '내 백성'이라고 부르기를 기뻐하시는 하나님을 믿는다. 바빌론을 포기하고 대화재가 났을 때처럼 거기서 달

아닐 사람들에게는 아마도 아직 희망이 있을 것이다.

이 단계에서 중요하게 해야 할 말이 있다. 곧 로마가 1세기에 온갖 종류의 내적 고통―우리는 특히 그중 하나를 언급했고(주후 69년의 '네 황제의 해'), 네로가 그리스도인들에게 그 책임을 전가했던 주후 64년의 로마 대화재 같은 다른 사건을 언급할 수 있을 것이다―을 겪었지만, 바빌론 함락에 대한 요한의 그림은 이보다 훨씬 광범위한 대상을 가리킨다는 점이다. 이것은 단지 몇 세기 뒤에 북쪽에서 침입해 온 무리에게 겪을 로마의 결정적 약탈(410년 서고트족에게, 455년 반달족에게, 546년 동고트족에게)에 대한 장기 예언도 아니다. 로마는 결국 재건되었고, 어처구니없이 빗나가긴 했지만 어떤 사람들은 지금도 로마를 '영원한 도시'라고 지칭한다.

그렇다. 요한의 환상은 그의 시대 (로마가 분명한 고전적 원형이던) 도시의 환상이다. 곧 제국 중앙에 사치스럽게 앉아, 아첨하는(그리고 대금을 지불하는) 방문객에게 호의를 베풀고, 유용한 사람들 혹은 막대한 은행 잔고를 보유한 사람들을 고귀하게 대접하고, 능력이나 재산이 없는 사람들을 쓰레기처럼 내던지는 도시 말이다. 제국은 등장했다가 사라진다. 이런저런 거대 체제가 결국 자신의 무게에 눌려 무너져서 훨씬 나쁠 수도 있는 다른 체제로 대체될 것이라는 말은 달갑잖은 위로다. 중요한 것은, 하나님의 심판과 자비의 목적이 반드시 우리가 원하는 대로가 아니라 하나님이 최선이라고 여기시는 대로 시행될 것이라는 점이다. 그래서 큰 권한을 지닌 천사들과 하늘에서 나오는 음성이 강조된다.

단지 독재자를 쓰러뜨리는 것만으로는 충분하지 않다. 하나님이 무정부 상태를 원하시지 않는다는 데 어려움이 있다. 인간 통치자가 존재하는 이유는 하나님이 그런 방식으로 세상을 운영하기 원하시기 때문이다. 권위 구조는 선한 창조 세계의 일부다(골 1:15-16). 이런 구조들이 하나님의 세상과 그분의 형상을 지닌 피조물을 위한 그분의 선한 목적에 봉사하는 겸손한 종이 되는 본분을 넘어서서 스스로 권력을 사칭할 때 문제가 발생한다. 하나님의 신실한 백성의 본분은 언제나 전자가 후자로 넘어가는 지점을 분별하는 것이었고, 그런 일이 일어날 때는 물리적으로나 영적으로 지체 없이 떠나는 것이었다. 소돔 부근에 머물도록 허락해 달라고 호소하는 롯처럼(창 18:16, 18, 20), 어린 양의 제자들조차 제국의 죄에 휘말려 재앙에 동참하는 위험에 처하기 쉽다(4절).

요한계시록 18:9-24
바빌론의 심판

> ⁹그 도성과 어울려 음행을 저지르고 그 도성의 사치에 가담했던 땅의 왕들은, 그 도성을 태우는 불의 연기를 보고 울며 애도할 것입니다. ¹⁰그들은 그 도성의 고통이 두려워 멀찍이 서서 말할 것입니다. "슬프다, 슬프다, 큰 도성이여! 강한 도성 바빌론이여! 한순간에 심판이 네게 임했구나." ¹¹땅의 상인들이 울며 그 도성을 애도할 것입니다. 자기들의 화물을 구입할 사람이 더 이상 없기 때문입니다. ¹²곧 금과 은, 보석과 진주, 고운 모시와 자주색 옷감, 비단과 붉은색 옷감, 각종 향나무, 상아 조각품, 고급 목재 그릇, 놋쇠, 철, 대리석,

¹³계피, 동양 향료, 향, 몰약, 유향, 포도주, 올리브기름, 밀가루, 밀, 소, 양, 말, 전차와 몸…곧 사람의 목숨입니다.

¹⁴네가 탐내던 모든 열매가 네게서 사라졌다. 네 모든 사치품과 번쩍거리는 물건들이 부서졌다. 너는 더 이상 그런 것들을 찾지 못할 것이다. ¹⁵이런 물건을 팔던 상인, 그 도성 덕분에 부유해졌던 상인들은 그 도성의 고통이 두려워 멀찍이 서 있을 것입니다. 그들은 울면서 애도하며 ¹⁶말할 것입니다. "슬프다, 슬프다! 큰 도성이여! 고운 모시와 자주색 옷과 진홍색 옷을 입었고, 금과 보석과 진주로 치장했으나, ¹⁷그 엄청난 부가 한순간에 무너졌구나!"

모든 선장, 자기 배로 왕래하는 모든 사람, 모든 선원, 그리고 바다에서 사업하는 모든 사람이 멀찍이 서서, ¹⁸그 도성을 태우는 불의 연기를 보고 외쳤습니다. "누가 큰 도성과 같겠는가?" ¹⁹그들은 머리에 재를 뿌리고, 울고 애통하며 외쳤습니다. "슬프다, 슬프다, 큰 도성이여! 바다에 배를 소유한 모든 사람이 그 도성의 부 덕분에 부유하게 되었지만, 그 도성은 한순간에 광야가 되어 버렸다."

²⁰하늘과 거룩한 여러분과 사도들과 예언자들이여, 그 도성으로 인해 기뻐하십시오. 그 도성이 여러분에게 내린 선고를 하나님께서 그 도성에 내리셨기 때문입니다.

²¹그때 힘센 천사 하나가 커다란 맷돌 같은 바위를 들어올려, 그것을 바다에 던지며 이렇게 말했습니다. "큰 도성 바빌론이 이처럼 순식간에 무너지겠고, 절대 다시 볼 수 없을 것이다! ²²네 안에서 하프, 음악가, 피리 연주자, 나팔 부는 사람의 소리를 다시는 사람들

> 이 듣지 못할 것이다. 네 안에서 열심히 장사하는 노련한 기술자가 다시는 없을 것이다. 네 안에서 맷돌 소리를 사람들이 다시는 듣지 못할 것이다. [23]네 안에서 등불을 누구도 다시는 보지 못할 것이다. 네 안에서 신랑과 신부의 음성을 누구도 다시는 듣지 못할 것이다. 네 상인들은 땅의 유력 인사였고, 모든 민족이 네 마술에 속았다."
>
> [24]예언자와 하나님의 거룩한 이들, 그리고 땅에서 살해당한 모든 사람의 피가 그 여자 안에서 발견되었습니다.

눈으로 보기 전에 냄새를 맡았다. 매캐하고 따가운 악취가 콧속으로 파고드는 듯했다. 우리는 서로를 바라보고 밖으로 내달렸다. 1.5킬로미터쯤 떨어진 곳에, 우리 쪽 방향으로 냄새를 실어 오는 부드러운 바람과 함께 진한 회색 연기구름이 나무를 타고 올라가 공중에 매달려 있었다. 귀를 기울이자 지직거리는 소리까지 들을 수 있었다.

이내 군중이 모였다. 길 맨 끝에 있는 낡은 방앗간이었다. 아직까지 나무 뭉치 반에 불이 붙어 있었다. 그 밝은 금요일 아침, 불길은 삽시간에 구출의 한계를 넘어섰다. 누구라도 다시는 거기에 아무것도 만들 수 없을 것이다. 그 뒤 며칠 동안 소방대가 힘껏 물을 뿌렸는데도 연기 나는 잔해와 공기 중의 매운 냄새는 계속 남아 있었다.

이제 시골길에 있는 건물 하나를 100만 배 확대시켜 보라. 그리고 낡은 목재 방앗간 대신 온갖 종류의 건물과 거래가 오가는 도시를 상상해 보라. 도시는 마치 복잡한 인간의 몸처럼 자신의 고유한 생명을 발전시킨다. 모든 부분은 다른 부분과 모두 연결된다. 거래와 여행, 제조와 의사전달이 서로 맞물리는 정교한 그물망. 당신이 거기서 일하면, 당연히 당신에게 많은 것이 허용된다. 이 모퉁이의 이 상점, 저 거리 아래의 저 공장, 이 신전, 저 음식점, 저 가정과 학교, 상점으로 이어지는 이 거리….

느닷없이 한 시간 안에 모든 것이 사라진다(10, 17절). 왕과 상인의 긴 탄식은 요한이 이사야 23장과 에스겔 27장의 자료를 하나로 엮은 것이다(물론 여느 때처럼 자신만의 참신한 그림을 구성한다). 그들의 탄식은, 물론 손실이 막대하긴 하지만 거래 기회 상실로 인한 것만이 아니라 바빌론의 신속한 몰락 속도로 인한 것이기도 하다. 이런저런 거대 주식 시장의 붕괴를 기억하는 사람들은 그 의미를 알 것이다. 당신이 신뢰하던 시스템이 말 그대로 갑자기 붕괴했다. 시장이 바닥을 모르고 추락한다. 백만장자가 하룻밤 새 극빈자가 된다. 이 잊히지 않는 묘사에 담긴 충격에서 핵심은 붕괴 속도다.

요한은 금과 은, 보석을 비롯한 나머지가 애당초 누구도 기뻐해서는 안 될 악한 것이었다고 말하지 않는다. 흥미롭게도 그중 상당수가 21장의 새 예루살렘에서 영예로운 위치를 차지한다. 로마는 12-14절에 나열된 모든 고급 상품을 땅 끝에서 가져올 수 있었다. 요한이 언급하는 물건 중에는 아라비아, 아르메니아와 그 너머는 물론이고 인도, 중국, 아프리카에서 왔을 물건도 있다. 정말로 세계적 규모의 교역이었다.

그러나 13절 마지막에 진실을 드러내는 내용이 나온다. 요한은 밀가루, 밀, 소 등등 기본 교역품과 함께 고급 물품의 엄청난 목록을 쌓아 갔다. 그런데 그 뒤 맨 마지막에서 우리는 공포를 느낀다. 물건들 가운데 **몸, 즉 사람의 생명**이 있다. 당신이 우상을 숭배할 때, 우상은 *제물을 요구한다. 당신이 돈의 신 맘몬(혹은 전쟁의 신 마르스, 혹은 성의 여신 아프로디테)을 숭배할 때, 그들은 틀림없이 제물을 요구할 것이다. 그리고 그 제물 가운데 일부는 사람일 것이다. 여기서 바빌론에 대한 탄식의 한복판에서 우리는 고대 세계가 세워진 전체 체제에 맞서 완강하게 저항하는 작지만 의미심장한 사상이 담긴 신약성경의 여러 본문 중 하나를 만난다. 노예제—마치 인간이 금과 은, 상아, 대리석과 대등하다는 듯, 인간을 사고팔고 이용하고 학대하는 것(예외가 있다면, 당신이 고급 보석이나 가구에는 결코 하지 않는 방식으로 학대할 수 있다는 점이다)—는 다른 모든 것을 관통하는 어두운 날실이었다. 고대 세계에서 노예제가 갖는 의미는 증기와 기름, 가스, 전기와 원자력이 현대 세계에서 갖는 의미와 다소 비슷하다. 노예제는 일이 수행되는 방식이었다. 노예제 없는 삶은 생각조차 할 수 없었다.

그러나 요한은 *출애굽의 하나님, 노예를 자유롭게 하시는 하나님을 믿었다. 우리가 보았듯이, 계시록의 엄청난 분량이 하나님이 이집트에서 하셨던 그 일을 이번에는 우주적 규모에서 다시 하실 것이라는 기초 위에, 또 노예를 해방하는 기본 행동이 예수님의 희생적 죽음과 함께 이미 일어났다는 기초 위에 형성되었다. "주의 피로…하나님을 위해 한 백성을 사"셨다(5:9). 이것은 출애굽의 언어, 노예를 사서 그들을 자유롭게 하는 언어다. 이제 요한은 로마/바빌론을 바라보며, 마음의 눈으로 노예 시장을 본다. 아마 요한은 가족들을 보고 있을 것이다. 멀리 사로잡혀 와 이제 남편은 이 사람에게, 아내는 저 사람에게, 아름다운 딸은 음흉하고 능글맞은 노인에게, 건장한 아들은 광산 주인에게 경매된다. 이 체제는 부패했고, 이 부패가 그 도시 안에서 일어나는 모든 일에 영향을 미친다.

요한은 상인과 선원의 충격과 곤혹스러움을 명확하게 이해할 수 있고, 그들이 연기 기둥을 보며 맵고 따가운 냄새를 맡을 때, 전원 지대 너머로 메아리치는 그들의 절망적 외침을 들을 수 있다. 요한은 이 붕괴가 얼마나 엄청난지 제대로 인식할 수 있다. 요한은 그것에 대해 잊지 못할 아름다운 탄식 시를 썼다. 하지만 그는 바빌론을 전혀 동정하지 않는다. 바빌론은 결국 하나님의 백성을 고발하고 정죄했고, 이제 하나님은 바빌론에게 똑같은 판결을 내리신다(20절). 하나님은 (다시 말해) 신명기 19:16-20의 옛 율법을 이 특정한 사례에 적용하도록 허락하신다. 거짓 고발자는 자기가 희생자에게 가하려고 계획했던 처벌을 받아야 한다.

바빌론은 괴물에게서 권력을 얻었고, 괴물은 *고발자, *사탄, 잠시 시야에서 사라졌지만 12장에서 기억되고 곧이어 재등장할 옛 용에게서 권력을 얻었다. 전체 체제가 거짓말 위에, 거짓 고발과 거짓 주장 위에 세워진다. 계시록의 많은 내용이 거짓말과 진실의 차이를 구별하는 것과 관련이 있고, 그래서 고발에는 수많은 거짓말이 등장한다. 그게 무엇이든, 새로운 바빌론 세력에 기대지 않으면 이 세상의 바빌론을 무너뜨리기 어려운 이유가 그 때문이다. 사실 어린 양의 피와 그분의 제자들의 신실한 증언 외에, 그런 일은 불가능하다.

이 장면은 예레미야에게 걸맞은, 실은 예수님에게 걸맞은 예언 행위로 마무리된다. 두 분 모두 돌을 물에 던지는 것에 대해 언급하셨다. 예레미야(51:63-64)는 자신의 말을 기록한 두루마리를 돌에 묶어 유프라테스강에 던지며 이렇게 선언하라는 명령을 받았다. 바빌론이 "이같이 몰락하여 다시 일어서지 못하리"라(개역개정). 예수님은(막 9:42) 어린이를 학대한 데 대한 처벌로 사람의 목에 맷돌을 달고 물속으로 던지는 것에 대해 말씀하셨고, 또 그분은 아마 *성전 산을 의미하는 '이 산'이 '바다에 빠지는' 것에 대해 말씀하셨다(막 11:23). 이제 요한은 한 천사가 중요하고 인상적인 예언적 상징 행동을 실행하는 것을 본다. 바빌론은 바다로 던져져 다시는 일어나지 못하고, 다시는 음악가와 기술자의 소리를 듣지 못하고, 다시는 등불이나 결혼식을 보지 못할 것이다. 어마어마한 소리와 함께 바빌론은 돌처럼 가라앉아 다시는 보이지 않는다.

다시 한번, 바빌론과 그것이 대표하는 모든 것에 대해 일말의 동정심을 느끼는 사람이 없도록 설명이 나온다. 바빌론은 순교자의 피만이 아니라 폭력 위에 세워진 도시다. 바빌론은 세상을 관통한 폭력 네트워크의 중심에 있었고, 땅에서 살해된 모든 사람은 어떤 의미에서 바빌론의 명령에 의해 살해된 것이다. 상인들은 군사 정복의 결과로 부유해졌다. 자본과 권력이 결탁해 최악의 일을 저질렀고, 우리가 보았듯이 요한은 그것을 음행의 은유 아래 하나로 묶는다. 매춘부 바빌론은 사라졌고 돌아오지 않을 것이다. 그리고 현대 바빌론의 그늘 아래 살고 있는 우리도 연기 기둥을 지켜보며 따가운 냄새를 맡을 때, 오싹할 수 있고, 마땅히 그래야 한다.

요한계시록 19:1-10
하나님의 승리

> ¹그 뒤에 나는 하늘의 거대한 무리가 내는 큰 음성 같은 것을 들었습니다. 그들은 이렇게 말했습니다. "할렐루야! 구원과 영광과 능력이

우리 하나님의 것입니다! ²그분의 심판은 참되고 공정합니다! 그분은 음행으로 땅을 오염시킨 큰 매춘부를 심판하셨고, 책임이 그 여자에게 있는 자기 종들의 피를 복수하셨습니다." ³다시 그들은 말했습니다. "할렐루야! 그 여자를 태우는 연기가 영원무궁히 올라갑니다."

⁴그때 스물네 장로와 네 생물이 보좌에 앉아 계신 하나님께 엎드려 경배하며 말했습니다. "아멘! 할렐루야!" ⁵보좌에서 한 음성이 들렸습니다. "그분의 모든 종들과 그분의 말씀을 듣는 너희여, 큰 자든 작은 자든 우리 하나님을 찬양하여라." ⁶그때 나는 큰 무리의 소리 같고, 많은 물소리 같고, 강한 천둥소리 같은 것이 하는 말을 들었습니다. "할렐루야! 전능하신 우리 주 하나님께서 왕이 되셨다! ⁷기뻐하고 즐거워하며 그분에게 영광을 돌려라. 어린 양의 혼례식이 다가왔고, 그의 신부가 준비되었기 때문이다. ⁸신부는 자신이 입을 빛나고 깨끗한 모시옷을 받았다." (모시옷은 하나님의 거룩한 백성의 의로운 행위입니다.)

⁹그가 내게 말했습니다. "이것을 적으라. 어린 양의 혼인 잔치에 초대받은 사람들에게 하나님의 복이 있다." 그리고 덧붙였습니다. "이것은 하나님의 참된 말씀이다." ¹⁰나는 그의 발치에 엎드려 그에게 경배했지만, 그는 내게 말했습니다. "보아라! 이러지 마라! 나는 예수의 증언을 붙드는 당신이나 당신의 형제자매들과 똑같은 동료 종이다. 하나님을 경배하여라!" (알다시피, 예수의 증언이 곧 예언의 영입니다.)

포스트모던 영국의 낯선 신세계에서 결혼식은 여전히 아주 대중적이면서도 비용이 많이 든다. 그래서 결혼을 고려하다가 자신들이 기대해 왔던 멋진 장면을 연출하기 위해서는 돈을 모아야 한다는 사실을 깨달은 연인들이 몇 년간 동거를 하는 일은 이제 예외가 아닌 관행이 되었다고 해도 과언이 아니다. 비교적 가난한 지역에서도, 사람들은 여전히 결혼식 상황에 어울리는 것을 선보이기 위해 엄청난 비용을 지불한다.

이런 현대의 관행에 대해 나는 애석하게 여기는 부분이 많다. 이런 관행은 상업적 이익을 충족시키고, 결혼의 실제 의미와 어울리지 않는 맛을 예식에 가미한다. 하지만 다른 차원에서 나는 이것을 인간다움의 의미와 관련된 심오한 진리에 대한 인정으로 받아들인다. 결국 우리는 하나님의 형상을 따라 남자와 여자로 만들어졌고, 창세기에서 결혼은 전체 창조 이야기의 절정이다. 한 남자와 한 여자가 결혼에서 하나가 되는 것은, 그들이 인식하든 못하든, 이렇게 말하는 표지판을 세우는 것이다. 하나님의 창조는 놀랍다! 창조 세계를 향한 하나님의 목적은 끝나지 않았다! 그분의 계획은 진행 중이고, 우리는 그 일부. 오래전부터 신학자들은 언제나 결혼식에서 하는 약속, 곧 기쁠 때나 슬플 때나 신의를 지키겠다는 약속을 세상과 인류, 특히 자기 백성에게 주신 하나님 약속의 합당한 반영이라고 여겼다. 따라서 결혼식은 영광스러운 상징이다. 사람들이 하나님을 전혀 고려하지 않고 오직 옷과 사진, 포도주에만 시선을 두고 거기에 들어설 때에도, 결혼식은 강한 영향을 남긴다.

이 모든 것이 이제 계시록에서 일어나는 대반전의 배경에 있다. 매춘부는 심판을 받았고, 신부가 입장한다. 화려하고 현란한 바빌론 세계는 전복되었고, 하나님의 백성들이 빛나는 깨끗한 모시옷을 하나님의 선물로 입고 등장한다. 어린 양과 그의 신부의 결혼은 *하늘과 땅 자체의 결혼의 초점이 될 것이다. 그리고 혼자 힘으로 하늘까지 올랐다고 생각했던 옛 바벨탑에 해당하는 상징인 바빌론은 실재의 허망한 패러디였음이 드러난다. 다시 말해 하나님이 순전히 은혜로 주겠다고 제안하신 것을 순전히 탐욕으로 얻으려는 인간의 시도였다.

우리는 알현실/성전으로 돌아오고, 다시 한번 보좌에 앉으신 하나님께 장로들과 생물들이 경배하는 장면을 본다. 5장에서 그들이 봉인을 떼어 내고 두루마리를 읽을 수 있는 권한을 부여한 어린 양의 승리를 경축했듯이, 이제 그들은 엄청난 군중과 함께 하나님께 드리는 찬양을 인도한다. 그들은 아마 5장 막바지에서, 또 그 뒤에 다시 7장에서 보았던 동일한 군중일 것이다.

이 찬양은 아주 친숙한 단어로 시작되기 때문에, 이 장이 신약성경에서 이 단어가 나오는 유일한 곳이라는 사실을 안다면 놀랍다. 그것은 시편에 아주 빈번하게 나오면서 *야웨의 영광과 주권을 기리는 고대 히브리어 찬양이다. 할렐루야! 야웨를 찬양하라! 1, 3, 4절과 6절은 매춘부에게 내린 하나님의 정당한 심판에 대한 감사에서 출발해, 매춘부의 전복이 최종적(이것이 영원히 올라가는 연기의 의미다. 다시 말해, 이것은 단순히 일시적 반전이 아니다)이라는 축하로, 크고 작은 모든 민족들에게 하나님을 찬양하라는 소환으로, 마침내 11:15의 장엄한 진술을 회상하는 축하로 이어지는 찬양의 크레센도를 이룬다. "할렐루야! 전능하신 우리 주 하나님이 왕이 되셨다!"

이사야 52:7의 거의 믿기지 않는 기쁨의 외침("네 하나님이 통치하신다! 정말이다! 그분이 이루셨다! 그분이 마침내 왕이 되신다!")처럼, 이것은 하나님의 총체적 섭리와 주권에 대한 추상적·이론적·일반적 진술이 결코 아니다. 하나님의 주권에 대한 추상적 논의는, 하나님이 매춘부 바빌론을 전복하고 **왕이 되셨다**는 사실에 담긴 도전을 직면함으로써 어린 양과 그 신부의 결혼을 위한 길을 준비한다는 사실을 피하려는 회피 행위로 쉽게 빠져들 수 있다. 여기서 바빌론과 그의 사악한 거래는, 말하자면 그 결혼의 섬뜩한 패러디일 뿐이다.

이런 결혼식 개념은 당연히 이스라엘을 야웨의 신부로 보는 옛 유대교 전승으로 돌아간다. 이스라엘은 광야에서 구애받고, 시내산에서 결혼하고, 여러 세대 동안 불성실하여 결국 버림받지만, 그 뒤 다시 구애받아 온 창조 세계의 갱신을 낳을 *언약 갱신에서 완전히 회복된다(사 54-55장). 어떤 면에서 극적인 연애 시에 불과한 아가서 전체는 유대교와 기독교 주석가에 의해 공히 하나님과 그분의 백성(그리스도인들에게는 *그리스도와 그분의 백성) 사이의 사랑을 보여 주는 알레고리로 여겨졌다. 이제 이 영광스러운 주제가 극적인 완성에 다다르고, 또 다른 고대의 경축 주제와 합류된다. 곧 하나님의 큰 잔치, 곧 그분이 누구랄 것 없이 전부 초대하실 연회다(사 25:6-10).

예수님이 친히 아들을 위한 왕의 결혼 만찬 테마를 채택하셨고(마 21:1-14; 마 25:1-13도 보라), 그와 결부된 또 다른 주제인 적절한 결혼 예복 테마를 암시하셨다. 이 모든 것에 의존하는 요한의 환상은 여기서 마침내 그 위대한 순간이 이르렀다는 사실에 초점을 맞춘다. 이것은 창세기 1장 이후, 아브라함과의 언약(이는 항상 한 가족의 탄생으로 간주되었다) 이후, 모세와의 언약 이후, *포로기에 약속된 언약 갱신 이후 세상이 기다려 온 그 사건이다. 결혼은 궁극적 언약이고, 예수님은 궁극적 신랑이시다. 그리고 요한은 교회를 신부인 동시에 신부의 결혼 잔치에 초대받은 하객으로 표현할 만큼 자유자재로 이미지를 사용하지만(9절), 덕분에 우리는 인간의 반역과 악, 교만, 오만의 이야기가 전부 펼쳐진 뒤 마침내 성취감과 흥분, 공명정대하다는 느낌을 만끽하게 된다는 사실을 놓치지 말아야 한다.

요한 자신이 이 모든 것에 흥분하여 모든 것을 계시해 주는 천사를 경배하기 시작한다. (그는 이 책 끄트머리 22:8에서 다시 그렇게 하다가 동일한 결과를 맞는다.) 하지만 이는 나쁜 실책이다. 그는 메신저와 *메시지를 혼동하지 말아야 한다. 요한마저 이런 순간에 실수를 범하고, 하나님이 아닌 것을 경배하는 우상숭배에 빠져들 수 있다. 아마도 요한은 우상숭배 도전과 맞붙어 싸우는 독자들을 격려하기 위해 이 내용을 우리에게 전하는 것 같다. 이것은 자신에게도 도전이었다고 요한은 말한다. 하지만 이렇게 말하면서 그는 아주 놀라운 내용을 계시한다. 이 책 곳곳에서 초점은 온 창조 세계가 "보좌에 앉으신 분과 어린 양"(5:13)께 드리는 거리낌 없는 경배에 있었다. 예수님은 하나님의 보좌를 공유하신다. 예수님은 한 분 하나님, 오직 그분에게만 합당한 예배를 공유하신다. 천사의 꾸지람은 예수님과, 얼마나 존귀한 인물이든 다른 모든 사람들 사이에 있는 총체적 차이를 강조한다.

이것은 또한 요한의 책의 첫 구절로 돌아가 예언적 영감의 중심 내용이 "예수의 증언"임을 우리에게 상기시킨다. 곧 예수님 자신이 죽기까지 신실하게 감당하셨던 증언, 그리고 교회가 이제 감당해야 할 예수님에 대한 증언이다. 교회가 예수님께, 오직 그분께만 신실할 수 있도록 예수님의 사역을 통해 *성령이 주어진다.

요한계시록 19:11-21

괴물의 패배

¹¹그때 나는 하늘이 열리는 것을 보았는데, 거기에 흰말이 있었습니다. 그 위에 앉아 계신 분은 '신실하신 분'과 '진리이신 분'이라 불렸고, 공정하게 심판하시고 싸우시는 분입니다. ¹²그분은 눈이 타오르는 불 같고, 머리에는 많은 왕관을 쓰셨습니다. 거기에 쓰인 이름이 그분의 이름인데, 자기 말고는 아무도 모르는 이름입니다. ¹³그분은 피로 적신 옷을 입으셨고, '하나님의 말씀'이라는 이름으로 불리십니다. ¹⁴온통 빛나고 깨끗한 모시옷을 입은 하늘의 군대가 흰말을 타고 그분을 따릅니다. ¹⁵예리한 양날 검이 그분의 입에서 나와, 그것으로 민족들을 쓰러뜨릴 수 있습니다. 그분은 쇠지팡이로 그들을 다스리겠고, 전능하신 하나님의 진노의 포도주 틀을 밟으실 것입니다. ¹⁶그분의 옷과 넓적다리에는 만왕의 왕, 만주의 주라는 이름이 써 있습니다.

¹⁷그때 나는 한 천사가 해에 서서 큰 소리로 외치며, 중천을 날아가는 모든 새들을 부르는 것을 보았습니다. "이리 와라! 모여라! 하나님의 큰 잔치가 열린다! ¹⁸와서 왕들의 살과 장군들의 살, 강한 자들의 살, 말과 그 기병들의 살, 그리고 모든 사람 곧 자유민과 노예 또 작은 자와 큰 자의 살을 먹어라!" ¹⁹또 나는 괴물과 땅의 왕들과 그 군대가, 말 위에 앉으신 분과 그의 군대와 전쟁을 벌이려고 모인 것을 보았습니다. ²⁰괴물은 사로잡혔고, 괴물 앞에서 표적을 행했던 거짓 예언자도 함께 사로잡혔습니다. 그는 표적을 이용해, 괴

> 물의 표시를 받고 그 우상에게 경배했던 이들을 속였습니다. 그 둘은 유황으로 불타는 불 연못 속에 산 채로 던져졌습니다. ²¹나머지는 말 위에 앉아 있던 분의 입에서 나오는 칼에 모두 죽었습니다. 모든 새가 그들의 살을 마음껏 먹었습니다.

여러 사람들이 예수님 시대의 '메시아 기대'에 관한 책과 글을 썼다. 그들은 예수님의 동시대인들이 *메시아를 기다릴 때, 무엇을 기다렸는지에 대한 온갖 단편 정보를 얻기 위해 고대의 유대교 자료를 샅샅이 조사했다.

연구가 진척될수록 한층 더 복잡해졌다. 그 시대의 많은 유대교 문헌이 메시아에 대해 아무 말도 하지 않는다. (*사해 사본 같은) 일부 문헌은 두 메시아, 왕 메시아와 제사장 메시아가 있으리라고 생각하는 것 같다. 또 다른 문헌들은 엇갈리며 다른 방향으로 전개된다. 일부는 솔로몬 같은 지혜로운 왕, 일부는 다윗 같은 전사 왕, 많은 사람들은 히스기야나 요시야 같이 *성전을 정화하는 왕을 생각했다. 지금까지는 이 모든 것을 하나로 묶는 단일 본문을 찾지 못했다.

하지만 문헌에서만 그렇다. 우리는 얼마나 많은 사람들이 이 문헌을 읽었는지, 또 그들이 읽었다면 거기에 얼마나 동의했는지 잘 모른다. 우리가 아는 바는, 예수님 시대 전후 한 세기 동안 왕이나 '메시아'를 사칭하는 여러 운동이 있었다는 것, 그리고 그런 운동이 상당히 많은 사람들의 마음을 끌었다는 것이다. 그들에게서 메시아가 어떤 일을 해야 한다고 사람들이 생각했는지 많은 것을 배울 수 있다.

메시아가 맞닥뜨린 주요 과제 중 하나는 이스라엘의 대적에게 맞서 결정적 전투를 치러야 한다는 점인 것 같다. 이때 이스라엘의 대적은 항상 새로운 물결을 타고 와 하나님의 백성들을 압도하는 이교도 무리와, 이교도 주군과 결탁해 순결한 하나님 백성의 *삶을 부패시키는 이스라엘 내부의 변절자 둘 다다. 따라서 이 메시아의 과제는 성전을 갱신하거나 회복함으로써 백성들의 예배를 정화하는 임무와 나란히 진행될 것이다. 예수님이 군사 지도자가 되려는 어떤 표식도 보여 주지 않았기 때문에, 또 그분이 성전을 정화하는 데 어떤 관심도 보여 주지 않았기 때문에, 당시 많은 사람들과 그 뒤 많은 사람들은 그분이 어떤 의미에서도 자신을 '메시아'라고 생각하지 않았을 것이라고 말했다.

그러나 이는 예수님이 재정의하신 유대인의 기대가 얼마나 급진적으로 보였는지를 망각하는 처사다. 공생애 전체에서 예수님은 요한이 계시록 전체에서 간간이 경축했던 신념을 주요 주제로 채택하셨다. 곧 *하나님 나라다. "세상 나라가 우리 주님과 메시아께 넘어갔다." "할렐루야! 우리 주 하나님, 전능하신 분이 왕이 되셨다!" 이런 진술은 물론 예수님의 승리에 대한 진술과 직접 연결된다.

예수님이 친히 승리를 얘기하셨다. 하지만 그것은 사람들이 기대했을 수도 있는 로마 세력에 대한 승리가 아니었다. 사실 다른 사람들이 로마와 싸우려고 했을 때, 예수님은 그것이 올바른 목표를 놓치는 것이라는 생소하지만 강력한 암시를 주셨다. 진짜 대적은 로마를 비롯한 다른 모든 이교도 제국 배후에 있는 어둠의 세력이었다. 예수님은 진짜 대적, *사탄, 즉 이스라엘을 포함해 모든 인류를 창조주 하나님께 맞서는 반역으로 이끌었던 존재와 벌이는 전투에 대해 말씀하셨다. 그리고 예수님은 이 진짜 전투를 싸우는 궁극적 길이 자기 생명을 포기하는 데 있다고 믿으셨던 것 같다.

이 점은 현재 본문의 군대 이미지를 설명해 준다. 다시 한번, 이는 그 배후에 놓인 실재를 참으로 지시하는 상징 언어다. 이 본문이 (애석하게도, 어떤 사람들처럼) 예수님의 제자들과 다른 신의 제자들 사이의 실제 전투를 앞서 예고하고 정당화한다고 가정하는 건 실책이다. 이는 바다에서 올라오는 괴물에 상응하는 실재가 12장에 묘사된 대로 머리와 뿔 등을 지닌 실제 물리적 생물이라고 가정하는 것이 실책인 것과 마찬가지다. 여기서 승리는 모든 이교도 권력**에 대한** 승리고, **폭력 자체에 대한 승리**를 뜻한다. 이 상징이 적절한 이유는, 이것이 메시아의 승리를 가장 강력하게 말할 뿐만 아니라 메시아의 승리와 관련해 신약성경에서 가장 빈번하게 언급되는 본문에서 직접 가져온 것이기 때문이다. 곧 메시아가 자기 입의 칼로 열방을 심판하실 이사야 11장, 그분이 철 지팡이로 그들을 통치하실 시편 2편, 그분이 하나님의 진노의 포도주 틀을 밟으실 이사야 63장이다. 지금쯤 요한의 독자들이 잘 알고 있듯이, 전투에서 승리하기 위해 예수님이 사용하시는 실제 무기는 그분 자신의 피, 사랑의 자기 *희생이다.

그분은 눈물로 싸워, 전장에서 승리하시고,
그분의 벌거벗은 가슴이 방패를 대신한다.
그분이 날리는 연타는 아이의 울음이고,
그분의 화살은 슬피 우는 눈으로 만들어졌다.
그분의 전쟁 깃발은 추위와 궁핍이고,
또 연약한 육체가 그분의 전사가 모는 말이다.

16세기 시인 로버트 사우스웰(Robert Southwell)은 이렇게 예수님과 그분의 승리의 역설을 기뻐했다. 우리는 이런 이미지의 빛 아래서 11-16절의 극적인 예수님의 모습을 가장 잘 이해할 수 있다. "만왕의 왕, 만주의 주"께서 세상 앞에 이렇게 나타나신다. 그분의 승리의 전투를 이끄는 궁극적 정의(11절)는 하나님의 사랑의 정의로, 그것은 "말씀(Word) 외에 다른 것과 함께 일하지 않을 것이고(13, 15절), 순결과 거룩함 외에 다른 옷을 걸치지 않을 것이다(8절의 신부 옷에 상응하는 14절의 "빛나고 깨끗한 모시옷"을 주목하라). 예수님의 인격 속에서 사랑이 완전히 진노의 포도주 틀을 밟았기 때문에(15절), 사랑이 승리를 거둘 것이다.

군대 이미지가 그와 같다면, 많은 독수리처럼 급강하하여 괴물과 거짓 예언자를 따르는 이들의 살을 실컷 먹는 새의 그림도 마찬가지다. 17장과 18장에서 매춘부가 처리되었다면, 이제 이 둘, 곧 거대한 제국 체제와 더불어 그것을 부추기고 열방을 속이는 지역 엘리트 차례다. 그들이 한 번의 마지막 전투를 위해 여기에 있다. [C. S. 루이스의 유명한 나니아 이야기 『마지막 전투』(*The Last Battle*)는 계시록에서 많은 내용을 가져왔는데, 특히 괴물과 거짓 예언자가 사람들을 속이는 방법에 대한 탁월한 묘사가 그렇다.] 그들의 운명은 산 채로 "유황으로 불타는 불 연못 속에" 던져지는 것인데, 이는 여러 성경 본문, 특히 창세기 18장의 소돔과 고모라의 운명의 메아리다.

우리 시대의 많은 사람들이 여전히 괴물의 세력에게, 또 그들의 명분을 선전하는 지역의 선동 기계에게 눌려 있다. 마찬가지로, 선량했을 수도 있는 많은 사람들이 이런 체제가 계속 내놓는 거짓말과 속임수에 넘어간다. 계시록 19장은 전자에게는 약속의 역할을, 후자에게는 경고의 역할을 한다. 일단 예수님이 누구셨고 누구신지, 또 그분이 죽음을 통해 거두신 승리의 의미를 당신이 이해한다면, 최종 결과에 대해 어떤 의문도 있을 수 없다. 괴물 체제는 등장했다가 사라질 수 있다. 거짓말과 속임수는 계속 확산될 것이다. 우리는 경계를 늦추지 말아야 한다. 하지만 만왕의 왕이요 만주의 주께서 승리하실 것이다. 그 사이에 결코 타협이 없어야 한다.

요한계시록 20:1-6
천 년간의 통치

> ¹그때 나는 하늘에서 한 천사가 내려오는 것을 보았습니다. 그는 무저갱의 열쇠와 큰 사슬을 손에 들었습니다. ²그는 용 곧 마귀요 사탄인 옛 뱀을 움켜잡았습니다. 그는 천 년 동안 용을 결박하여, ³무저갱 안에 던져 가두었고, 그 위에 봉인하여 천 년이 끝날 때까지 더는 민족들을 속이지 못하게 했습니다. 그 뒤에 용은 잠시 동안 풀려나게 되어 있습니다.
>
> ⁴그때 나는 보좌와 그 위에 앉아 있는 사람들을 보았는데, 그들은 심판할 권한을 받았습니다. 또 나는 예수에 대해 증언했다는 이유 때문에, 또 하나님의 말씀 때문에 목이 잘린 사람들의 영혼을 보았습니다. 또 괴물과 그 우상에게 경배하지 않고, 이마나 손에 표식을 받지 않았던 사람들의 영혼도 보았습니다. 그들은 살아나서 메시아와 함께 천 년 동안 다스렸습니다. ⁵나머지 죽은 사람들은 천 년

> 이 끝날 때까지 살아나지 못했습니다. 이것이 첫 번째 부활입니다. ⁶첫 번째 부활에 참여하는 사람은 복되고 거룩합니다! 두 번째 죽음은 그들에게 아무런 힘도 쓰지 못합니다. 그들은 하나님과 메시아의 제사장이 되겠고, 또 그들은 천 년 동안 그분과 함께 다스릴 것입니다.

『마침내 드러난 하나님 나라』(*Surprised by Hope*, IVP)를 출간한 뒤, 많은 사람들이 이 책에 대해 깊이 생각하고, 스터디 그룹을 인도하고, 어떤 경우 내가 추천한 새로운 방식대로 설교한 후 자신의 경험을 편지와 이메일로 내게 전해 주었다.

'당신이 죽을 때 *하늘에 가는 것'이 중요하다고 하는 일반 서구 기독교의 관점과는 대조적으로, 두 단계의 사후 실재가 기독교가 기대할 수 있는 타당한 점이라는 것이 그 책의 핵심 내용이다. 먼저 *메시아에게 속한 사람들은, 바울이 빌립보서 1:23에서 말하듯이 가서 "왕[그분]과 함께" 있다. 그 뒤에 위대하고 참신한 새 창조 행위를 통해 하늘과 땅이 하나가 될 때, 마침내 예수님이 나타나실 것이다. 그것이 *부활의 순간, 죽은 자들이 기다려 온 순간일 것이다. 부활, 즉 죽음 자체가 폐기되고 하나님의 새 세상에서 살 수 있도록 하나님의 백성에게 새 몸이 주어지는 사건은 고대 유대교와 정통 기독교 둘 다의 중요한 희망이다.

나는 수많은 독자들이 이를 익숙하게 받아들였다는 사실에 당연히 흐뭇했다. 하지만 그들의 회중이 전부 그렇게 생각한 건 아니었다.

한 목회자의 전갈에 의하면, 그는 부활절 다음 주일에 이 주제를 열정적으로 전했다가 예배 후 평신도 지도자들과 충돌이 일어나 결국 쫓겨나고 말았다. 그들이 익숙하게 들어 왔던 부활절 메시지가 아니라는 이유에서였다. '자유주의'와 '복음주의'를 막론하고 대부분의 서구 기독교가 이 가장 중추적 영역에서 신약성경의 계류용 밧줄을 놓쳤다는 사실을 감안할 때, 그럴 수밖에 없다는 게 내 생각이다.

그러나 여기 계시록 20장에서 우리는 사뭇 다른 종류의 문제에 맞닥뜨린다. 두 단계의 사후 실재가 있고, '부활'을 그 두 번째 단계로 상정하도록 사람들을 이해시키는 것만도 무척 어렵다. 그런데 계시록 20장은 세 단계의 실재를 상정하는 것 같다. 첫 번째는 제단 아래서 쉬고 있는 *영혼들이다(6:9). 그 뒤에, 전부가 아닌 일부가 부활해 예수님과 함께 천 년간 통치한다. 그 뒤에 부산한 움직임과 두 번째 '최후의 전투' 이후 모든 사람의 최종 부활이 있는데, 악인은 정죄 판결을 받고 하나님의 백성은 '*생명에 이르는 판결'(롬 5:18)을 받는다. 유대교와 기독교의 다른 저작들은 그 주변 사건은커녕 이 '이중 부활'을 전혀 언급하지 않는다. 이 모든 것을 어떻게 이해해야 하는가?

여기에는 서로 맞물린 세 가지 문제가 있는데, 요한의 만화경식 이미지 때문에 (우리에게) 훨씬 더 혼란스럽게 다가온다. 먼저 괴물과 거짓 예언자가 불 연못에 던져진 뒤에 사탄이 거기서 그들과 합류하기 전에 지연이 있을 뿐만 아니라, 사탄이 최종적으로 타도되기 전에 감옥에서 풀려나 마지막으로 최악의 일을 벌이는 일시적 유예 기간이 있는 것처럼 보이는데, 그 이유가 무엇인지 우리는 당연히 궁금하다. 왜 이런 지연이 있고, 또 왜 사탄은 다시 풀려나야만 하는가?

둘째, 요한이 이 "첫 번째 부활"한 사람들이 천 년 동안 메시아와 함께 통치한다고 얘기할 때, 이것은 실제 역사적 관점에서 무엇을 가리키는가? 이것은 뒤이은 21장과 22장의 새 예루살렘 장면과 어떤 관련이 있는가? 전자는 후자를 가리키는 은유인가? 아니면 이것들은 전혀 다른 두 가지 사건을 묘사하거나 적어도 암시하는가? 아니면 무엇인가?

셋째, 그렇다면 이 "첫 번째 부활"은 두 번째 부활(요한은 '두 번째 부활'이라고 부르지 않지만, '첫 번째'라는 6절의 서술은 이것을 암시한다)과 어떤 관련이 있는가? 무척 혼란스런 이 여섯 절의 언급 대상과 그 의미, 또 그 맛을 제대로 끄집어내기 위해 우리는 어떤 이야기를 구성할 수 있고, 구성해야 하는가?

우선 데살로니가전서 4장이 '휴거' 따위를 설명하는 유일한 성경 본문이듯이(내가 다른 데서 자주 논의했듯이, 이 구절은 세대주의에서 통속적으로 이해하는 '휴거'를 의미하지 않는다), 또 계시록 16:16이 '아마겟돈'에서 최후의 대전투를 언급하는 유일한 성경 구절이듯이, 지금 우리 앞에 있는 계시록 20장이 '천 년 왕국'을 조금이라도 언급하는 유일한 본문이라는 사실을 주목해야겠다. 물론 사변적 예언 해석을 지향하는 사람들은 이런저런 토막 정보를 덥석 물고, (대개) 실제 문맥에서 떼어 내 전혀 다른 세계관을 구축하여, 성경 자체에서 맡은 것보다 훨씬 중요한 역할을 부여한다. 이것만으로도 그런 해석을 따라가는 것을 마땅히 경계해야 한다. 이런 '예언 해석'이 이원론적 틀 안에 자리 잡고 있어서, 악한 세상은 사라지는 반면 '성도들'은 하늘에 안전하게 남는다고 주장하고, *복음서와 바울 서신에서처럼 계시록에서도 중요한 창조 세계의 갱신에 대한 관념이 전혀 없다는 사실은 차치하고라도 말이다.

그런데 이 모든 것은 자리 정돈에 불과하다. *사탄의 일시적 결박에 대해 생각해 보자. 그렇다. 19장의 전투가 하나님의 대적을 전부 물리쳤다면 한결 깔끔했을 것이다. 내가 보기에는, 사탄이 패전군 무리의 일부였고, 계시록이 곧장 새 예루살렘으로 진행했더라도 아무도 불평하지 않았을 것이다. 하지만 계시록은 특히 우리가 좋아할 만한 방식으로 결코 깔끔하지 않다. 또 우리는 우리가 기대했던 순서가 방해받는 것을 이미 두 차례나 목격했다. 그 두 순간을 상기해 보는 것이 도움이 되겠다.

먼저 연속된 봉인에서 우리는 여섯 번째와 일곱 번째 봉인 사이에서 잠시 멈추어야 했다. 고난받고 순교한 하나님의 백성들이 '도장'을 받는 동안 심판은 유예되었다(7장). 그 뒤에 여섯 번째와 일곱 번째 나팔 사이에서, 이번에는 요한이 두루마리를 받고 증거하는 하나님의 백성에 대해 예언하는 동안 우리는 다시 잠시 멈추어야 했다. 이 백성은 왕과 제사장, 스룹바벨과 여호수아처럼, 또 예언자 모세와 엘리야처럼, 숫자 둘의 이미지 속에서 이해되고, 그들의 죽음과 부활을 통해 세상은 참 하나님께 영광을 돌리게 될 것이다(10장과 11장).

이 두 가지는 앞서 나왔던 '뜻밖의 정지'였고, 이제 우리는 또 하나를 본다. 다시 우리는 이것이 고난받고 순교한 하나님의 백성과 관련이 있음을 주목한다. 그들은 다시 참 증인, 메시아의 통치에 동참하는 제사장-왕으로 칭송받는다(6절).

이것은 처음 두 질문에 관한 단서를 준다. 우리는 '사탄'이 처음에 하늘 공회의 구성원이었음을 잊지 말아야 한다. 사탄은 자기 지위에서 떨어졌지만, 하나님의 허락 아래 계속 어떤 역할을 담당한다. (나는 톨킨이 『반지의 제왕』의 최절정에서 골룸에게 부여한 역할을 생각한다. 그 점을 숙고할 때 나는 톨킨이 정확히 이런 유사성을 인식하고 있었다고 짐작한다.) 사탄의 임무는 언제나 (훌륭한 대검찰청장처럼) '고발'이 당연한 곳에서 '고발'하고, 비난받을 일이 비난을 피하지 못하도록 확실히 해 두는 것이다. 사탄은 이전처럼 자신의 역할을 왜곡하고 허용되든 말든 온갖 방향에서 속이고 고발하려 애쓰겠지만, 이제 사탄은 마지막으로 그 역할을 수행해야 한다(8절). 사탄은 궁극적으로 자신이 할 수 있는 최악의 일을 벌여, 그가 패배했을 때 마땅히 '고발'당해야 할 일이 해결되지 않았다는 일말의 의혹도 전혀 없어야 한다. 마지막 순간에 거짓말과 고발을 휘두르도록 허용되어, 사탄이 전복될 때 '따라서 메시아 예수 안에 있는 사람들에게는 정죄가 없다'는 사실에 사소한 의문도 없이 명백해야 한다. 영원히 패배해 나가떨어질 수밖에 없더라도 최후의 펀치를 맞으러 흐느적대며 걸어가는 권투선수처럼, 사탄은 한 번 더 등장해야 한다.

그러나 이 일이 일어나기 전에, 예수님의 통치가 천년기 백성들과 함께 또 그들을 통해 첫 번째 부활에 의해 세워져야 한다. 요한은 이 사람들이 (다른 그리스도인과 반대로) 순교자가 아니라 자신의 증언으로 인해 목이 잘린 사람이라고 구체적으로 명시한다. 나는 우리가 이 말을 상징적으로 받아들여야 한다고 생각한다. 이것은 그들이 예수님 *나라에서 가지는 참 시민권과 관련된 내용을 암시하는 것 같다. 로마 시민에게 참수형은 로마가 고안한 다른 여러 형벌, 특히 십자가형에 비해 크게 선호되던 죽음이었다. 어쨌든 이런저런 순교의 유형 사이에 근본적 차등을 두는 것은 요한의 일반적 경향과 상반된 것 같다.

하지만 우리는 천 년도 상징적으로 받아들여야 하는가? 다시 나는 그래야 한다고 믿는다. 요한은 계시록 곳곳에서 온갖 종류의 상징적 숫자를 사용했다. 그런데 갑자기 다소 분명한 어림수와 상징수를 내놓으며, 우리가 그것을 문자적으로 받아들이기를 기대한다면 아주 이상할 것이다. 주후 1000년경, 일부 사람들은 자기가 이 '천년기'의 마지막을 볼 것이라고 짐작했지만, 그와 비슷한 다른 추론과 마찬가지로 중요한 종말론적 사건이 일어나지 않은 채 그날이 지나갔다. 그렇다면 이 상징이 지시하는 진짜 실재는 무엇인가?

한눈에 보기에도 이 천년기를 '교회의 시대'로 이해하기는 아주 어려울 것 같다. 교회사를 아는 사람 중에 사탄의 공격이 전혀 없었거나, 열방(혹은 교회 자체)에 대한 기만이 없었던 시기가 있었다고 생각할 사람은 아무도 없다.

천년기는 아직 실현되지 않은 미래의 한때, 곧 메시아의 *재림을 알리는 최종 서곡이거나 재림 직후의 시기일 수도 있다. 이것이 전통적인 '후천년설'과 '전천년설'의 해석이다. 내가 보기에는, 여기에 적기엔 너무 많은 이유로 두 입장 모두 핵심을 놓치는 것 같다(나는 다른 데서 그 이유를 논했다).

나는 본문의 단서가 첫 구절에 있다고 믿는다. "나는 보좌와 그 위에 앉아 있는 사람들을 보았는데, 그들은 심판할 권한을 받았습니다." 이것은 "옛적부터 계신 분"과 "*인자 같은 분"을 위한 '보좌'가 있는 다니엘 7장의 직접 인용이다. 하지만 다니엘 7장 자체는 뒤 구절을 집단적으로 해석해 "가장 높으신 분의 성도들"이 나라와 심판할 권한을 받는다(새번역). 따라서 요한은 **지상의** 1천 년이 아니라, 특정 기간 동안 성립되는 하늘의 실재를 언급하고 있다고 보인다. 전체 신약성경에 의하면, 예수님은 **이미** 통치하고 계신다(마 28:18; 고전 15:25-28 등). 그리고 요한이 말하는 바는 순교자들이 **이미 그분과 함께 통치하고 있다**는 것이다. 사실 이것은 교회가 '메시아 예수님 안에서 하늘의 자리에 앉아 있다'고 하는 에베소서 2:6에서 어느 정도 말하는 내용이기도 하다. 아마 그들은 아무것도 하지 않은 채 그냥 거기 앉아 있지 않을 것이다. 결국 요한의 '천년기'는 아마 보다 널리 알려진 초기 기독교의 관점에 상응할 것이다. 물론 에베소서에는 이것이 순교자에게만 적용된다는 의미는 전혀 없지만 말이다.

사탄의 '결박'과 관련해(2절), 예수님은 이미 이 일을 성취했다고 선언하셨고, 그랬기에 그분은 축사(逐邪)를 시행하실 수 있었다(마 12:29). 사탄은 결국 계속 그 뒤에도 유다와 다른 사람들을 통해 역사할 수 있었고, 예수님을 고발해 그분의 죽음을 초래할 수도 있었다. 아마 계시록 20장에서 우리가 보는 내용은 그 이야기의 우주적 변형일 것이다.

아마 이 점에서 무엇보다(내 경험으로는, 나머지 신약성경보다) 너무 교조적 태도를 취하는 것은 좋지 않다. 우리는 요한이 수정처럼 명료하게 제시한 핵심 내용을 붙들어야 한다. 곧 어린 양의 승리, 그리고 *믿음과 인내를 통해 그분의 승리에 동참하라는 부르심이다. 그 뒤의 일은 하나님이 그 뒤에 하실 일이다. 우리가 종말 사건을 계시록 20장처럼 서술하든 혹은 로마서 8:18-26이나 고린도전서 15:20-28에서 바울처럼 묘사하든, 승리를 거두시는 분, 그렇게 하여 죽음 자체를 격파해 폐기하시고, 그렇게 하여 새로워진 창조의 영광으로 가는 길을 여신 분은 창조주 하나님이시다. 그게 중요한 사항이다.

요한계시록 20:7-15

최후의 심판

⁷천 년이 다 끝날 때 사탄이 감옥에서 풀려날 것입니다. ⁸그는 밖으로 나와 땅의 사방에서 민족들, 곧 곡과 마곡을 속일 것입니다. 그는 그들을 전쟁에 소집할 것인데, 모여든 수가 바다의 모래와 같을 것입니다. ⁹그들은 온 지면을 덮고, 하나님의 거룩한 백성들이 진 치고 있는 곳과 하나님께서 사랑하시는 도성을 포위했습니다. 그때 불이 하늘에서 내려와 그들을 불살랐습니다. ¹⁰또 그들을 속였던 마귀는, 전에 괴물과 거짓 예언자가 던져졌던 불과 유황 연못 속에 던져졌습니다. 그들은 영원무궁히 밤낮으로 고통당할 것입니다.

¹¹그때 나는 흰 보좌와 그 위에 앉으신 분을 보았습니다. 땅과 하늘이 그분 앞에서 사라져, 흔적조차 남지 않았습니다. ¹²그때 나는 죽은 사람들이, 큰 자나 작은 자나 모두 보좌 앞에 서 있는 것을 보았습니다. 여러 책들이 펼쳐져 있었고, 다른 책 하나가 펼쳐져 있었는데, 그것이 바로 생명책입니다. 죽은 사람들은 그 책에 쓰인 내용을 근거로, 자신의 행위에 따라 심판받았습니다. ¹³바다는 자기 안에 있던 죽은 자들을 돌려주었고, 죽음과 하데스도 자기 안에 있던 죽은 자들을 돌려주었으며, 각자 자신의 행위에 따라 심판받았습니다. ¹⁴그때 죽음과 하데스가 불 연못 속으로 던져졌습니다. 이것이 두 번째 죽음인 불 연못입니다. ¹⁵생명책에 기록되지 않은 사람이라면 누구든 불 연못 속에 던져졌습니다.

요한은 하나님의 위대한 구원과 회복 행동 이후 또 한 번의 도전, 곧 이미 구속받은 하나님의 백성을 공격하는 악한 세력의 최후 발악이 있으리라고 추측한 첫 번째 인물은 아니다. 그가 애호하는 성경책, 에스겔서에서 요한은 똑같은 그림을 발견했는데, 그것은 이미 다른 유대인 저자에 의해 탐구되었고, 요한의 시대 이후 상당 기간 계속해서 묵상과 관심의 대상이 되었다.

이 그림은 에스겔 38장에 나온다. 이 그림이 신적인 선한 목자의 사역, 이스라엘의 마음이 죄로부터 정결해지는 것, 그리고 죽은 자의 *부활이라는 관점에서 이해된 *포로 귀환을 예고하는 본문(34-37장) 직후에 나오는 건 결코 우연이 아니다. 그 뒤에 에스겔 38장은 북쪽 끝에 있는 나라 마곡과 그 왕 곡에게 초점을 맞춘다. (이스라엘의 지리학과 사실 그리스와 로마의 지리학은 약간 모호하지만, 일단 당신이 흑해 북쪽에 다다르면) 요한이 이 전승을 붙들 시점에, 그는 "곡과 마곡"을 '땅의 네 모퉁이'를 상징적으로 나타내는 두 나라로 다루는 것 같다. 어쨌든 핵심은 하나님의 백성들이 바빌론에서 구출된 이후에도 곡/마곡이 최후의 헛된 공격을 감행할 것이라는 점이다. 에스겔서에 내포된 이 내러티브를 감안할 때, 우리는 요한의 책에서 이 마지막 에피소드가 17-19장의 바빌론 종말과 20:4-6의 "첫 번째 부활" 뒤에 나와야 하는 이유를 알 수 있을 것이다.

한 번 더 해야 할 말이 있다. *사탄의 석방이 우리에게 달갑지 않은 뜻밖의 일이지만, 이것은 세상에서 모든 악이 온갖 자취까지 근절되어 "새 *하늘과 새 땅"으로 가는 위대한 변혁이 반드시 일어나게 하려는 하나님의 신비한 계획의 일부인 것 같다. 사탄, *고발자는 자기가 할 수 있는 일을 전부 해야 하고, 그 뒤 사탄도 파괴되어야 한다. 마치 감염물질이 가득한 농장 마당 앞에서 우리가 먼저 최적의 빗자루를 찾아 마당을 깨끗이 쓸고, 그 뒤에 빗자루 자체를 불 속에 던져 끔찍한 일을 완수하는 것과 같다. 사탄이 이 단계에서도 계속 하나님이 요구하시는 일을 수행하고, 그 때문에 그 뒤에 처벌받는다는 생각을 마음에 담아 두기는 분명 어려울 수도 있다. 하지만 이는 우리의 사고가 너무 쉽게 은유에서 환유로, 상징에서 실제 대상으로 빠지기 때문에 생기는 일이다(약속 시간에 늦은 한 친구가 "날아가야 해"라고 말하는 것을 듣고, 그 친구가 헬리콥터가 아닌 자기 차에 올라타는 것을 보고 놀라는 어떤 사람처럼 말이다). 다시 말해, 하나님은 유엔 평화유지군의 최고 사령관이시고 이 다른 생물들은 반군이나 반란군의 지도자라고 가정하며, 재판관의 자리에 서서 하나님이 사탄이나 "곡과 마곡"을 윤리적으로 정당하게 처리했는지 판단하는 건 소용없다. 전체 내용은 일련의 그림, 변화무쌍한 만화경 이미지가 그 너머에 있는 가장 심오하고 어두운 죄악의 신비를 보여 주는 것이다. 이는 "하나님의 거룩한 백성들이 진 치고 있는 곳과 하나님께서 사랑하시는 도성을" 포위한 나라들의 지리적 상징에도 똑같이 적용된다. 천 년이 정확한 달력의 기간이 아니듯이, 이것도 중동이나 다른 곳의 한 지명과 아무런 관련이 없다.

또다시 핵심은 악이 일정한 통제 아래 최악의 일을 저지르도록 허용되어 결국 패배해야 한다는 것이다. 흥미롭게도 사탄이 열방을 전투로 소환하는데도 전투가 전혀 발생하지 않는다. 흰말을 탄 기수가 입의 칼을 사용해 승리를 거두는 19장의 대전투가 사실상 마지막 전투다. 이 상황에서 엘리야와 비슷한 전술로 불이 하늘에서 내려와 그들을 불사른다. 그 뒤에, 오직 그 뒤에 마귀는 괴물과 거짓 예언자와 함께 불과 유황 연못 속에 던져진다. 바빌론은 세 장 앞에서 타도되었다. 두 괴물은 19장에서 종말을 맞았다. 그리고 이제 마침내 용도 영원히 타도되었다.

최후의 막강한 권력, 죽음과 하데스가 아직 남았다. '죽음'은 여기서 죽음의 현실과 위력 둘 다를 가리킨다. '하데스'는 죽은 자들의 거처, 하나님의 위대한 새 행동 외에는 그들이 벗어날 수 없는 곳이다. 고대의 우주론에서 바다는 하데스의 일부로 생각되지 않았고, 따라서 바다에 빠져 죽었다가 수습되어 장례를 치르지 못한 이들은 구별된 망자(亡者) 집단을 형성했다. 하지만 그들도 이제 4장과 5장의 원래 보좌를 대체한 것 같은 커다란 흰 보좌 앞에 나와 설 것이다. 하늘과 땅은 흔들리고 있고, 알현실 자체가 재건 중인 것처럼 보인다.

따라서 핵심은 창조주 하나님이 마침내 최후의 심판을 위해 자리에 앉으신다는 것이다. 성경 전체에서처럼, 여기서 이 심판은 각 사람이 살아 온 총체적 삶과 일치할 것이다. "여러 책들"에 적힌 내용이 그것인 것 같다.

이런 관점이 '*믿음으로 말미암는 *칭의'를 상당 부분 폐기한다고 우려했던 수많은 개신교 교사들의 염려는 완전히 핵심을 빗나간다. 우리가 반드시 바울의 표현 방식을 요한의 표현 방식과 정확히 일치시키려고 애쓸 필요는 없지만, 이 경우에는 실제로 상황이 그보다 한결 단순하다. 바울이 '믿음으로 말미암는 칭의'를 얘기할 때, 그것은 예수님을 부활하신 주님으로 믿는 모든 사람이 '의롭다'는 하나님의 평결을 이미 확신하고, 또 이로써 이와 동일한 평결이 마지막 날에 내려질 것을 확신하는 근거가 되는 현재의 실재를 가리킨다. 그런데 마지막 날의 평결이 오직 믿음의 토대 위에서 현재 내려진 평결과 일치하는 방법은 *성령의 역사에 의해서다. 그리고 성령은 그리스도인 개인 안에 전반적으로 "영광과 존귀와 불멸을 착실하게 추구"(롬 2:7)하는 인생 행로를 낳는다(바울은 그리스도인들이 죄를 지을 수 없다고 가정하지 않는다).

아무튼 가장 중요한 책은 '생명책'이다. 요한은 앞서 이 책을 여러 차례 언급했는데(3:5; 13:8; 17:8), 거기서는 어린 양의 생명책으로, 또 세상의 기초가 놓이기 전에 쓰였다고 언급된다. 이것은 요한*복음에서 예수님이 가르치신 진리, '너희가 나를 택한 것이 아니라, 내가 너희를 택하여 세운 것이다'와 더불어 바울이 로마서 8:28-30을 비롯한 여러 곳에서 가르친 진리를 수호하는 확실한 방법이다. 하지만 믿음으로 말미암는 칭의처럼, 이것은 다음의 조건 아래 있다. 즉 만약 선택이 있었다면 선택하신 분은 하나님이고, 또 선택하신 하나님은 눈먼 시계공이나 천상의 관료가 아니라 성부와 성자, 성령으로 역사하시는 삼위일체 하나님이다. 하나님이 선택하실 때 그분은 또한 구속하신다. 하나님이 선택하고 구속하실 때, 그분은 또한 사람들의 삶에 역사하신다. 그리고 신-인 관계의 *기적은 항상 애초부터 사람의 사고와 의지, 행동이 신적 주도권과 능력에 의해 철회되지 않고 다소 향상된다는 데 있었다. 여기서 무언가를 빼면, 이 책의 요한의 그림은 그냥 수수께끼로 남게 될 것이다. 여기에 무언가를 보태면, 계시록이 전혀 주목하지 않는 거창한 신학적 질문으로 이탈하게 될 것이다.

아마 우리가 주목할 가장 중요한 내용은 다시 한번 죽음 자체가 그 본거지, 하데스와 함께 결국 파괴된다는 점이다. 존 던(John Donne)의 시 "죽음이여, 우쭐대지 말라"는 장엄한 구절로 마무리된다. "죽음이 더는 존재하지 않으리라. 죽음이여, 너는 죽어야 하리라." 일부 저자들은 '부활'과 '새 창조'가 단지 죽을 때 혹은 그 뒤에 실제로 일어나는 일을 가리키는 가상적 표현일 뿐이라고 주장하려고 애썼다. 나는 '죽음을 부활로 받아들이라'고 했던 저자 한 사람의 말을 기억한다. 그렇다면 부활은 죽음에 대한 **해석**이다. 하지만 이것이야말로 고린도전서 15장의 바울과 마찬가지로, 여기서 요한이 거부하는 바로 그 내용이다. 1세기의 세계에서 부활은 대담하게도 죽음의 재해석이 아니라 죽음의 **철회**(undoing)를 의미했다. 부활은 몸의 부패와 쇠퇴 과정이 역전되어 '불멸의' 요소로 이루어진 새로운 '물리적' 몸을 낳는다는 의미였다. 요한은 더할 나위 없는 창조 신학자다. 요한은 처음부터 계속 하나님이 온 세상의 창조주로 찬양받고, 또 실은 모든 창조 세계가 그분께 드리는 찬양에 동참한다고 우리에게 얘기했다. 만약 창조 세계가 마지막에 영광스럽게 재승인받지 못한다면, 하나님이 결국 패배하신 것이고 사탄이 이긴 것이다. 그러나 패배한 것은 사탄이지 하나님이 아니셨다. 우리가 곧 목격할 "새 하늘과 새 땅"이 그 영광스런 재승인이다.

그런데 요한은 왜 "땅과 하늘이 그분 앞에서 사라"졌다고 말하는가?(11절) 그 이유는 땅이 그 속에서 자행된 악으로 인해 타락했고, 하늘 역시 사탄이 최초의 반역을 지휘했던 곳이 되었기 때문인 것 같다. 처음 땅과 하늘은 예비 프로젝트였다. 이제 궁극 목적을 가로막는 모든 장애물이 제거됨으로써 하늘과 땅은 해체되고, 예고 표지판으로서 하늘과 땅이 지시했던 마지막 실재가 마침내 나타날 수 있다. 매춘부는 타도되었고, 이제 신부가 등장할 시간이다. 용과 괴물, 거짓 예언자는 파멸했고, 이제 하나님과 어린 양이 나타나 성경의 감동으로 신부가 '오십시오'라고 말할 시간이다. 죽음의 통치가 끝나고, *생명의 통치가 곧 시작되려고 한다.

요한계시록 21:1-5

새 하늘과 새 땅

> ¹그때 나는 새 하늘과 새 땅을 보았습니다. 처음 하늘과 처음 땅은 사라졌고, 더 이상 바다도 없었습니다. ²또 나는 거룩한 도성 새 예루살렘이 신랑을 위해 차려입은 신부처럼 준비를 갖추고 하나님으로부터 하늘에서 내려오는 것을 보았습니다. ³나는 보좌에서 나오는 큰 음성을 들었는데, 그 음성은 이렇게 말했습니다. "보라! 하나님께서 오셔서 사람들과 함께 거하신다! 그분이 사람들과 함께 거하시겠고, 그들은 그분의 백성이 되겠으며, 하나님께서 친히 그들과 함께 계셔서 그들의 하나님이 되실 것이다. ⁴그분은 그들의 눈에서 모든 눈물을 씻어 내실 것이다. 처음 것이 사라졌기 때문에, 죽음이나 애통이나 눈물이나 고통은 이제 더 이상 없을 것이다."
>
> ⁵보좌에 앉으신 분이 말씀하셨습니다. "보라, 내가 만물을 새롭게 한다." 또 그분이 말씀하셨습니다. "적어라, 이 말들은 신실하고 참되기 때문이다."

살아오면서 자신에게 "이거야말로 신세계다"라고 말했던 때는 언제인가? 내 말은 단지 새로운 도구를 장착한 차 혹은 소스와 양념의 배합이 남다른 식사를 의미하지 않는다. 물론 이런 것도 올바른 방향을 지시할 수는 있겠지만 말이다. 나는 지금 우리가 "이제 모든 게 달라질 거야. 이건 정말 새로워. 이로써 완전히 새로운 세계가 열리고 있다"고 스스로 생각하는 중요한 인생의 경험을 더 많이 생각하고 있다.

이런 경험에는 출산과 결혼, 위독했던 장기 질환의 완전한 회복, 새로운 인물이 당신과 함께 사는 경험 등 여러 가지 중요한 생애 사건이 포함될 수 있겠다. 흥미롭게도 이 모든 것이 이 숨을 멎게 만드는 새 *하늘과 새 땅의 그림을 조성하며 요한이 사용하는 이미지 목록에 등장한다. "나는 그의 하나님이 되고 그는 나의 아들이 될 것이다"(7절). 결정적 새 탄생. 거룩한 도성은 "신랑을 위해 차려입은 신부"와 같다. 결혼식. "죽음이나 애통이나 눈물이나 고통은 이제 더 이상" 없을 것이다. 놀라운 회복. 그리고 이 전체 그림의 중심에서 중요한 약속이 사실 이 모든 것의 의미를 설명한다. "하나님께서 오셔서 사람들과 함께 거하신다." 영원한 새 손님.

이런 식의 표현은 요한의 그림을 왜소하게 만들어 상대적으로 하찮은 우리의 예로 축소시키는 위험이 있다. 하지만 모든 상징과 마찬가지로, 이런 이미지는 미지의 미래를 지시하는 표지판이다. 또 모든 대목마다 요한은 '그것은 이와 비슷하지만, 그 이상, 훨씬 그 이상이다'라고 말하고 있다. 새 하늘과 새 땅은 새로운 방식으로 새로울 것이다. 새로움 자체가 새롭게 되어, 하나님은 진행 중인 인간의 *삶 안에서의 단순한 전이가 아니라 만물의 갱신을 계획하셨다. 하나님은 "보라, 내가 만물을 새롭게 한다"고 말씀하셨다.

만물. 여기서 우리는 새 하늘, 새 땅, 새 예루살렘, 새 *성전(이것은 새 예루살렘과 같다. 앞으로 우리가 보게 되듯이, 새 예루살렘에는 성전이 없다. 도성 전체가 곧 새 성전이기 때문이다), 그리고 특히 새 백성, 곧 깨어나서 자신이 죽음과 눈물, 고통의 경계 너머에 있음을 깨닫는 사람들을 본다. "처음 것이 사라졌"다.

너무나 많은 그리스도인들이 요한의 책을 읽으면서 마지막 장면이

'하늘'의 그림일 거라고 예상하여, 요한이 하는 말의 영광을 제대로 파악하는 데 완전히 실패한다. 플라톤은 틀렸다. 고금을 막론하고, '하늘'은 (아마) 앞으로 우리가 가야 할 완벽한 세계고, '땅'은 우리가 기뻐하며 영원히 떠나야 할 형편없는 2급 임시 거처가 아니다. 계시록 곳곳에서 우리가 보았듯이, '땅'은 하나님의 영광스러운 창조 세계의 영광스러운 한 부분이고, '하늘'은 물론 하나님의 거처지만, 또한 '바다'가 악한 권력의 상징으로 서 있어서, 어느 시점에 '하늘의 전쟁'이 거기서 벌어지는 곳이기도 하다. 하나님의 2차원 세계의 두 요소 모두에게 갱신이 필요하다.

그런데 그 일이 성취되었을 때, 우리에게는 새 하늘만이 아니라 새 하늘과 새 땅이 남아 있다. 하늘과 땅은 완전히 또 영원히 서로 하나가 된다. 3절의 '거하다'라는 단어가 핵심이다. 요한이 사용하는 단어는 예루살렘 성전 안에 '거하시며' 자기 백성 한가운데서 자신의 영광을 나타내시는 하나님 개념을 떠올리게 하기 때문이다. 이것은 요한*복음이 예수님에 대해 하는 말이다. *말씀(Word)이 육신이 되어 사셨고, '거하셨고,' 우리 가운데 장막을 치셨고, '성막을 세우셨고,' 우리는 그분의 영광을 주목했다. 멋모르는 세상과 반기지 않는 백성들에게 오신 예수님 안에서 하나님이 하셨던 그 일을 이제 하나님은 우주적 범위에서 하고 계신다. 하나님은 우리 가운데로 오셔서 치유와 위로, 기쁨의 임재로 영원히 사신다. 그리고 예수님에 관한 우리의 사고에서 오랫동안 핵심 주제였던 '성육신' 개념이 하나님의 미래 세상에 관한 우리의 사고에서 핵심 주제로 나타난다. 하늘과 땅은 예수님 안에서 서로 하나가 되었다. 하늘과 땅은 언젠가 완전히 또 영원히 연결될 것이다. 바울은 에베소서 1:10에서 정확히 똑같은 내용을 말한다.

성경의 마지막 장면이 통속적 기대와 달리 사람이 하늘로 올라 거나 혹은 예수님이 직접 땅으로 내려오는 환상이 아니라, 새 예루살렘 자체가 하늘에서 땅으로 내려오는 환상인 이유가 그 때문이다. 처음 보기에는 이 사실이 상당한 충격이다. 분명 새 예루살렘, 어린 양의 신부는 하나님의 백성으로 구성되고, 분명 그들은 이미 땅 위에 있다! 그런데 그들이 어떻게 하늘에도 있었을 수 있는가?

여기서 단서는 바울이 골로새서 3:3에서 말하는 대로, '우리의 생명이 *메시아와 함께 하나님 안에 감추어져 있다'는 것이다. 어떤 사람이 메시아에게 속할 때, 그들은 계속 생명을 갖고 땅 위에서 살지만, 동시에 그들은 비밀스런 생명도 소유한다. 이 새로운 하나님의 선물은 마지막 날에 '나타날' 감춰진 실재의 일부가 된다(골 3:4; 요일 3:2). 계시록 5장과 7장, 19장의 위대한 장면에서, 헤아릴 수 없이 엄청나게 많은 사람들이 하늘에서 하나님의 보좌 주위에 서서 기쁨의 노래를 부르고 찬양을 외치는 이유가 그 때문이다. 이것은 땅 위 교회의 (겉보기에) 약하고 미미한 찬양에 상응하는 하늘의 실재다. **그런데 어느 날 이 하늘의 실재가 나타날 것이다.** 신데렐라처럼, 이제 노예 소녀에서 신부로 변한 어린 양의 참 파트너로 나타날 것이다.

이 환상의 새로움은 하나님이 처음 창조 세계를 내던지고, 말하자면 다시 세컨드 샷을 날려 이번에는 제대로 성공할 수 있을지 알아보는 데 있지 않다. 이는 하늘과 땅이 하나님 앞에서 달아나는 20:11에서, 또 "더 이상 시간이 남지 않았"다는 10:6의 진술에서 많은 사람들이 받은 피상적 인상이다. 우리가 보았듯이, 이는 시간 자체가 폐기된다는 말이 아니라 더 이상 지연이 없다는 말이다. 그런데 계시록 21장과 22장에서 우리가 보는 것은 하늘과 땅의 **완전한 변혁**이다. 이 변혁은 아직까지 성취되지 못한 모든 창조 계획, 또 보다 구체적으로 인간의 죄가 낳은 끔찍하고 역겹고 비극적인 모든 결과를 하나님이 하늘과 땅 모두에서 폐기하심으로써 이루어진다.

다시 말해 새 세상은 아름다움과 힘, 기쁨, 부드러움과 영광으로 충만하다는 의미에서 현재 세상과 비슷할 것이다. 예컨대 새 세상에서는 땅은 물론이고 하늘(11:19)에도 당연히 존재했던 성전이 폐기될 것이다(21:22). 그 이유는 하나님이 자기 백성들 가운데 거하신다는 생각이 어리석기 때문이 아니라, 성전이 온 우주를 위한 하나님의 거대한 숨은 계획의 예고편 모델이었는데, 이제 마침내 실현될 것이기 때문이다. 새 세상은 현재 세상과 비슷하겠지만, 특히 현재 세상을 지금의 모습으로 만든 죽음과 눈물, 그리고 죽음과 눈물을 야기하는 모든 특징은 존재하지 않을 것이다.

거기에 "더 이상 바다"가 없다는 의미가 그것이다. 성경 여러 곳에서 그렇듯이, 계시록 곳곳에서 바다는 하나님의 계획과 하나님의 백성을 위협하는 어두운 혼돈 세력이다. 바다는 첫 번째 괴물이 등장했던 자연의 원소다. 바다는 처음 하늘에 들어 있었다. 다시 말해, 기물의 일부로 거기 있다는 의미에서, 또 그 경계선이 엄격하게 제한된다는 두 의미 모두에서 '들어 있었다'(contained). 악은 도를 넘어 마음껏 활동하다 몰락을 자초하도록 허용되었을 뿐이다. 하지만 새 창조 세계에는 더 이상 괴물이 다시 등장할 수도 있는 곳, 바다, 혼돈이 없을 것이다.

물론 이 그림의 중심은 아직 새 세상 자체가 아니고, 첫 번째 창조 세계를 만드셨고 그것을 구속하고 새롭게 하기 위해 어린 양을 보내실 만큼 사랑하신 한 분이신 참 하나님이다. 여태까지 "보좌에 앉아 계신 분"은 흐릿하게만 언급되었다. 그분은 거기에 계셨고 경배받으셨지만, 모든 이야기는 예수님 혹은 천사 혹은 "하늘의 음성"에 의해서만 이루어졌다. 이제 마침내 1:8의 첫머리 진술 이후 처음으로 하나님이 친히 요한에게 말씀하시고, 그를 통해 요한의 교회와 오늘의 교회에게 말씀하신다. 하나님이 직접 하시는 이 대화가 새로움의 한 부분인 것 같다. 마치 4절에서 어떤 하늘의 하급 관료가 아니라 하나님이 직접 행하신 최고의 온유함과 친절의 행동으로, 하나님이 직접 "그들의 눈에서 모든 눈물을 씻어" 내시는 것이 새로움의 한 부분인 것과 마찬가지다. 이를 통해 하나님의 영원한 성품이 계시되고, 우리는 대부분 이 놀라운 전망을 묵상하며 완전히 새로운 세계가 우리 앞에 열리는 것을 느낀다.

요한계시록 21:6-21
새 예루살렘

⁶그때 그분이 내게 말씀하셨습니다. "다 이루었다! 나는 알파와 오메가, 시작과 끝이다. 나는 목마른 사람에게 생명수 샘물에서 나오는 물을 값없이 주겠다. ⁷이기는 사람은 이런 것을 상속받을 것이다. 나는 그의 하나님이 되고 그는 나의 아들이 될 것이다. ⁸하지만 겁쟁이, 믿지 않는 자, 부정한 자, 살인자, 매춘부, 마술사, 우상숭배자와 모든 거짓말쟁이의 운명은 불과 유황으로 불타는 연못 속에 들어가는 것이다. 이것이 두 번째 죽음이다."

⁹그때 마지막 일곱 재앙이 가득한 일곱 대접을 들었던 일곱 천

사 가운데 하나가 내게 건너와서 말했습니다. "나와 함께 가자. 내가 신부인 어린 양의 아내를 보여 주겠다." [10]그때 그는 영 안에서 나를 아주 높은 산으로 데리고 올라가, 하나님으로부터 하늘에서 내려오는 거룩한 도성 예루살렘을 보여 주었습니다. [11]그 도성에는 하나님의 영광이 있었고, 진귀한 보석의 광채 같고, 수정처럼 투명한 벽옥 같은 빛을 발했습니다. [12]그 도성에는 아주 높은 성벽에 열두 성문이 있고, 열두 천사가 성문을 지키고 있습니다. 성문에 이름이 새겨져 있는데, 그것은 이스라엘 자손의 열두 지파의 이름입니다. [13]동쪽에서 들어오는 세 성문, 북쪽에서 들어오는 세 성문, 남쪽에서 들어오는 세 성문, 그리고 서쪽에서 들어오는 세 성문이 있습니다. [14]또 도성의 성벽에는 열두 주춧돌이 있고, 그 위에 어린 양의 열두 사도의 열두 이름이 적혀 있습니다.

[15]나와 이야기를 나누던 천사는 도성과 그 성문, 그 성벽을 측량하려고 금 측량자를 가졌습니다. [16]그 도성은 길이와 너비가 똑같은 정사각형입니다. 그는 자로 도성을 측량했습니다. 그 도성은 만 이천 스타디아(즉 이천사백 킬로미터)로, 길이와 너비와 높이가 똑같았습니다. [17]그 뒤에 그가 성벽을 측량하니, 성벽은 사람의 치수(천사도 그 치수를 사용했는데)로 백오십사 규빗이었습니다. [18]성벽을 쌓은 재료는 벽옥이고, 도성 자체는 맑은 유리 같은 순금입니다. [19]도성의 주춧돌에는 갖가지 보석이 장식되어 있습니다. 첫째 주춧돌은 벽옥, 둘째는 사파이어, 셋째는 마노, 넷째는 에메랄드, [20]다섯째는 홍마노, 여섯째는 홍옥수, 일곱째는 감람석, 여덟째는

> 녹주석, 아홉째는 황옥, 열째는 녹옥수, 열한째는 청옥, 열두째는 자수정입니다. ²¹열두 성문은 열두 진주인데, 성문은 각각 한 개의 진주로 되어 있습니다. 도성의 거리는 유리처럼 맑은 순금입니다.

사람들이 성경을 읽겠다고 결심할 때, 그들은 대개 당연히 창세기에서 시작한다. 극적인 사건과 격정이 어우러진 속도감 있는 이야기 전개에 한껏 고무되어, 사람들은 대개 비슷한 내용을 더 많이 기대하며 출애굽기로 간다. 우선은 실망하지 않는다. 사실 출애굽기 40장 중 처음 20장은, 창세기 이상은 아니지만 그 정도의 드라마로 가득하다.

그런데 그 뒤에 분위기가 사그라진다. 갑자기 자기 딸을 종으로 팔려고 할 때 당신이 해야 할 일(21:7), 당신의 황소가 어떤 사람을 들이받아 죽게 했을 때 벌어지는 일(21:28), 원수의 당나귀가 넘어졌을 때 당신이 해야 할 일(23:5) 등등에 대한 상세한 지시가 이음새를 터트린다. 나름대로 흥미롭지만, 우리가 기대했던 내용은 전혀 아니다. 별로 재미없다. 그래서 어떤 사람은 포기하고 성경 전체를 독파해 보겠다는 열망을 내던진다.

유감천만이다. 24장 이후로 출애굽기의 나머지 내용은 **자기 백성들 가운데 거하시는 하나님**에 관한 한 편의 긴 드라마이기 때문이다. 출애굽기의 전체 내용은 하나님이 대재앙을 통해 자기 백성을 이집트에서 구출하시고, 그들을 시내산의 경이로운 비전으로 이끌어 그들에게 *율법을 주신 뒤에, 자신의 거처를 짓기 위해 상세한 지시를 내리셨던 과정이다. 그리고 출애굽기 마지막에 그 거처가 완성되었다.

하지만 엄청난 투쟁이 없지 않았다. 하나님의 거처가 땅 위에 세워지기 위해서는 항상 어마어마한 저항을 이기는 어마어마한 은혜의 행동이 필요하다. 결국 이것은 *하나님 나라의 투쟁이고, 그 고충을 통해 하나님 나라가 *하늘에서처럼 땅에 임한다(다시 말해, 하나님이 친히 왕으로 임하신다).

출애굽기에서 모세는 산에 올라 아름답고 화려한 성막과 그것을 만드는 방법에 대해 상세한 지시를 받는다(25-31장). 하지만 그사이 산 밑의 백성들은 권태를 느끼고 인내심을 잃었다. 그리고 하나님의 백성들이 권태를 느끼고 인내심을 잃을 때 흔히 벌어지는 일처럼, 그들은 스스로 우상을 만든다. 이번에 그들은 아론에게 금귀고리를 주었고 아론은 금송아지를 만들었다(32장). 아론은 "이스라엘아! 이 신이 너희를 이집트 땅에서 이끌어 낸 너희의 신이다"라고 선언한다(32:8, 새번역). 늘 그렇듯이, 우상이란 당신이 무언가 좋은 것, 당신이 실제로 약속받은 어떤 것(이 경우에는 자기 백성과 함께하는 하나님의 강력한 임재)을 정당한 시점까지 기다리지 못하고 자기 방식대로 가로챌 때 당신이 얻는 것이다. 그래서 모세는 슬프면서도 두려운 심판의 말을 가지고 돌아온다. 설상가상으로 하나님은 자신의 임재를 거두어 가겠다고, 자신이 와서 자기 백성들 가운데 사시려는 계획을 취소하겠다고 엄포를 놓으신다.

조심스럽게 표현해서, 그런 일은 이스라엘은 물론 온 세상에 엄청난 차질일 것이다. 애당초 이스라엘이 거기 존재하는 목적은 이스라엘을 통해 하나님이 온 세상을 축복하시기 위한 것이었기 때문이다. 하나님이 자기 백성 가운데 거하신다는 관념은 언제나 그분의 임재가 온 세상을 채우는(민 14:21) 하나님의 최종 목적지를 가리키는 예고 표지판이었다. 그래서 모세는 기도하며 하나님과 씨름한다. 하나님은 더 큰 은총과 자비를 보여 주신다. 그리고 하나님은 결국 자기 백성과 함께 사는 데 동의하신다(33-34장). 이는 마침내 성막이 세워질 수 있다는 뜻이고(35-39장), 성막이 세워질 때 하나님은 구름과 불과 영광 가운데 오셔서 그 안에 사신다(40장). 이것이 출애굽기의 진행 과정이다.

이것은 또한 대부분의 사람들이 인식하는 것 이상으로 계시록이 다루는 내용이기도 하다. 우리는 이집트의 재앙과 비슷한 엄청난 재앙을 보았다. 우리는 바다 옆에 서서 모세의 노래와 어린 양의 노래를 부르는 구속받은 백성을 보았다. 우리는 거대한 기만, 거대한 우상 체제, 금과 은과 보석을 둘렀지만 그 속에는 더럽고 불결하고 가증한 억압과 욕망, 폭력, 굴종으로 가득한 큰 매춘부 바빌론을 보았다. **금송아지는 패러디고 성막이 실재였던 것처럼**, 바빌론은 패러디고 신부가 실재다. 이제 마침내 성막에서처럼, "하나님께서 오셔서 사람들과 함께 거하신다"(3절). 바빌론이 걸친 보석은 아론이 송아지를 만드는 데 사용한 금귀고리처럼, 도성의 기초를 장식하고 있는 보석에 비해 저속하고 가치 없다(19-21절).

어린 양과 그의 신부가 맺은 완벽한 부부의 연합 개념이 전혀 다른 이미지로 묘사된 새 예루살렘의 구조에 반영되어 있다. 한편에서 새 예루살렘은 하나님의 백성의 정체성을 반영하도록 설계된다. 이스라엘 열두 지파의 이름이 성문에 기록되고, 기초석에 *열두 사도의 이름이 기록된다(12-14절). 성벽이 도성을 제한하지만, 우리가 이제 보듯이, 성문은 절대 닫히지 않을 것이다. 성문은 방어용이 아니라 장식용이다.

다른 한편 우리는 새 예루살렘의 특이한 크기를 본다. (11:1에서 요한이 하늘 *성전을 측량하라는 명령을 받았듯이, 천사가 이 하늘의 도성을 측량한다. 이 점에서 요한의 많은 환상의 배후에 있는 겔 40-48장의 본래 환상과 마찬가지로, 이번에 우리는 크기가 얼마인지 알게 된다.) 16절이 명확히 밝히듯이, 새 예루살렘은 면적 측면에서만 거대한 게 아니다. 각 방향으로 2400킬로미터, 대략 로마 제국과 동일한 정방형 크기다(물론 이것도 논점의 한 부분이겠다.) 이 도성의 **높이**도 2400킬로미터다. 물론 요한은 어떤 종류의 건물이 이렇게 특이한 구조를 가질 수 있을지 전혀 생각하지 않았다. 그는 지금 건물의 디자인이 아니라 상징적 우주를 구상하고 있다. 이 도성은 거대하고 완벽한 **정육면체**일 것이다… 옛 예루살렘 성전 중앙에 있던 지성소의 모습이 그렇기 때문이다(왕상 6:20). 도성 전체가 하나님의 거처, 하나님의 성전이 되었다. 혹은 좀더 정확하게 말해서, 하나님의 성전의 정중앙, 지성소, 하나님이 영원히 거하시는 곳이 되었다.

이 도성에 "하나님의 영광이 있"는 이유가 그 때문이다(11절). 이 말은 단지 보기에 아름다웠다는 의미가 아니다. 물론 그것도 분명 사실이지만 말이다. 이 말은 하나님의 영광, 하나님의 영광스러운 임재가 모든 돌과 보석에서 반짝거리고 거리의 순금에서 빛을 발하면서 거기 있다는 의미다. 또 이 도성이 "하나님으로부터 하늘에서 내려오는" 이유도 그 때문이다. 이 위대한 새로운 실재, 땅 위에 하나님이 거하시는 곳은 사람이 만들 수 있는 어떤 것(이는 우리를 바빌론으로, 바벨탑으로 데려간다!)이 결코 아니라, 언제나 또 영원히 하나님의 사랑과 은총의 선물로 남는다.

따라서 하나님이 마지막으로 말씀하실 때, 그분은 만물을 새롭게 만들고 있다고 선언하실 뿐만 아니라, 1:8처럼 자신이 알파와 오메가, 시작과 끝이라고 선언하신다. 우리는 하나님이 어떤 분(주권적 창조

주시고, 만물의 원천이요 목적)이신지 고려할 때에만 우리에게 필요한 위로, 예수님이 요한복음 4장과 다른 곳에서 오래전에 직접 약속하셨던 생명수를 발견할 수 있다. 그럴 때에만 우리는 2장과 3장의 편지에 담긴 약속의 반향으로, 이기는 사람들에게 주신 약속을 들을 수 있다. 또 그럴 때에만 아마 우리는 현재의 교회에게 전해진 심각한 경고를 온전히 받아들일 수 있을 것이다. 곧 미래의 교회 안에는 겁쟁이(이 '승리'에 필요한 갈등과 투쟁을 회피하는 이들)와 "모든 거짓말쟁이"를 위한 자리가 전혀 없을 것이라는 경고다.

다른 범주는 기본적으로 거짓말의 변형이다. 믿지 않는 자, 부정한 자, 살인자, 매춘부, 마술사와 우상숭배자는 모두 기본적으로 하나님의 세상을 싫어하거나 심지어 혐오하고, 대신 거짓말대로 살기로, 세상을 자기들이 원하는 대로 만들기 위해 행동하기로 결심한 사람들이다. 새 창조 세계에는 반(反)창조를 위한 자리가 전혀 없다. 생명의 세계에는 죽음을 위한 자리가 전혀 없다.

이 장들에서 우리가 주시하는 그림은 분명 궁극적 미래의 환상이다. 하지만 우리가 계시록의 처음 편지에서 보았듯이, 이 미래의 실재가 죽음과 눈물, 겁쟁이와 거짓말쟁이의 현재 세상을 계속 들여다보고 있다는 단서가 있다. 현재 우리가 하는 일 중에 **오직 현재와만 관련**된 것은 없고 그것이 하나님의 미래에 영향을 줄 수 있듯이, 미래의 환상 중에 **오직 미래**인 것은 하나도 없다. 하나님의 미래의 중심 실재가 예수님 자신이기 때문에, 또 예수님은 단순히 미래의 실재일 뿐만 아니라 사셨고 죽으셨고 부활하셨고 이제 영광 가운데 통치하시고 일곱 별을 손에 붙들고 계신 분이기 때문에, 새 도성의 실재는 여전히 희망의 대상이지만, 특히 이 책 곳곳에서 묘사된 방법—예배와 증언—

을 통해 현재에 언뜻 볼 수 있는 것이다. 새 예루살렘은 한낱 꿈이 아니라 위로를 주는 미래의 상상이다. 어린 양을 따르는 사람들이 이미 그 도성에 속했고, 이미 그 거리를 걸을 권한을 가졌다. 금송아지 때문에 하나님이 광야에서 이스라엘 백성을 버리실 수 있었듯이, 하나님은 바빌론의 죄악 때문에 역겨움을 느끼고 창조 세계를 버리실 수도 있었다. 그러나 하나님은 순전한 자비로 오셔서 자기 백성들과 함께 거하실 것이고, 그 자비가 흘러나와 온 세상을 채울 것이다. 그리고 이는 이 영광스럽고 전무후무한 새 도성에 관한 세 번째이자 마지막 묘사로 우리를 데려간다.

요한계시록 21:22-22:7
하나님과 어린 양이 거기 계십니다

^{22}나는 그 도성 안에서 성전을 보지 못했습니다. 전능하신 주 하나님께서 어린 양과 함께 성전이시기 때문입니다. ^{23}또 도성에는 해나 달이 비출 필요가 전혀 없습니다. 하나님의 영광이 빛을 비추고, 어린 양이 그 등불이시기 때문입니다. ^{24}민족들이 그 빛 속을 걷겠고, 땅의 왕들이 그 안으로 자신들의 영광을 가져갈 것입니다. ^{25}그곳에는 밤이 없을 것이기 때문에, 성문은 온종일 절대 닫히지 않을 것입니다. ^{26}사람들은 민족들의 영광과 영예를 그 안으로 가져올 것입니다. ^{27}거룩해지지 못한 것은 어떤 것도 그 안으로 절대 들어가지 못하겠고, 누구든 혐오스러운 짓을 하거나 거짓말하는 사람도 그

릴 것입니다. 오직 어린 양의 생명책에 기록된 사람들만 들어갈 것입니다.

²²:¹그때 그 천사가 내게 생명수의 강을 보여 주었습니다. 그 강은 수정같이 반짝거렸고, 하나님과 어린 양의 보좌에서 흘러나와, ²도성의 거리 중앙을 관통했습니다. 양편 강둑에서 생명나무가 자라고 있었습니다. 생명나무는 열두 종류의 열매를 맺는데, 매달 열매를 맺었습니다. 또 생명나무의 잎사귀는 민족들을 치료하는 데 사용됩니다. ³저주받은 것은 거기에 더 이상 없고, 대신 하나님과 어린 양의 보좌가 도성에 있어서, 그분의 종들이 그분에게 경배합니다. ⁴종들은 그분의 얼굴을 보겠고, 그들의 이마에 그분의 이름이 있을 것입니다. ⁵그곳에는 더 이상 밤이 없겠고, 등불이나 햇빛이 그들에게 필요하지 않을 것입니다. 주 하나님께서 그들에게 빛을 비추실 것이기 때문입니다. 그들이 영원무궁히 다스릴 것입니다.

⁶그 천사가 내게 말했습니다. "이 말들은 믿음직하고 참되다. 주 곧 예언자들의 영의 하나님께서 천사를 보내셔서 곧 벌어질 일들을 자기 종들에게 보여 주게 하셨다. ⁷보아라, 내가 곧 간다. 이 책의 예언의 말씀을 지키는 사람에게 하나님의 복이 있다."

오늘 아침 일찍, 나는 낡은 석조 건물 주위에 비계를 세우고 있는 노동자 몇 사람을 만났다. 일반적으로 비계는 극히 기능적이다. 비계는 예쁘게 보이기 위한 게 아니고 어떤 역할을 수행하기 위해 만들어진 것이다. 그런데 어떤 건축가가 아름다운 비계 뼈대를 세우기로 결정했다고 가정해 보자. 건축가가 아주 멋진 비계를 만들어, 사람들이 그 안에 훨씬 더 인상적인 어떤 건물이 세워지고 있다는 사실조차 잊은 채 비계 자체를 칭찬하기에 이르렀다고 가정해 보자. 건물이 완성되었을 때, 어떤 사람은 이 아름다운 장면이 사라져야 한다는 생각에 서글퍼할지도 모른다. 하지만 당연히 건축가는 비계가 아무리 화려하더라도 그것을 없애야 한다고 고집할 것이다. 애당초 비계의 목적은 특별한 역할을 수행하고 난 뒤 해체되어 궁극적 실재, 진짜 새 건물이 그 모든 영광 속에서 드러나게 하는 것이었다.

우리는 22절과 23절을 이런 태도로 읽어야 한다. 우리는 이제 (땅의 예루살렘과, 또 11:19와 15:5처럼 하늘의 대응물 둘 다에 성전이 있었던 것과 달리) 새 도성에 '성전이 없다'는 사실에 놀라지 않는다. 우리가 이미 깨달았듯이, 하나님이 그 도성 안에 친히 거하신다는 점, 또 거대한 정육면체인 그 도성의 모양은 그 도성 안에 '성전', 하나님이 사시는 특정 공간이 있을 수 없음을 일러준다. 예루살렘 성전과 아마 처음 *하늘의 성전도, 거의 상상할 수 없는 엄청난 실재를 가리키는 예고 표지판이다. 수많은 신약성경이 지시하는 그 실재는 바로 "바다에 물이 가득하듯이, 주의 영광을 아는 지식이 땅 위에 가득" 하게 되는 것이다(합 2:14, 새번역). 이는 수많은 성경 구절이 지시하는 목표이고, 땅을 떠나서 대신 하늘에 가는 것만이 목적이라고 상상하는 사람들이 잊어버린 목표다. 하늘이 땅으로 내려왔다. 그런데 왜 우리는 다른 것을 기대하는가? 우리는 실재를 가졌다. 우리에게는 더 이상 표지판이 필요 없다.

그런데 23절에서 우리는 더 이상 필요 없는 것이 성전만이 아님을 발견한다. 해와 달, 곧 첫 번째 창조 세계에서 중요한 역할을 담당하고,

또 많은 성경 본문(해가 하나님의 거룩한 *율법의 이미지인 시 19편을 생각해 보라)에서 그렇게 추앙받는 가장 큰 빛, 해와 달까지 정리 해고 될 것이다. 해와 달은 비계의 일부였고, 우리는 그런 것을 궁극적 실재로 오해하지 말아야 한다. 해와 달은 하나님이 친히 자기 백성의 빛으로 찬란한 빛을 발하신다는 궁극적 진리를 가리키는 다른 한 쌍의 표지판이다. 우리는 조금씩 눈을 뜨면서, 창세기 1장의 영광스런 세상도 그 자체로 목적이 아니라 다른 것의 시작이었음을 깨닫는다. 창조 세계 자체가 항상 하나님이 그것을 사용해 만들어 내고자 하셨던 세상을 가리키는 커다란 표지판이었다.

이 사실은 많은 사람들에게 생소한 소식처럼 다가오겠지만, 사실이는 기독교 세계관의 핵심이어야 한다. 기독교 신학 전체가 창조 세계의 선함에 근거해 있지만, 창조 세계의 선함은 부분적으로 창조 세계가 자신을 넘어서서 새 창조를 가리킨다는 데 있다. 사실 새 창조는 첫 번째 창조 세계가 형편없이 잘못된 이후 세운 사후 대책, 플랜 B가 아니었다. 인간의 죄가 존재한다는 것은, 어린 양의 인격 안에서 길고 구불구불하고 종종 눈물로 얼룩지고 피가 흥건한 길, 가장 중요한 하나님 자신의 눈물과 피를 거쳐, 하나님의 최종 설계에 도달해야 한다는 뜻이었다. 하지만 출애굽의 장엄한 결론과 마찬가지로, 계시록에서도 이 목표는 순전히 자비와 은총의 권능에 의해 달성된다. 그 자비와 은총을 통해 창조 세계는 폐기되지 않고 성취되며, 버려지거나 대체되지 않고 머리끝에서 발끝까지 새로워진다.

그 뒤에 신비는 한 걸음 더 펼쳐진다. 계시록 대부분에서 '열방'과 그 왕들은 적대적이었다. 그들은 바빌론의 우상숭배와 경제적 폭력에 동참했다. 그들은 하나님과 그분의 목적, 그분의 백성을 억압하고 반대했다. 하지만 하나님께 더 광대한 구속 목적이 있었음을 보여 주는 이전의 단서들이 이제 제대로 작동한다. 11장에서 순교하는 교회의 증언은 하나님께 맞서 격분했던 열방이 와서 도리어 그분께 영광을 돌리는 결과를 낳았다(11:13). 이제 여기서 시편 72:10-11(하나님의 영광이 온 땅을 가득 채울 것이라는 72:19의 기도를 주목하라!)과 이사야 49:6-7, 스가랴 14:16-17, 또 무엇보다 요한의 환상의 여러 요소를 앞서 기대하는 이사야 60장 같은 성경 예언의 오랜 숙원이 성취되어, 열방이 행렬을 이루어 나온다. 여기서 그들은 활짝 열린 성문을 통과해 자신들의 영광을 갖고 도성 안으로 들어온다. 도성 자체는 사람들이 그저 영광스런 황금 거리 혹은 하나님과 어린 양을 바라보는 정지 장면, 즉 활인화가 아니다. 열방이 와서 경배하고 경의를 표할 때, 도성은 움직임이 가득한 북적대는 공동체다.

요한은 이 포용성이 가증한 일을 행하거나 거짓말을 하는 사람에게 해당되지 않는다는 명확한 경고를 조심스럽게 덧붙인다. 이것은 도서관에서 흡연을 하거나 콘서트홀에서 라디오를 틀어도 된다고 허용하지 않아야 하는 것과 동일한 이유로 필요하다. 하나님의 새 도성의 아름다움과 거룩함을 훼손하는 것은 정의상 배제된다.

하지만 밖에서 도성 안으로 들어오는 사람들만 있는 건 아니다. *생명, 액체 생명, 생명수가 도성으로부터 주위 세상으로 흘러간다. 하나님의 관대한 사랑이 만물의 원천이요 목표다. 하나님과 어린 양이 친히 임재하시는 그 도성이 필요한 자에게 흘러가는 거대한 생명의 원천 이외에 다른 것일 수 있겠는가! 그래서 요한은 이사야 60장을 거친 창세기 1장의 궁극적 성취에서 시선을 돌려, 에스겔 47장을 거친 창세기 2장의 궁극적 성취로 향한다.

에스겔 43장에서 하나님의 영광이 새로 지어진 *성전으로 돌아온 뒤에, 우리는 이 성전이 실은 일종의 새 에덴이어서, 거기서 한 강이 흘러나와 주변 세상에 물을 대 주고 있음을 깨닫는다. 창세기에서는 네 강이 동산에서 흘러가지만, 에스겔서의 새 에덴에는 하나만 있고, 그 강은 점점 더 깊어지면서 유대의 급경사면을 쏟아져 내려가 사해까지 새롭게 만든다. 에스겔은 환상에서, 그 열매는 음식물로 사용되고 잎사귀는 치료제로 사용되는 과실나무가 강 양쪽에 있는 것을 보았다(47:12). 요한은 계시록 전체에서 가장 감동적인 성경 이미지 각색에서, 생명수 강이 반짝거리며 도성 거리를 관통해 전원 지역 너머로 흘러 나가는 것을 본다. 그리고 에스겔서에서는 이것이 창세기 2장의 재탄생이라는 점이 아주 명확하지 않지만, 요한에게서는 이 점이 훨씬 선명하고 예리하게 부각된다. 강 양쪽에 풍성하게 자라는 나무는 '생명나무'다. 곧 아담과 하와가 에덴동산에서 추방될 때 그들에게 금지되었던 나무다(그들이 죄악된 상태에서 불멸의 존재가 되었다면, 이는 그들에게 더없는 재난이었을 것이다). 그리고 '생명나무'는 단지 이 사람이나 저 사람을, 이 아담이나 저 하와를 치유하기 위해 존재하지 않는다. 요한의 환상은 항상 더 큰 실재, 거대해서 종종 파악하기 힘든 사회·문화·정치적 고통과 의혹, 밤에 격돌하는 무지한 군대, 또 소경이 소경을 인도하고 있음이 드러난 사이비 '세계 지도자'에게 관심을 두었다. 이제 나무의 잎사귀는 **열방의 치료**를 위한 것이다. 새 예루살렘 역시 활인화가 아니라 어떤 의미에서 프로젝트인 것 같다. 하나님은 열방이 와서 경의를 표할 뿐만 아니라 그들을 치유하기 위해 친히 임재하는 도성을 세우신다. 이 도성은 제사장처럼 나머지 창조 세계의 찬양을 수집할 것이고, 또 왕처럼 치유하는 지혜로운 질서의 원천이 되어 하나님의 통치를 세울 것이다.

따라서 요한의 환상에서 새 예루살렘은 새 창조 세계의 전부가 아니다. 그것은 새 창조 세계 전체의 중심부와 영광, 세상에 필요한 모든 것을 마음껏 흘려 보내는 원천이다. 새 예루살렘은 지성소지만, 사실 온 땅이 하나님의 영광으로 충만할 것이고 궁극적 성전이 될 것이다. 요한이 하나님의 종들과 어린 양이 경배하고(3절) 그분의 얼굴을 볼 뿐만 아니라(4절) '영원히' 통치한다고 서술할 때(5절), 이 말의 의미가 바로 이렇다. 계시록의 첫출발부터 우리는 어린 양의 제자들이 왕 같은 제사장이 될 것이라는 말을 들어 왔고, 이제는 그 말의 의미를 이해한다. 그 도성(city), 다시 말해 신부, 다시 말해 어린 양의 제자에게서 치유와 회복의 청지기직이 흘러나와야 한다. 이렇게 해서 창조주 하나님은 창조 세계가 선했고, 또 자신이 자비로 충만하다는 사실을 결정적으로 보여 주실 것이다.

따라서 요한의 환상은 새 에덴의 환상이다. 하지만 이는 단순히 동산이 아니라 도시(city)다. 동산의 모든 요소가 여전히 거기 존재하지만, 도시 안과 주변에서 보존되고 개선된다. 우리는 우리가 이 둘 다에 적합하게 만들어졌음을 직감적으로 안다. 한편에서 시골의 낭만적 전원과 다른 한편 도시 개발자의 꿈은 대개 목표를 달성하지 못한다. 새 창조는 두 가지 비전을 하나로 묶어 둘 다를 변혁하고 치유한다. 하늘과 땅이 하나가 될 때, 신부와 어린 양이 하나가 될 때, 이 두 가지는 창세기의 이원성이 항상 의도해 왔던 대로 마침내 통합되었음을 나타낸다. 따라서 동산과 도시도 하나가 된다. 인간은 서로, 또 하나님과 연합하여, 보좌에서 나오는 영광스런 빛을 받으며, 땅과 그 열매 위에 기쁘고 지혜로운 청지기직을 수행할 것이다.

이 궁극적인 미래 환상의 다른 특징과 마찬가지로, 우리는 이것도 지금 기대해야 한다.

요한계시록 22:8-21
"내가 곧 간다!"

⁸나 요한은 이것들을 듣고 본 사람입니다. 이것들을 듣고 보았을 때, 나는 이것들을 내게 보여 준 천사의 발 앞에 엎드려 경배했습니다. ⁹그 천사가 내게 말했습니다. "보아라! 그러지 마라! 나는 너와, 네가 속한 예언 가족의 다른 구성원들, 그리고 이 책의 말씀을 지키는 사람들과 똑같은 동료 종이다. 하나님을 경배하여라!"

¹⁰그가 덧붙였습니다. "이 책의 예언의 말씀을 봉인하지 마라. 때가 가깝다. ¹¹불의한 사람들은 계속 불의하고, 더러운 사람들은 계속 더럽도록 두어라. 의로운 사람은 계속 의를 실천하고, 거룩한 사람들은 계속 거룩하도록 두어라."

¹²"보아라! 내가 곧 가겠다. 내가 상을 갖고 가서, 모든 사람에게 자신들의 행동대로 갚아 주겠다. ¹³나는 알파와 오메가, 처음과 마지막, 시작과 끝이다."

¹⁴옷을 빨아서, 생명나무에서 나는 열매를 먹을 권한을 얻고 성문을 통과하여 도성으로 들어가는 사람에게 하나님의 복이 있습니다. ¹⁵하지만 개들과 마술사, 매춘부, 살인자, 우상숭배자, 거짓을 날조하기 좋아하는 모든 사람은 전부 도성 밖에 있을 것입니다.

> ¹⁶"나 예수는 교회들에게 이 증언을 주려고 내 천사를 너희에게 보냈다. 나는 다윗의 뿌리요 자손이다. 나는 빛나는 새벽별이다."
>
> ¹⁷그 영과 신부가 말씀하십니다. "오십시오!" 누구든 듣는 사람은 말하게 하십시오. "오십시오!" 목마른 사람은 오게 하십시오. 누구든 생명수를 원하는 사람은 마음껏 마시게 하십시오.
>
> ¹⁸나는 이 책의 예언의 말씀을 듣는 모든 사람에게 증언합니다. 누구든 여기에 다른 것을 더하면, 하나님께서 이 책에 적힌 재앙을 그 사람에게 더하실 것입니다. ¹⁹또 누구든 이 예언의 책에 실린 말씀에서 무언가를 없애면, 하나님께서 이 책에 묘사된 생명나무와 거룩한 도성에서 그 사람이 얻을 몫을 없애실 것입니다.
>
> ²⁰이 증언을 주신 분이 말씀하십니다. "그렇다, 내가 곧 가겠다!" 아멘! 오십시오, 주 예수여.
>
> ²¹주 예수의 은혜가 여러분 모두에게 있기를 빕니다.

나는 회랑에 서서 종소리에 귀를 기울였다. 처음에는 아침 공기 속에서 선명하게 들리는 열 개의 종소리를 제각각 들을 수 있었다. 하지만 점차 순서가 변하고 고대 석조 주랑에 메아리가 풍성해지면서 종소리가 하나로 합쳐지는 것 같았다. 때 묻지 않은 장엄한 고대의 소리가 메아리를 이루면서 오랜 과거의 추억과 앞으로 올 미래의 심상을 일깨웠다. 그러다가 풍성하게 뒤섞이는 소리 밖으로 저음 두세 개가 계속 끼어들며, 그때마다 끊임없이 변하는 패턴을 만들어 냈다. 딩-딩-**딩**, 딩…딩…**딩**. 저음은 전체 음악의 일부였지만 이렇게 말하는 것 같았다. 주목하라. 이것이 중요하다. 귀담아들어라. 우리는 당신에게 중요한 내용을 말하고 있다. 깨어 있으라.

이 가장 놀라운 책의 마지막에 다다를 때 이와 비슷한 의미가 우리에게 다가온다. 우리는 시간과 공간의 제약 때문에 이 책을 수박 겉 핥듯 지나왔지만, 빨리 지나는 동안 그 깊이를 살짝 맛보았다. 우선 우리는 음을 대부분 들었을 것이다. 하지만 속도가 빨라지고, 메아리가 풍성해지고, 연속된 사건—편지, 봉인, 나팔과 대접, 또 그와 함께 등장했던 모든 것—이 기억에서 하나로 합쳐졌을 것이다. 곧 우리에게 역사의 첫 새벽과 가장 오래된 성경을 지시하지만, 동시에 상징적 표지판을 통해 하나님의 궁극적 미래에 올 일을 계속 지시하는 때 묻지 않은 장엄한 고대의 소리다. 그런데 이렇듯 풍성하게 뒤섞이는 환상과 이미지 밖으로, 이제 이미 지나간 모든 것으로부터 다채롭게 등장하는 두드러진 두세 음은 음악의 일부이면서 동시에 무언가를 말해 준다. 주목하라. 이 말씀을 지키라. 내가 곧 간다. 내가 곧 간다.

곧 간다! 이는 요한이 밧모를 보기 전부터, 실은 예수님이 눈을 뜨고 베들레헴 아침의 차가운 빛을 보기 전부터 오랜 세월 이스라엘의 희망이었다. 말라기는 400년 전 권태에 빠진 무심한 제사장에게 "너희가 찾는 주님이 갑자기 *성전에 오실 것이다"라고 경고했다. 그분이 오실 것이다! 에스겔은 주님의 영광이 성전을 운명에 맡기고 버리시는 장면을 묘사했지만(겔 10:18-19; 11:22-23), 그는 또한 성전이 합당하게 회복된 뒤에 그분이 돌아오실 것을 약속했다(43:1-5). 그렇지만 다음 400년 동안 어느 때에도 에스겔이 염두에 두었던 그런 환상을 전하거나, 혹은 출애굽기 40장이나 이사야 6장처럼 성전 안에서 본 하나님의 영광의 환상에 상응하는 경험을 전한 사람은 아무도 없었다. 주님은 아직 돌아오지 않으셨지만, 곧 오실 것이다. 그분은 오실 것이다. 하나님이 돌아오신다는 희망이 회복된 성전에 대한 희망의 중심에 있었고, 회복된 성전에 대한 희망은 다시 회복된 이스라엘에 대한 희망의 중심에 있었다. 희망 안에 있는 희망 안에 있는 희망. 분명, 그분이 곧 오신다!

초기 그리스도인들은 모두 이 약속이 예수님 안에서 성취되었다고 믿었다. 오기로 약속했던 준엄한 재판관으로, 예수님이 예루살렘에, 성전에 오셨다. 하지만 예수님이 십자가에서 "높이 들렸다가" 그 뒤에 죽은 자들로부터 부활하셨을 때, 그들은 가장 놀랍고 충격적인 방법으로 이 약속이 훨씬 완벽하게 성취된 것을 보았다. 이것이 진짜 "시온으로 오시는 주님의 귀환"이었다. 이것은 주님의 영광이 모든 육체가 함께 볼 수 있도록 드러난 순간이었다.

그래서 그들은 *야웨께서 돌아오신다는 훨씬 오래된 유대인의 희망을 예수님이 돌아오실 것이라는 확실하고 분명한 희망으로 아주 처음부터 어려움 없이 조율김할 수 있었다. 예수님과 하나님이 보좌를 공유하시고, 두 분 모두 "내가 알파와 오메가다"(21:6과 22:13)라고 말씀하실 수 있고, 다른 이가 받아서는 안 될 경배를 함께 받으시는 (22:9) 두 분의 정체성 융합은 이 조율김에 탄탄한 토대를 제공했다. 또 교회가 예배 중에, 기도 중에, 순교자들의 증거 중에, 그리고 무엇보다 죽음의 순간에 거듭 경험했던 예수님의 여러 '오심'은 이 희망이 진공 속에 자리 잡지 않고, 매일 또 매주 강화되었음을 의미했다. 이 구절에서 커다란 종소리가 울린다. 내가 곧 간다. 때가 가까웠다. 내가 곧 간다. 그렇다, 내가 곧 간다!

긴박감은 이미 지나간 모든 것의 메아리와 울림을 배경으로 이 구절에서 반복되는 두 번째 종소리를 설명해 준다. 이것은 긴급한 예언의 책이다. 이 말씀들은 믿을 만하고 참되다(6절). 이 책의 예언의 말씀을 지키는 사람에게(7절), 이 책의 말씀을 지키는 사람에게(9절) 하나님의 복이 있다. 이 책의 예언의 말씀을 봉인하지 말아라(10절). 이 책의 예언의 말씀을 듣는 모든 사람에게…누구든지 이 책에 묘사된…이 예언의 책의 말씀을 없애면(18-19절). 이 말씀. 이 예언. 이 책. 이 책. 우리는 이것을 현재 *삶의 의식이 오락가락하고 다음 삶의 의식으로 점차 넘어가면서 자신이 보고 있는 것, 정말 중요한 것을 계속 반복해 되풀이하는 아주 나이 많은 노인의 음성쯤으로 들을지 모른다. 내가 곧 간다. 이 책. 이 예언. 내가 곧 간다.

이 종소리를 듣고 외면하기가 얼마나 쉬운가. 이 종소리를 흥겨운 불협화음쯤으로 일축하기가 얼마나 쉬운가. 사람들은 계시록이 대체 어떤 책이냐고 묻는다. 혼자서는 도무지 이해할 수 없다. 다른 사람을 비웃는 이단과 광신도의 유쾌한 사냥터. 장황한 공상으로 가득한 사이비 기독교의 음산한 위협이라고 말하는 사람도 있다. 하지만 종은 계속 울린다. 내가 곧 간다. 이 책. 이 예언. 곧 간다. 이 사람의 말에 귀를 기울이라. 그는 나이 많을 수도 있고 장황해 보일 수도 있지만, 그는 보화가 묻힌 곳을 알고 있을 가능성이 아주 높다. 그가 우리에게 그것을 말해 주려고 애쓰고 있을 가능성이 아주 높다. 이것들은 믿을 만하고 참되다.

메아리치는 종소리 사이로 우리는 또 다른 음성, 교회 안에서 노래하는 음성을 듣는다. 나는 알파와 오메가, 처음과 마지막, 시작과 끝이다. 나 예수는 이 증언을 주려고 내 천사를 너희에게 보냈다. 나는 다윗의 뿌리요 자손, 빛나는 새벽별이다. 이 노래가 종소리, 반복과 재촉,

경고의 메아리를 뚫고 또렷하게 들리는 예수님의 음성과 섞인다. 정말 경고가 있다. 이제 변하기에는 너무 늦다. 어린 양의 피에 네 옷을 빨면, 너는 생명나무에서 나는 열매를 먹을 수 있다. 그렇게 하지 않는 사람, 온갖 종류의 거짓말을 날조하기 좋아하는 사람은 밖에 있을 것이기 때문이다(15절). 요한은 여기서 '일관성'에 대해 염려하지 않는다. 일관성은 종소리와 합창이 작용하는 방식이 아니다. 그렇다, 그 사람들은 이전에 불 연못에 있었고, 이제 그들은 도성 밖에 있다. 여느 때처럼 이것은 동일한 그림이 한 번 더 비틀린 만화경이다. 그런 염려 일랑 멈추고 음악에 귀를 기울이라. 이 책의 말씀. 곧 간다. 이 예언. 그렇다, 내가 곧 간다.

그리고 준비가 되었거든 동참하라. "그 *영과 신부가 말합니다. '오십시오!'" 성령은 계시록 곳곳에서 어떤 때는 일곱, 어떤 때는 '예언의 영'으로 나타난 신비로운 임재였다. 초점은 대부분 하나님과 어린 양에게 놓였다. 만약 주의하지 않으면, 우리는 요한이 삼위일체(Trinity)가 아니라 이위일체(Binity)를 믿었다고 생각했을 수도 있다.

얼마나 큰 실수였겠는가. 신부를 신부 되게 하는 분은 성령이시다. 순교자가 용기를 갖고 참된 증언을 하게 하는 분은 성령이시다. 커다란 찬양의 외침과 노래를 일으키는 분도 성령이시다. 성령은 하나님의 보좌에서 나와서, 모든 나라와 지파와 언어의 백성들의 마음과 생각, 삶에 숨을 불어넣은 뒤에, 아버지와 어린 양께 드리는 찬양으로 돌아온다. 이것이야말로 더없이 삼위일체적이고, 신부가 그 내면의 신적 생명에 사로잡혀 연인을 향해 '오십시오!'라고 말할 때, 우리는 이것이 성령의 말인지 신부의 말인지 분간할 수 없다. 대답은 둘 다이기 때문이다. *메시아의 영은 신부가 신부답게 되어 사랑스런 손발을 갖고, 신랑의 눈에 사랑스럽게 보이게 한다.

또 종소리는 혀를 얻어 그분의 이름을 널리 퍼뜨리고, 찬양과 초대의 소리를 울린다. 물로 나오라. 아직 시간이 있다. 와서 생명수를 마음껏 마시라. 요한의 독자들은 거리의 이웃에게서 차갑고 적대적인 시선과 당국자에게 알리겠다는 위협 이외에 다른 것을 접하기 어려울 것이다. 그들은 용과 괴물, 거짓 예언자의 현재 통치를 너무 깊이 의식한 나머지, 하나님의 거듭된 관대한 초대를 이웃에게 내놓는 대신 도피하여 구출되기만을 바랄 수도 있다. 하지만 하나님의 자비는 광대하고 그분의 초대는 세상만큼 폭넓기 때문에, 그들은 그렇게 해야 한다. 하나님은 우리를 이 모습대로 만드셨기 때문에, 그분은 사랑의 호소 없이 강요하지 않으실 것이다. 그분의 사랑에 대해, 또 다른 모든 것에 대해 거짓을 말하는 사람들만이 거부할 것이다(15절). 하지만 하나님은 하나님이시고, 살해당한 어린 양 안에서 자신의 목적을 영광스럽게 성취한 창조주시기 때문에, 그분은 계속해서 목마른 사람을 전부 초대하여 환영하고 그들에게 생명수를 부어 주실 것이다. 종소리에 귀를 기울이라. 이 말씀. 이 예언. 이 책. 곧 간다. 그렇다, 내가 곧 간다.

또 성령께서 각 사람 안에, 회랑과 교회 안에, 전쟁터와 알현실에, 유배된 섬과 고문실에, 남자와 여자의 마음에, 주교 의자에 앉은 작은 아이의 꿈속에, 그리고 학자의 연구 속에, 기도, 부르짖음, 찬양, 희망, 사랑을 일깨우신다. 아멘! 오십시오, 주 예수님.

이 편지(계시록은 항상 예언이요 계시일 뿐만 아니라 편지였다)는 당연히 마무리 인사로 마친다. "주 예수의 은혜가 여러분 모두에게 있기를 빕니다"(21절). 관례를 따른 것이기는 하지만, 이 인사말에 이제 이 책 전체의 무게가 실린다. 이 인사말은 수천 가지 '은혜'의 이미지로 자욱하고, 황제의 코앞에서 고백된 '주'라는 단어의 위력이 배어 있고, 여전히 열려 있는 초대 문구 "여러분 모두"로 반짝이고, 무엇보다 한 이름으로 향기롭다. 곧 이제 만물 위에 높아지신 이름, 죽임 당한 어린 양의 이름, 우리가 사랑하고 간절히 보고 싶어 하는 분의 이름이다. 이 책은 예수님의 계시, 예수님에 대한 증언, 예수님께 대한 경배 행위였다. 이 말씀. 이 책. 이 예언. 종소리에 귀를 기울이라. 곧 간다. 이 예수님.

용어 풀이

게헨나Gehenna, **지옥**hell
게헨나는 지리적으로 예루살렘 서남쪽 비탈에 있는 힌놈 골짜기를 말한다. 고대로부터 이곳은 쓰레기 매립지로 이용되어, 언제나 쓰레기 타는 연기가 피어올랐다. 예수님 시대에 이미 일부 유대인들은 이곳을 죽음 이후에 형벌을 받는 장소의 이미지로 사용했다. 예수님은 (회개하지 않는다면 온 도시가 연기로 자욱한 쓰레기 더미가 될 것이라는) 예루살렘에 대한 경고와 (하나님의 최후 심판을 주의하라는) 인류 전체에 대한 경고가 혼합된 의미로 사용하셨다.

고발자the accuser **사탄**을 보라.

교제fellowship
우리가 흔히 '교제'라 번역하는 말은 사업 파트너 관계를 의미할 수도 있고(고대 사회에서는 가족끼리 사업을 운영했기 때문에 이런 경우 가족에 대한 충성심이라는 의미도 포함되어 있다), 기업 내의 상호 소속감과 공유 의식을 의미할 수도 있다. 초기 기독교에서 '교제'는 그리스도인으로서 서로에게 속했다는 의식뿐 아니라 예수 그리스도께 함께 속했고 성령을 통해 그분의 삶에 동참한다는 의식을 심어 주었다. 그러한 의식은 '빵을 떼는 것'과 가난한 사람들과 재산을 나누는 것 같은 행위로 드러났다.

구속 redemption

문자적으로 '구속'이라는 말의 뜻은 '되사는 것'이다. 고대 사회에서는 주로 노예가 자신의 자유를 사거나 누가 그 자유를 사 준다는 뜻으로 사용되었다. 성경에 나오는 위대한 '구속'은 하나님이 자기 백성을 '사서' 이집트의 종살이에서 벗어나 약속의 땅에서 자유롭게 살게 해주신 것이다. 그 사건으로 이 단어는 완전히 새로운 색깔을 입게 되었다. 나중에 유대인들이 바빌로니아로 유배 갔을 때 (그리고 훗날 자기 땅으로 돌아와서도) 그들은 그 상황을 새로운 종살이로 인식했고, 따라서 새로운 구속이 필요하다고 말했다. 예수님과 초대 그리스도인들은 이와 같은 지속적 노예 상태를 매우 급진적으로 해석하여 죄와 죽음에 대한 노예 상태로 보았고, 마찬가지로 '구속'도 그런 복합적이고 압제적인 노예 상태에서 벗어나게 하는 구출로 이해했다. 구출은 하나님이 예수님의 죽음을 통해 베풀어 주신 것이다(롬 3:24).

구원 salvation

구원은 '구출'(rescue)이라는 뜻인데, 그 의미는 무엇이 구출받아야 하고 무엇에서 구출받아야 한다고 생각하는지에 따라 달라졌다. 따라서 인간의 곤경은 불멸의 영혼이 타락한 필멸의 육체 안에 갇혀 있기 때문이라고 생각하는 경우, '구원'은 그 영혼을 육체라는 감옥에서 구출하는 것이다. 그러나 대다수 유대인들과 초기 그리스도인들은 죽음 그 자체, 하나님이 주신 육체의 생명이 끝나는 것을 진정한 원수라고 보았고, 따라서 '구원'은 죽음 그 자체에서 구출받는 것일 수밖에 없다고 생각했다. 달리 말하면, 주님이 돌아오실 때 이미 죽은 사람들은 육체가 부활하고, 아직 살아 있는 사람들은 육체가 변화되는 것이 '구원'이라고 생각했다(예를 들면, 고전 15:50-57). 바울과 그 외 성경 저자들은 이 '구원'을 창조 세계 전체로 확장했다(롬 8:18-26). 그러나 '구원'이 하나님의 창조 질서와 창조된 우리의 몸을 왜곡하고 훼손하고 파괴하는 (죄, 질병, 부패, 죽음과 같은) 것들로부터 궁극적으로 구출받는 것을 뜻한다면, 신약에서 '구원'이라는 말(또한 '구원받는다' 같은 말)을 쓰는 상황은 단순히 사람이 믿음을 얻고 영생을 확인받는 상황만이 아니라, 육체를 치유받고 끔찍한 곤경에서 구출받는 상황도 포함해야 하며 실제로 포함하는 것을 확인할 수 있다(예를 들면, 행 16:30-31; 27:44). 인류 전체와 창조 세계 전체의 구원에 대한 성경적 관점의 토대는 예수님의 부활이며, 그 구원은 미래에 완성되겠지만 예수님의 사명과 성취로 이미 시작되었다.

귀신demons **사탄**을 보라.

그리스도Christ **메시아**를 보라.

기적miracles

엘리야나 엘리사와 같은 옛 예언자들처럼, 예수님도 놀라운 능력을 많이 행하셨다. 특히 치유를 많이 행하셨다. *복음서에서는 '능력의 행위' '표적' '기이한 일' '역설' 등으로 언급한다. '기적'이라는 말은 주로 세상의 폐쇄 체계 '밖에' 계시는 하나님이 때로는 '개입하신다'는 것을 암시하는 경향이 있다. 그래서 기적은 원칙상 자주 부인되어 왔다. 그러나 성경에서는 하나님이 언제나 현존하신다고 보기 때문에, '능력의 행위'를 **부재하시는** 하나님의 **개입** 행위로 보기보다는 **현존하시는** 하나님의 **특별한** 행위로 본다. 예언에 따르면, 예수님 자신의 '능력 있는 행위'는 특히 예수님이 메시아시라는 증거로 볼 수 있다(예를 들어, 마 11:2-6).

나라kingdom **하나님 나라**를 보라.

나병 환자 leper, 나병 leprosy

현대의학 이전 시대에는 전염성 질환이 퍼지는 것을 막으려면 엄격한 의학적 통제가 필요했다. 심각한 피부병이 주요 증상인 몇몇 전염병이 '나병'으로 분류되었고, 그 병의 진단과 예방에 대해서는 레위기 13-14장에서 길게 설명하고 있다. 그 병에 걸린 사람은 도시에서 떨어져 살아야 했고, 사람들이 자신에게 다가오지 못하도록 '부정하다'라고 외쳐야 했다(13:45). 그 병이 치유가 되었을 경우 *제사장으로부터 인증을 받아야 했다(14:2-32).

다윗의 자손 son of David, David's son

*메시아를 일컫는 또 다른 호칭으로서, 자주 쓰이지는 않았다. 구약에서 메시아에 대한 약속은 구체적으로 다윗의 자손에 초점을 맞추는 경우가 종종 있다. 예를 들면, 사무엘하 7:12-16과 시편 89:19-37이 그렇다. 마태복음 1:20에서는, 천사가 마리아의 남편 요셉을 '다윗의 자손'이라 부른다.

대제사장 high priest 제사장을 보라.

랍비 rabbis 바리새인을 보라.

마지막 날, 마지막 때 last days

고대 유대인들은 세계 역사를 두 시기로 나누어 생각했다. 하나는 *'현 시대'(the present age)고, 다른 하나는 *'오는 시대'(the age to come)다. 현 시대는 악이 아직도 여러 형태로 만연한 채 남아 있는 때고, 오는 시대는 정의와 평화와 기쁨과 사랑이라는 하나님의 궁극적 통치가 시작되는 때다. 고대의 예언자들은 전자에서 후자로 넘어가는 시대의 전환을 '마지막 날'이라는 용어로 말했다. 그 의미는 '현 시대'의 마지막 시간 혹은 '오는 시대'가 궁극적으로 도래하는 시점이었다. 베드로가 사도행전 2:17에서 요엘을 인용하면서 뜻한 바는 아마도 두 가지 의미 모두였을 것이다. 즉, 두 시대가 겹쳤는데, 그리스도인들은 *하나님 나라가 예수님 안에서 그리고 예수님을 통해서 시작되는 시기와 예수님이 다시 오심으로써 완성되는 시기 사이의 '마지막 날'에 살고 있다는 의미다. 신약에 따르면, 우리가 그 후자의 사건이 일어날 정확한 시기를 계산할 수 있다고 생각할 여지가 전혀 없으며, 예수님이 다시 오시기 직전의 시기가 (이를테면 더 폭력적이라거나 하는 식으로) 다른 시기와 크게 다를 것이라고 생각할 여지도 전혀 없다(마 24:36-39를 보라).

말씀word 좋은 소식을 보라.

말씀Word

요한복음의 프롤로그(1:1-18)에서는 말씀(그리스어, '로고스')이 특별한 의미로 사용되는데, 그 바탕에는 창조와 새 창조에서 역사하는 하나님의 말씀에 대한 고대 이스라엘의 이해가 자리잡고 있다. 여기서 말씀은 세상 밖에 머무시는 하나님의 인격적 현존인 예수님이시다. 그분은 창조 세계를 생겨나게 하셨다. 이제 그분은 치유와 회복을 가져다주신다.

메시아Messiah, 그리스도Christ

메시아는 히브리어로 '기름부음 받은 자'라는 뜻이다. 따라서 이론적으로는 예언자나 제사장, 혹은 왕을 가리킨다. 이를 그리스어로 번역하면 '크리스토스'(*Christos*)가 된다. 초기 기독교에서 '그리스도'는 하나의 직명이었지만, 점차 예수님의 이름을 대신하는 고유 명사가 되었다. 실제로 '메시아'라는 말은 다윗의 진정한 후계자로 오실 왕이라는 개념에 거의 국한되었다. 이러한 개념은 고대 유대교에서는 여러 형태로 나타나기도 한다. 이 후계자를 통하여 야웨가 세상을 심판하실 것이며, 특히 이방의 적들로부터 이스라엘을 구출하실 것이라고 보았다. 이러한 기대가 단 하나의 틀로만 존재하지는 않았다. 성경에 나타난 이야기들과 약속들을 통하여 다양한 이상과 운동들이 생겨났는데, 그 두 가지 주된 초점은 (1) 이스라엘의 적들에게 닥칠 결정적인 군사적 패배와 (2) *성전의 재건 혹은 정화에 맞추어졌다. *사해 사본은 두 명의 '메시아'에 대해 말하는데, 하나는 제사장이고 다른 하나는 왕이다. (예수님이 메시아가 아니었음을 보여 주는 분명한 표시로 여겨질 수 있었던) 로마에 의한 예수님의 십자가 처형에도 불구하고 초기 그리스도인들이 보편적으로 예수님을 메시아로 믿은 이유를 설명하려면, 하나님이 예수님을 죽은 자들 가운데서 살리심으로써 일찍이 예수님이 사역을 통해 은연중에 스스로를 메시아로 주장하셨던 것을 정당화하셨다고 그들이 믿었기 때문이라고 보는 수밖에 없다.

메시지message 좋은 소식을 보라.

미쉬나Mishnah

주후 200년경에 *랍비들이 유대 율법(*토라)을 대대적으로 성문화하여 만든 것으로서, 예수님 당시에 '성문 토라'와 병행하던 '구전 토라'를 압축하여 기록한 것이다. 훨씬 더 광범위한 전승을 모아 엮은 두 개의 탈무드(주후 400년경)는 미쉬나를 기초로 하여 만든 것이다.

믿음faith

신약에서 말하는 믿음은 인간이 보이는 신뢰(trust)와 인간이 받을 만한 신뢰성(trustworthiness)을 망라하는 넓은 개념으로서, 한 쪽 끝에서는 사랑과 합쳐지고 반대 쪽 끝에서는 충성과 합쳐진다. 유대교 및 기독교적 사고에서 보면, 하나님을 믿는 믿음에는 '신념'(belief)도 포함된다. 이 신념이란 하나님 자신에 대한 어떤 사실은 물론 하나님이 세상 속에서 하신 일(예를 들어, 이스라엘을 이집트에서 빼내신 일이나 예수님을 죽은 사람들 가운데서 일으키신 일)을 진리로 받아들이는 것이다. 예수님이 말씀하시는 '믿음'이란 '하나님이 예수님을 통한 *하나님 나라의 도래를 위해 결연히 일하신다는 사실을 인정하는 것'을 의미하는 듯하다. 바울이 말하는 '믿음'이란 예수님이 주님이라는 것과 하나님이 예수님을 죽은 자들 가운데서 일으키셨다는(롬 10:9) 것을 믿는 특별한 신념인 동시에 하나님의 주권적 사랑에 대한 감사로 인간이 보이는 사랑의 반응(갈 2:20)이다. 바울은 이 믿음을 그리스도 안에서 하나님의 백성이 되었음을 보여 주는 유일한 표지로 보았는데, 이는 *토라와 토라가 처방하는 행위로는 결코 구별할 수 없는 표지다.

바리새인, 바리새파Pharisees, 랍비rabbis

바리새인은 주전 1세기부터 주후 1세기에 이르는 대부분의 기간 동안 활동했던 비공식적이지만 강력한 유대인 압력 집단이었다. 일부 *제사장들도 포함되었지만 대체로 일반인이 주도하는 그들 집단은 유대교의 율법(*토라) 준수를 강화함으로써 이스라엘을 정화하는 것이 목적이었다. 그러면서 그들은 성경의 정확한 의미와 적용에 대한 나름의 전통과 기도 및 경건 생활에 대한 나름의 형식은 물론, 민족의 희망에 대해서도 나름의 전망을 발전시켰다. 모든 율법학자가 다 바리새인은 아니었지만, 대부분의 바리새인은 율법학자였다.

그들은 이스라엘 백성의 삶을 민주화하는 데 영향을 미쳤다. 이는 토라를 연구하고 실천하는 것을 *성전에서 예배하는 일과 동등하게 여겼기 때문이다. 비록 그들이 성전 의례에 대한 그들 나름의 규칙을 (흔히 사두개파) 제사장들에게 강경하게 밀어붙이긴 했지만 말이다. 토라 중심의 신앙 때문에 그들은 주후 70년 이후에도 살아남을 수 있었고, 초기 랍비 운동에 합류하여 새로운 방식으로 발전할 수 있었다. 정치적으로는 선조들의 전통을 옹호하면서, 이방인의 지배는 물론 타협적인 유대 지도자들 모두에 반대하는 다양한 반란 운동의 선봉에 섰다. 예수님 당시에는 두 개의 주도적인 학파가 있었는데, 엄격한 샴마이(Shammai) 학파는 무장 반란으로 더 기울었고, 온건한 힐렐(Hillel) 학파는 기꺼이 공존하자는 쪽이었다.

예수님이 바리새파와 벌이신 논쟁은 구체적인 신학과 경건에 대한 것 못지않게 정치적 의제와 정책의 문제도 있었다(예수님은 그들의 분리주의적 민족주의에 강력히 반대하셨다). 다소의 사울은 회심하기 전까지는 열렬한 우파 바리새인이었는데, 아마도 샴마이 학파였을 것이다.

주후 66-70년의 처절한 전쟁 이후에도 힐렐 학파와 샴마이 학파는 정책 문제를 두고 신랄한 논쟁을 계속 벌였다. 주후 135년에 또 한 번의 참화[실패로 끝난 바 코흐바(Bar-Kochba)의 반 로마 반란]를 겪은 후에는, 이전 세대 바리새인들에게서 영감을 얻긴 했지만, 정치적 의제 대신 개인의 거룩함과 순결을 내세운 토라식 경건을 발전시킨 랍비들이 그들의 전통을 이었다.

방언 speaking in tongues

여러 종교에서 특정한 유형의 황홀경을 경험하는 사람들은 때로 자신들이 이해하지 못하는 언어로 말하거나 기도하거나 심지어 노래하기도 한다. 때로 그 언어가 실제로 통용되는 언어인 경우 그것을 알아듣는 사람이 있기도 했는데, 사도행전 2장에서 설명하는 것이 바로 그런 경우다. 우리 시대를 포함해 그 이후 시대에도 그와 같은 사례가 많았다. 실제 인간의 언어가 아니라 언어 비슷한 일종의 중얼거림으로 나타나기도 하고, 그것을 말하는 사람도 언어인지 아닌지 구분을 못하기도 한다. 바울은 이런 현상이 비기독교적 환경에서도 일어날 수 있음을 잘 알았다(고전 12:1-3). 그러나 그는, 또한 이후의 수많은 사람들은, 이런 기도가 예수님의 임재를 환기하고, 성령의 에너지를 경축하고, 사람과 상황을 위해 중보하는 데, 특히 무엇을 위해 기도해야 할지 잘 모를 때(롬 8:26-27을 보라) 강력한 힘을 발휘한다는 것을 알았다. 오늘날 특히 오순절파와 은사주의 운동을 하는 사람들도 마찬가지다. 그러나 초기 기독교가 '방언'이 *성령께서 누군가의 인생에서 그리고 그 인생을 통해서 일하신다는 것을 보여주는 필수적 표지라거나 충분한 표지라고 가르쳤다는 근거는 없다. 또한 이따금 사람들의 주장과는 달리, 그 은사를 받은 사람이 받지 않은 사람보다 더 새롭고 더 수준 높은 영성에 도달했다고 볼 근거는 더더욱 없다. 물론 사도행전 2장, 8:17(방언을 언급하지는 않지만 암시한다), 11:46, 19:6에서는 '방언'이, 하나님의 백성에 포함되리라 예상하지 못했던 사람들에게 성령이 부어졌다는 표지였다. 그러나 '방언'에 대한 아무런 언급 없이 성령께서 강력하게 일하셨던 때도 많으며, 어떤 사람들에게는 방언으로 기도하는 것이 단지 신앙 입문의 표지가 아니라 일상적 실천이었다는 암시도 많다(예를 들면, 고전 12장과 14장).

복음, 복음서gospel **좋은 소식**을 보라.

부활resurrection

대부분의 성경적 사상은 인간의 육체를 중시한다. 육체는 단순히 한 번 쓰고 버리는 *영혼의 감옥이 아니다. 고대 이스라엘 사람들은 창조주이신 *야웨의 선하심과 정의라는 문제를 고심하면서, 결국 하나님이 죽은 자를 살리실 수밖에 없다고 주장하기에 이르렀는데(사 26:19; 단 12:2-3), 이는 고대의 이교 사상이 단호히 거부하는 주장이었다. *유배로부터의 귀환을 갈망하는 것도 야웨께서 마른 뼈들을 일으켜서 새 생명을 주신다는 관점에서 말하는 것이었다(겔 37:1-4). 이러한 사상은 제2성전기에, 특히 순교의 시기에 발전되었다(예를 들어, 마카베오하 7장). 부활은 단순히 '죽음 이후의 삶'이 아니라 '죽음 이후의 삶' **이후에** 오는 새로운 육체를 입은 삶이었다. 현재 죽어 있는 사람들은 '잠들어' 있거나, 새로운 육체를 입기를 기다리는 '영혼'이나 '천사', '영'으로 여겼다.

예수님이 죽은 자들 가운데서 살아나셨다는 초기 그리스도인들의 믿음은 예수님이 '*하늘로 가셨다'거나, '높임을 받으셨다'거나, '신'이었다는 말이 아니었다. 물론 그 모든 것도 다 믿었지만, 그런 것들은 굳이 부활을 언급하지 않더라도 할 수 있는 표현이었다. 예수님의 육체적 부활을 통해서만, 초대교회의 출현은 물론 (예수님의 십자가 처형으로 의문시되었을) 예수님의 메시아 되심에 대한 초기 신앙을 설명할 수 있다. 초기 그리스도인들은 주님이 돌아오실 때, 곧 *파루시아의 때가 이르면, 자신들도 새롭게 변화된 육체를 입은 생명으로 살아날 것이라고 믿었다(예를 들어, 빌 3:20 이하).

비유parables

구약 시대부터 예언자들과 교사들은 이스라엘에게 도전을 주는 도구로 다양한 이야기 기법을 사용했다(예를 들어, 삼하 12:1-7). 때로 이는 해석을 곁들인 환상으로 나타나기도 했다(예를 들어, 단 7장). *랍비들도 유사한 기법을 사용했다. 예수님은 이러한 전통을 창의적으로 활용하시어, 동시대인들의 세계관을 밝혀내시면서 *하나님 나라에 대한 자신의 비전에 함께하자고 초대하셨다. 예수님은 이야기를 통해 하나님 나라를 시간을 초월한 진리로만이 아니라 현재 **일어나고 있는** 일로 묘사하심으로써, 청중으로 하여금 이야기 속으로 들어가 그것을 자신들의 이야기로 삼을 수 있게 하셨다. 구약에 나타난 일부 환상과 마찬가지로, 예수님의 일부 비유들도 해석이 따라오는 경우가 있다(예를 들어, 막 4장의 씨 뿌리는 자의 비유). 나머지 비유들은 이스라엘에 대한 예언적 이야기를 약간 각색하여 다시 들려주신 것이다(예를 들어, 막 12장의 악한 소작농들의 비유).

사귐fellowship 교제를 보라.

사도apostle, **제자**disciple, **열두 제자**the Twelve

'사도'란 '보냄 받은 사람'을 뜻하며, 대사나 공식 대리인을 일컫는 데도 쓰이는 말이다. 신약에서는 특별히 예수님의 측근 집단인 열두 제자를 일컫기도 하지만, 바울은 자기 자신뿐 아니라 이 열두 제자에 속하지 않은 다른 몇몇 사람도 '사도'로 본다. 그 기준은 그 사람이 부활하신 예수님을 개인적으로 직접 만났는지 여부에 있다. 예수님은 측근 열둘을 친히 택하심으로써, 하나님의 백성 이스라엘을 회복하시려는 자신의 계획을 상징적으로 보여 주셨다. 가룟 유다가 죽은 후(마 27:5; 행 1:18) 그를 대신하기 위해 제비뽑기로 맛디아를 선택했는데, 여기에는 그러한 상징적 의미가 담겨 있다. 예수님의 지상 생활 중에는 열두 제자를 비롯한 다른 많은 추종자가 예수님의 '제자'로 알려졌다. 여기서 제자란 '학생' 혹은 '견습생'을 의미한다.

사두개인, 사두개파 Sadducees

예수님의 시대에 사두개인은 유대교의 귀족 계급이었으며, 그들의 기원은 아마도 다윗의 *대제사장이었던 사독 가문까지 거슬러 올라갈 것이다. 예루살렘을 기반으로 하여, 지도적인 제사장 가문 대부분이 속했던 이들은 그들 나름의 전통을 가졌으며, *바리새파가 강요하는 전통을 거부하려 했다. 그들은 자신들이 모세오경(구약 성경의 첫 다섯 권)만 신뢰한다고 주장했으며, 미래의 삶에 대한 교리는 무엇이든 전부 부인했다. 특히 *부활 및 부활과 관련된 사상에 대한 교리도 부인했다. 아마도 그러한 믿음이 혁명 운동을 부추겼기 때문이었을 것이다. 벤 시락(Ben Sirach)의 묵시서(집회서)가 사두개파의 책이 아니라면, 사두개파가 쓴 글은 남아 있는 것이 없다. 사두개파는 주후 70년에 예루살렘과 *성전이 파괴되면서 함께 사라졌다.

사탄 the satan, 고발자 the accuser, 귀신 demons

성경은 '사탄'으로 알려진 자의 정체에 대해 분명하게 말하지 않는다. 히브리어로 '고발자'란 뜻을 지닌 사탄은 때로 검찰과 같은 기소자의 책임을 지고 *야웨의 천상회의에 서는 존재로 보이기도 한다(대상 21:1; 욥 1-2장; 슥 3:1 이하). 그러나 사탄은 에덴동산의 뱀(창 3:1-15)과 *하늘에서 쫓겨난 반역자 계명성(사 14:12-15)처럼 다른 모습으로 나타나기도 한다. 많은 유대인이 사탄을 유사 인격적 악의 근원으로 보았으며, 인간의 악함과 세상의 거대한 불의 배후에 있으면서 때로는 어느 정도 독립적으로 활동하는 '귀신'을 부리는 존재로 보았다. 예수님 시대에는 이 자를 일컫는 단어가 여럿 있었다. 바알세불/바알세붑(문자적으로는 '파리 대왕')이라는 말이 있었는가 하면, 단순히 '악한 자'라는 말도 있었다. 예수님은 이 자의 속임수를 조심하라고 제자들에게 경고하셨다. 예수님의 대적들은 예수님이 사탄과 결탁했다고 비난했지만, 초기 그리스도인들은 예수님이 몸소 유혹에 맞서 싸우시고(마 4장; 눅 4장), 귀신을 쫓아내시고, 죽으심으로써(고전 2:8; 골 2:15) 사탄을 물리치셨다고 믿었다. 그러므로 그리스도인들에게 이 싸움이 아직 치열할 수 있지만(엡

6:10-20), 이 궁극적 적에 대한 최후의 승리는 보장되어 있다(계 20장).

사해 사본 Dead Sea Scrolls

1940년대 말에 쿰란(사해 북동쪽 근방) 주변에서 발견된 여러 문서의 모음으로서, 더러는 놀랄 만큼 보존이 잘 되어 있는 반면에 더러는 심하게 조각이 난 상태다. 현재는 문서 전체가 편집, 번역되어 공개되었다. 이 문서는 엄격한 수도원 공동체의 도서관에 속한 자료 전부 혹은 일부였다. 이들은 아마도 주전 2세기 중엽에 설립되어 주후 66-70년에 벌어진 유대-로마 전쟁 때까지 존속한 에세네파일 가능성이 가장 높다. 이 문서에는 현존하는 최고(最古)의 히브리어 및 아람어 성서 사본이 포함되어 있다. 뿐만 아니라 공동체 규칙과 성서 주해, 찬송가, 지혜 문학 등 중요한 문서들도 포함되어 있다. 이러한 문서들은 예수님 당시의 유대교에 속했던 한 작은 분파를 이해하는 데 엄청난 도움이 되었다. 이로 인해 일부 유대인들이긴 하지만 그들이 어떻게 생각했고, 어떻게 기도했고, 어떻게 성경을 읽었는지 알 수 있게 되었다. 관련을 지으려는 여러 시도가 있었음에도 불구하고, 이 문서들은 *세례 요한이나 예수님, 바울, 야고보, 혹은 초기 기독교 전반에 대해 아무런 언급도 하지 않는다.

생명 life, 영혼 soul, 영 spirit

고대인들은 인간 존재를 특별한 피조물로 구별되게 해주는 것이 무엇인지에 대해 여러 관점을 갖고 있었다. 많은 유대인을 포함하여 어떤 사람들은, 인간이 완전해지려면 내면의 자아는 물론 육체도 필요하다고 믿었다. 그런가하면 플라톤(주전 4세기) 철학의 영향을 받은 많은 사람을 포함하여 또 다른 사람들은, 인간의 중요한 부분은 '영혼'[그리스어로 '프쉬케'(*psyche*)]이고, 이 영혼은 죽을 때 육체의 감옥에서 기쁘게 해방될 것이라고 믿었다. 이 '프쉬케'가 신약에서도 자주 사용되어 혼란을 야기한다. 물론 유대인의 사고 틀에서 사용되는 이 경우, '프쉬케'는 분명히 '생명' 혹은 '진정한 자아'를 의미하지 육체를 경시하는 육체/영혼의 이원론을 암시하지는 않는다. '영'은 경험과 이해의 인간 내면성을 가리킬 수도 있다. 또한 *성령과 *부활을 보라.

서기관 scribes
글자를 제대로 쓰는 사람이 별로 없던 세계에서, 훈련받은 기록인 계급('서기관')은 사업이나 결혼 등의 계약서를 작성하는 중요한 기능을 수행했다. 따라서 많은 서기관이 율법학자였을 것이고, 아마 *바리새파인 경우도 많았을 것이다. 물론 서기관들도 다양한 정치적·종교적 입장을 가질 수 있었다. 초기 기독교 문서, 특히 예수님에 대한 이야기를 베끼는 일에서 그리스도인 서기관들은 아주 중요한 역할을 했다.

성령 holy spirit
창세기 1:2에서 성령은 창조 세계 안에 있는 하나님의 현존과 능력이다. 그러나 하나님이 곧 창조 세계는 아니다. 동일한 성령이 사람에게 들어가서, 특히 예언자에게 들어가서 그들로 하나님을 대신하여 말하고 행동할 수 있게 했다. 예수님은 *세례 요한에게 세례를 받으시면서 특별히 성령을 받으셨고, 그 결과 놀라운 공적 사역이 따랐다(행 10:38). 예수님의 *부활 이후에는 예수님의 제자들도 동일한 성령으로 충만했는데(행 2장), 성령은 이제 예수님 자신의 영과 동일시되었다. 곧, 창조자 하나님이 새로운 방식으로 일하시면서 이 세상과 제자들 역시 새롭게 고치신 것이다. 성령은 제자들이 *토라로는 불가능했던 거룩한 삶을 살 수 있게 하시고, 삶 속에서 '열매'를 맺게 하시며, 하나님과 세상과 교회를 섬길 '은사'를 주셨으며, 미래의 *부활에 대해 확신할 수 있게 해주셨다(롬 8장; 갈 4-5장; 고전 12-14장). 기독교는 아주 일찍부터(예를 들어, 갈 4:1-7), 하나님에 대한 새롭고도 혁명적인 정의("아들과 아들의 영을 보내시는 분")에 성령을 포함시켰다.

성전 Temple
예루살렘 성전은 다윗이 계획하고(주전 1000년경) 그의 아들 솔로몬이 온 이스라엘의 중심 성지로 건축한 것이었다. 주전 7세기에 히스기야와 요시야의 지휘 아래 보수가 되었지만, 그후 주전 587년에 바빌로니아에 의해 파괴되었다. *유배에서 귀환한 사람들이 주전 538년에 성전을 재건하기 시작하여 516년에 완공하였는데, 그때부터 '제2성전기'가 시작되었다. 안티오쿠스 에피파네스(Antiochus Epiphanes)가 성전을 더럽힌(주전 167년) 후 유다 마카비우스(Judas Maccabaeus)는 주전 164년에 성전을 정화했다. 헤롯 대왕은 주전 19년에 성전을 재건하고 꾸미기 시작했으며, 이는 주후 63년에 가서야 완공되었다. 그러나 이 성전은 주후 70년에 로마에 의해 다시 파괴되었다. 많은 유대인은 성전이 재건되어야 하고 또 재건될 것으로 믿었는데, 지금도 그렇게 믿는 사람들이 있다. 성전은 *희생 제사를 드리는 곳일 뿐 아니라, 이 땅에서 *야웨께서 거하시는 유일한 곳이며, *하늘과 땅이 만나는 곳이라고 믿었다.

성찬 eucharist

최후의 만찬 자리에서 예수님이 "나를 기억하여 이를 행하라"고 하신 명령(눅 22:19; 고전 11:23-26)에 순종하여 처음 그리스도인들과 그 이후의 그리스도인들이 행하는 식사를 말한다. '성찬'이란 말 자체는 헬라어로 '감사'라는 말에서 왔다. 그러므로 이는 기본적으로 '감사의 식사'를 의미하며, 이를 통해 예수님이 빵을 들어 감사 기도를 하시고 잘라서 나누어주셨던 여러 번의 사건(예를 들어, 눅 24:30; 요 6:11)을 돌아보게 된다. 같은 식사를 일컫는 초기의 표현들로는 '주의 만찬'(the Lord's Supper, 고전 11:20)과 '빵을 뗌'(행 2:42)이 있다. 나중에는 '미사'(the Mass, 예배 마지막에 말하는 '보내다'라는 뜻의 라틴어에서 유래한)와 '거룩한 교제'(Holy Communion, 바울은 그리스도의 살과 피를 '나누다' 혹은 그에 '함께 참여하다'라는 표현을 사용했다)로 불렸다. 나중에 이 식사와 관련된 여러 행위와 요소들이 정확히 무슨 의미인지를 두고 신학적 논쟁이 벌어졌다는 이유로 초기 그리스도인의 삶에서는 물론 오늘날까지도 계속되는 이 식사의 중요성이 흐려져서는 안 된다.

세례 baptism

문자적으로는 사람을 물에 '잠기게 하는 것'(plunging)이란 의미다. *세례 요한은 요단강에서 사람들에게 세례를 주는 소명을 맡았는데, 이는 유대교 전통의 씻고 목욕하는 의식이라는 좀더 넓은 맥락에 속한다. 세례는 단순히 여러 의식 가운데 하나가 아니라 *회개를 위한 독특한 계기였다. 사람들은 이러한 회개를 통하여 다가오는 *하나님 나라를 맞을 준비를 할 수 있었다. 예수님 자신도 요한에게 세례를 받으심으로써, 이러한 갱신 운동에 동참하시고 이 운동을 나름의 방식으로 발전시키셨다. 후에는 예수님의 추종자들도 다른 사람들에게 세례를 주었다. 예수님이 *부활하시고 *성령을 보내신 이후에, 세례는 예수님의 백성 공동체에 들어가는 표지이자 수단이 되었다. 일찍이 바울이 활동하던 시기에도, 세례는 *출애굽(고전 10:2)은 물론 예수님의 죽음 및 부활(롬 6:2-11)과 나란히 언급되었다.

세례 요한 John the Baptist

예수님보다 몇 달 먼저 태어난 예수님의 외사촌으로서, 그의 아버지는 *제사장이었다. 요한은 사람들이 *회개를 통하여 임박한 하나님의 심판에 대비할 수 있게 하려고 요단강에서 (*출애굽 사건의 극적 재연이라 할 수 있는) 세례를 주면서 예언자로 활동했다. 요한의 공적 메시지가 최종적으로 *에세네파와는 달랐지만, 요한과 에세네파 사이에는 어떤 접촉이 있었을 수도 있다. 예수님 자신의 소명은 예수님이 요한에게 *세례를 받으셨을 때 결정적으로 확정되었다. 헤롯 안티파스가 이복동생의 아내와 결혼한 것을 두고 요한이 공공연하게 비판한 것도 요한이 선포한 *하나님 나라 메시지의 일환이었다. 헤롯은 요한을 투옥한 후, 아내의 요청대로 요한의 목을 베었다(막 6:14-29). 요한이 죽은 후 얼마 동안 요한의 제자 집단은 기독교에 합류하지 않은 채 독자적으로 존재했다(예를 들어, 행 19:1-7).

승천 ascension

누가*복음 마지막 부분과 사도행전 시작 부분에서 누가는 예수님이 땅에서 *하늘로 '올라가셨다'는 표현을 쓴다. 이를 이해하려면 '하늘'은 시간, 공간, 물질로 구성된 우리가 사는 세상 내부의 어떤 '장소'가 아니라 다른 **차원**의 실재임을 기억해야 한다. 그 차원은 우리가 속한 차원과 교차하고 상호작용하는 하나님의 차원이다. [우리가 속한 차원은 '땅'(earth)이라고 부르는데, 우리가 살고 있는 행성을 뜻하기도 하고 시공간의 우주 전체를 뜻하기도 한다.] 따라서 예수님의 '승천'은 예수님이 멀리 계신다는 뜻이 아니라, 자신의 백성과 언제나 가까이 계실 수 있고 실제로 가까이 계신다는 뜻이다. 게다가 성경에서 '하늘'은 (말하자면) '땅'의 통제실이기 때문에, 예수님이 지금 여기서 일어나는 일을 실제로 담당하신다는 뜻이기도 하다. 물론 그분이 주권적으로 통치하시는 방식은 이 땅의 지도자들이 자기 뜻을 관철하는 방식과 매우 다르다. 예수님은 자신의 생애에서와 같이 고난을 포함한 신실한 순종을 통해 구원의 목적을 성취하신다. 따라서 전 세계에 복음이 전파되는 결과를 낳은 초대 교회의 삶과 증언은, 예수님이 승천하셨고, 그분이 이 세상의 정당한 주님이시라는 말이 의미하는 바를 보여 준다.

신앙 faith **믿음**을 보라.

안식일 sabbath

한 주의 일곱째 날인 유대교의 안식일은 창조(창 2:3; 출 20:8-11)와 *출애굽 사건(신 5:15)을 정기적으로 기억하게 해주는 날이었다. 안식일은 *할례 및 음식법과 더불어 고대 말기에 이방 세계에서 유대인의 정체성을 드러내는 표지였다. 또한 유대교의 율법과 풍습의 상당 부분은 안식일 준수를 중심으로 발전되었다.

야웨 YHWH

하나님을 일컫는 고대 이스라엘의 호칭으로서, 최소한 *출애굽 시대부터 사용되었다(출 6:2 이하). 원래는 '야웨'(Yahweh)로 발음되었을 것이지만, 예수님 시대에 이르러서는 소리 내어 말할 수 없는 너무 거룩한 이름으로 여겨서, 일 년에 단 한 번 *성전의 지성소에서 *대제사장만 부를 수 있었다. 경건한 유대인들은 성경을 읽을 때 '아도나이'(*Adonai*) 곧 '주'라는 말로 대체하여 말하곤 했는데, YHWH의 자음에 '아도나이'의 모음을 붙이는 용법으로 표기하여, 결국 '여호와'(Jehovah)라는 단어가 생겼다. YHWH라는 단어는 히브리어 동사 '하야'(*byh*, to be)로부터 형성되었는데, '나는 나다'(I am who I am), '나는 나일 것이다'(I will be who I will be), 또한 아마도 '나는 나이기 때문에 나다'(I am because I am)라는 의미이며 야웨의 주권적이고 창조적인 능력을 강조한다.

언약 covenant

유대교 신앙의 핵심에는, 온 세계를 만드신 한 분 하나님 *야웨께서 아브라함과 그 가족을 부르셔서 특별한 방식으로 하나님께 속하라고 하셨다는 확신이 있다. 하나님이 아브라함과 그 가족에게 하신 약속과 그 결과로 그들에게 요구하신 사항은, 왕이 자기 백성과 맺는 협약이나 남편과 아내의 결혼 약속이라는 관점으로 이해되었다. 이러한 관계를 일반적으로 묘사하는 말이 바로 '언약'이었다. 그러므로 언약에는 약속뿐 아니라 율법도 포함될 수 있다. 이 언약은 시내 산에서 *토라를 받을 때는 물론, 약속의 땅으로 들어가기 전 신명기에서도 갱신되었으며, 또한 다윗에게서도(예를 들어, 시 89편) 더욱 주목할 만한 모습으로 갱신되었다. 예레미야 31장에서는, *유배의 징벌이 지나간 후에 하나님이 자기 백성을 용서하시고 더 친밀하게 자신과 결속시키시면서 '새 언약'을 맺으실 것이라고 약속했다. 예수님은 *하나님 나라 선포, 자신의 죽음과 *부활을 통하여 이 일이 실현될 것이라고 믿으셨다. 초기 그리스도인들은 예수님 안에서 마침내 그 약속이 성취되었다고 믿었으며, 다양한 방식으로 이러한 생각을 발전시켰다.

열두 제자 The Twelve **사도**를 보라.

영spirit **생명, 성령**을 보라.

영생eternal life **현 시대**를 보라.

영혼soul **생명**을 보라.

에세네파Essenes **사해 사본**을 보라.

오는 시대age to come **현 시대**를 보라.

오순절day of Pentecost
유월절과 무교절 50일 후에 오는 유대교의 주요 절기(레 23:9-14). 1세기 무렵에 이 절기는 시간 개념과 더 밀접한 연관이 있는데, 이스라엘이 이집트를 나오고 50일 후에 모세는 시내 산에 올라갔다가 *율법을 가지고 내려왔다. 초기 *제자들에게 성령이 강력하게 임하신 날은 예수님이 돌아가시고 부활하신 유월절로부터 50일이 지난 뒤였다(행 2장). 그날을 '교회 탄생일'로 부르든 아니든(어떤 사람들은 창세기 12장에서 아브라함이 부름받은 날이나, 혹은 마가복음 1장에서 처음 제자들이 부름받은 날을 그렇게 부를 것이다), 예수님의 추종자들이 그분의 *부활과 주 되심에 대해 사람들에게 말할 수 있는 능력과, 일상생활에서 그분의 구원의 *나라를 드러내는 능력을 발견한 날임은 확실하다.

요한John the Baptist **세례 요한**을 보라.

용서 forgiveness

예수님은 메시지와 사역에서 용서를 핵심 주제로 삼으셨다. 오래전부터 기다려 온 하나님의 '새 언약'(렘 31:31-34)을 자신이 시작한다고 주장하셨기 때문이다. 그 언약을 통해 우리는 마침내 죄를 용서받는다(마 26:28). 용서란 어떤 잘못이나 죄에 대해 하나님이(혹은 사람이) "괜찮아" 혹은 "나는 별로 마음 쓰지 않아"라고 말하는 것이 아니다. 용서의 핵심은 **괜찮지 않고**, 정말로 **마음 쓰이지만**, 그 행동 때문에 그 사람을 나쁘게 보지 않는다는 뜻이다. 즉, '관용'과는 다르다. 용서는 죄를 관용하는 게 아니라, 무엇이 잘못인지 분명하게 보되 그 행위를 한 사람을 대할 때는 그런 일이 일어나지 않은 것처럼 대하는 것이다. "거룩하고 의로우신 하나님이 어떻게 그러실 수 있지?"라는 질문에 초기 그리스도인들은 "예수님의 죽음을 통해서"라고 대답한다. 게다가 예수님은 서로를 그렇게 용서할 것을 자신을 따르는 자들에게 명령하셨다(마 6:12). 그렇게 하지 않는 것은 자신이 용서받는 통로를 닫아 버리는 것이다(마 18:21-35).

유배 exile

신명기(29-30장)에는, 이스라엘이 *야웨께 순종하지 않으면 야웨께서 자기 백성을 유배 보내시겠지만, 그 후에 그들이 회개하면 다시 돌아오게 하실 것이라는 경고가 나온다. 바빌로니아가 예루살렘을 약탈하고 그 백성을 포로로 끌어갔을 때, 예레미야와 같은 예언자들은 이를 그 예언의 성취로 해석했고, 나아가 유배 생활이 언제까지 지속될지에 대해서도 약속을 했다(렘 25:12과 29:10에 따르면 70년). 아니나 다를까, 주전 6세기 말에 포로들이 돌아오기 시작했다(스 1:1). 그러나 유배 이후의 시대는 대체로 실망스러웠다. 아직은 이스라엘 백성이 이방인에게 종살이를 했기 때문이다(느 9:36). 그러다가 시리아 제국의 핍박이 최고조에 이르렀을 때, 다니엘 9:2, 24에서는 70년이 아니라 70'이레' 곧 490년 동안 지속될 '진짜' 유배에 대해 말했다. 이사야와 예레미야 등의 예언은 물론 이방의 압제로부터 구속이 이루어지는 진짜

'유배로부터의 귀환'에 대한 갈망이 유대인의 많은 운동이 지닌 한결같은 특징이었으며, 예수님의 선포와 *회개의 촉구에서도 핵심 주제였다.

율법law 토라를 보라.

율법학자legal experts, lawyers 바리새인을 보라.

이방인Gentiles
유대인들은 세상을 유대인과 비유대인으로 나누었다. 비유대인에 해당하는 히브리어 '고임'(goyim)에는 가족 정체성(조상이 유대인이 아니라는)과 예배 정체성(한 분이신 참 하나님 *야웨가 아니라 우상을 예배하는) 두 가지 의미가 들어 있다. 많은 유대인이 이방인과 좋은 관계를 맺었고, 특히 유대인 디아스포라(팔레스타인을 떠나 흩어져 사는 유대인)가 더욱 그랬지만, 공식적으로는 타민족과의 결혼이나 친밀한 접촉을 금기시했다. 신약에서 '민족'(nations)을 말하는 그리스어 '에드네'(ethne)는 '고임'과 같은 의미를 담고 있다. 예수님을 믿는 이방인들이 *할례를 받지 않더라도 믿는 유대인들과 더불어 그리스도인 공동체 안에서 온전한 권리를 가진다는 주장을 펴는 것이 바울에게는 너무도 중요한 문제였다.

인자son of man
히브리어 혹은 아람어로 이 말은 그저 '사람' 혹은 '인간'을 뜻한다. 후기 유대교에서는 간혹 '나' 혹은 '나와 같은 자'를 뜻하는 말로 쓰이기도 했다. 신약에서 이 문구는 다니엘 7:13과 자주 연결이 되는데, 거기에 보면 '인자와 같은 이'가 고난의 기간을 거친 후 인정을 받고 하늘 구름을 타고 와서 '옛적부터 항상 계신 이에게' 나아가 왕의 권세를 얻는다고 되어 있다. 비록 다니엘 7장은 이 구절을 '지극히 높으신 이의 성도들'을 암시하는 것으로 해석하지만, 1세기 무렵에는 이것을 메시아에 대한 약속으로 이해하는 유대인들도 있었다.

예수님은 몇몇 핵심적인 말씀에서 이 구절을 나름대로 발전시키셨는데, 예수님 자신이 고난을 받고 나면 하나님이 예수님을 인정하실 것이고 예수님의 반대자들을 심판하실 것임을 믿으셨던 것으로 이해하는 것이 가장 적절할 것이다(예를 들어, 막 14:62). 따라서 예수님은 이 문구를 자신을 가리키는 은밀한 용어로 사용하실 수 있었으며, 그럼으로써 자신이 받을 고난, 정당성 인정, 그리고 하나님이 주신 권위를 암시할 수 있었다.

제사장priest, 대제사장high priest

모세의 형 아론이 이스라엘의 첫 번째 대제사장으로 임명되었으므로(출 28-29장), 이론상으로는 아론의 후손이 이스라엘의 제사장이었다. 아론이 속한 지파(레위)의 다른 사람들은 '레위인'으로서, 제사 이외의 의식과 관련된 일을 맡았다. 제사장은 나라 전역에 걸쳐 백성들 가운데 살면서 그 지역에서 가르치는 역할을 맡다가(레 10:11; 말 2:7), 자기 차례가 되면 예루살렘으로 가서 *성전 의식을 수행하였다(예를 들어, 눅 2:8).

다윗은 (조상이 아론인지 때로 의문시되는) 사독을 대제사장으로 임명했으며, 그후로 사독 가문이 예루살렘에서 상임 제사장직을 맡았는데, 아마도 이들이 *사두개인의 선조일 것이다. 쿰란의 *에세네파의 기원에 대해서는 그들이 스스로 정당한 대제사장이라고 믿었던 반체제 집단이었다는 일설이 있다.

재림second coming

하나님이 약속하신 대로 *하늘과 땅이 하나가 되고 창조 세계 전체가 회복될 때, 그 중심은 예수님이 될 것이고 예수님이 직접 자기 백성과 함께하시면서 마침내 이 세상을 온전히, 최종적으로 통치하실 것이다. 기독교는 *야웨께서 결국 자기 백성에게로 돌아와 심판하시고 구원하시리라는 고대 유대교의 희망을 계승하면서, 그 희망에 더 명확하게 초점을 맞춘다. 흔히 *승천을 예수님이 '가 버리셨다'는 관점으로 이해하기 때문에 이 마지막 순간도 그분이 '다시 오신다'는 관점으로 이해하며, 그래서 '재림'이라는 약칭이 생겼다. 그러나 사실 승천은 예수님이 보이지는 않지만 멀리 계신 것이 아니라 우리 가까이 함께 계신다는 것을 의미한다. 따라서 신약의 몇몇 핵심 본문이 저 멀리서 돌아오는 것과 같은 '귀환'이 아니라 그분의 '나타나심'에 대해 말하는 것은 당연하다(예를 들면, 골 3:4; 요일 3:2). 초기 그리스도인들은 이 '나타나심'을 기대했지만 흔히 (막 13장과 그 외 비슷한 본문들을 오독하여) 생각하는 것처럼 반드시 그 세대 안에 일어날 것이라고 보지 않고, 즉시 일어나든 지연되든 **어느 때든** 일어날 수 있다고 생각했다. 이것이 어떤 그리스도인들에게는 문제가 되었지만(벧후 3:3-10), 그 수가 많지는 않았다. 초기 그리스도인들에게 정말로 중요한 사건, 즉 예수님의 부활은 이미 일어났고, 그분의 마지막 '나타나심'은 이미 결정적으로 시작된 일을 완성할 뿐이기 때문이다.

제자disciple **사도**를 보라.

좋은 소식good news, **복음**gospel, **메시지**message, **말씀**word
옛 영어 단어 '복음'에 해당하는 '좋은 소식'이라는 개념은 주후 1세기 유대인들에게 크게 두 가지 의미로 통했다. 첫째, 좋은 소식이란 이사야서에 근거하여, *야웨께서 악에 대해 대망의 승리를 거두시고 자기 백성을 구출하셨다는 소식이다. 둘째, 로마 세계에서 좋은 소식은 황제의 즉위나 생일, 혹은 황제와 관련된 일을 뜻했다. 예수님과 바울의 경우 *하나님 나라가 침투한다는 선포는 예언의 성취인 동시에 현 세계의 지배자에 대한 도전이었기에, '복음'은 예수님 자신의 메시지와 예수님에 대한 사도들의 메시지 모두를 일컫는 중요한 약칭이 되었다. 바울은 이 메시지 자체를 하나님의 구원의 능력을 전하는 수단으로 보았다(롬 1:16; 살전 2:13).

네 권의 정경 '복음서'는 위에서 말한 두 가지 측면을 다 드러내면서 예수님의 이야기를 전한다(이와 달리 주후 2세기와 그 이후에 퍼진 위경 '복음서'들은 예수님이 이루신 일에서 성경적·유대교적 뿌리를 잘라내고, 이 세상의 지배자들과 맞서기보다는 사적인 영성을 주입하는 경향이 있었다). 이사야서에서는 이처럼 창조적이고 생명을 주는 좋은 소식을 하나님 자신의 능력 있는 말씀으로 보았기 때문에(40:8; 55:11), 초기 그리스도인들은 기독교의 기본 선언을 일컫는 또 다른 약칭으로 '말씀'이나 '메시지'라는 말을 사용할 수 있었다.

지옥 hell 게헨나를 보라.

출애굽 Exodus
출애굽기에 따르면, 출애굽은 이스라엘 백성이 이집트에서 종살이 한 지 오랜 세월이 흐른 후 모세의 지도 아래 일어난 사건이다. (창 15:13 이하를 보면, 이 사건은 하나님이 아브라함에게 약속하신 언약이었다.) 출애굽 사건은 이스라엘 백성과 이집트 왕 바로에게 이스라엘이 하나님의 특별한 자녀임을 여실히 보여 주었다(출 4:22). 이스라엘 백성은 출애굽 후 40년 동안 시내 광야를 떠돌며 구름 기둥과 불기둥으로 하나님의 인도를 받았다. 또한 광야 생활 초기에는 시내 산에서 *토라를 받았다. 모세가 죽은 후 여호수아의 지도 아래 그들은 마침내 요단강을 건너 약속의 땅 가나안으로 들어가 그 땅을 정복했다. 해마다 유월절을 비롯한 유대인의 다른 축일에 기념하는 이 사건을 통하여, 이스라엘 백성들은 자신들이 어떻게 해서 한 민족이 되었는지를 분명히 기억함은 물론, 창조자일 뿐 아니라 구속자이기도 하신 *야웨에 대한 *믿음의 형태와 내용을 갖게 되었다. 그들은 그후로 노예 생활을 할 때면, 특히 *유배 때는, 사실상 새로운 출애굽 사건이 될 구속을 또 다시 고대했다. 아마 과거의 어떤 사건도 주후 1세기 유대인들의 상상력을 그토록 지배하지는 못했을 것이다. 그들 가운데 초기 그리스도인들은, 예수님도 그러셨던 것처럼, 자신들에게 닥친 중요한 사건들을 해석하고 구체적으로 설명하기 위해 계속해서 출애굽 사건을 언급했으며, 특히 예수님의 죽음과 *부활에 대해서도 그랬다.

칭의 justified, justification
온 세계의 심판자로서의 지위에 입각하여, 인간의 보편적인 죄에도 불구하고 어떤 사람을 의롭다고 하시는 하나님의 선고를 말한다. 이러한 선고는 전 생애를 기초로 하여 마지막 날에 있겠지만(롬 2:1-16), 예수님의 성취를 기초로 하여 현재에 내려진다. 이는 예수님의 십자가를 통해 죄가 처리되었기 때문이다(롬 3:21-4:25). 이러한 현재적 칭의의 수단은 오직 *믿음뿐이다. 이는 무엇보다도 유대인이나 *이방인이나 하나같이 하나님이 아브라함에게 약속하신 가족의 완전한 구성원이라는 뜻이다(갈 3장; 롬 4장).

쿰란Qumran 사해 사본을 보라.

토라Torah, 율법law

좁게 보면, '토라'는 구약 성경의 처음 다섯 권, 곧 '모세오경' 혹은 '오경'으로 구성되어 있다. (토라에는 율법이 많이 들어 있지만, 내러티브도 많다.) 토라가 구약 성경 전체를 일컫는 말로도 사용될 수 있다. 엄밀히 말해서 구약은 '율법과 예언서, 성문서'로 구성되어 있긴 하지만 말이다. 더 넓은 의미로 보면, 토라는 기록된 것이건 구전된 것이건 계속 발전하는 유대교의 율법 전통 전체를 집대성한 것을 가리킨다. 구전 토라는 주후 200년경 *미쉬나로 처음 성문화되었으며, 주후 400년경에 성문화된 두 개의 탈무드 곧 바빌로니아 탈무드와 예루살렘 탈무드에 더 폭넓게 발전된 형태로 나타났다. 예수님과 바울 시대의 많은 유대인은 토라를 분명 하나님이 주신 것으로 여겨 때로는 토라 자체를 거의 신인 양 여겼다. 더러는(예를 들어, 집회서 24장) 토라를 '지혜'와 동일시하기도 했다. 토라가 말한 대로 행하는 것은 하나님의 호의를 얻는 수단이 아니라 감사를 표현하는 수단이자 유대인의 정체성을 드러내는 핵심 표지로 여겨졌다.

파루시아parousia

문자적으로는 '부재'의 반대인 '임재'를 뜻하며, 바울이 때때로 그런 의미로 사용한다(예를 들어, 빌 2:12). 파루시아는, 로마 세계에서 황제가 부속 도시나 식민지에 도착하는 의전을 나타낼 때 사용하던 단어였다. 비록 승천하신 주님이 교회에 '부재'하신 것은 아니지만, 주님이 '재림'과 함께 '나타나시면' (골 3:4; 요일 3:2), 그것은 사실상 황제가 오는 것과 같은 '도착'일 것이다. 바울은 고린도전서 15:23과 데살로니가전서 2:19 등에서 파루시아를 바로 그런 의미로 사용한다. *복음서에서는 마태복음 24장(3, 27, 39절)에서만 이 단어를 사용한다.

하나님 나라kingdom of God, 하늘 나라kingdom of heaven

여러 시편(예를 들어, 99:1)과 예언서(예를 들어, 단 6:26 이하)에서 찬양하는 바와 같이, 이스라엘의 하나님 *야웨의 왕권 혹은 그분의 주권적이고 구원하시는 통치로 이해하는 것이 가장 좋다. 야웨는 창조자 하나님이시기 때문에, 마침내 자신의 뜻대로 왕이 되신 다음에는, 당연히 세계를 바로잡으시고, 특히 이스라엘을 그 원수로부터 구출하실 것이다. '하나님 나라'와 이와 동등한 다양한 표현(예를 들어, '오직 하나님만이 왕이시다!')이 예수님의 시대에는 혁명적 표어가 되었다. 그러나 하나님 나라에 대한 이러한 기대는, 예수님의 하나님 나라 선포를 통하여 자신의 매우 다른 계획과 소명을 중심으로 새롭게 정의되었다. 예수님이 사람들에게 하나님 나라로 '들어오라'고 초대하신 것은, 예수님 자신과 예수님의 계획에 충성하라는 부름이었고, 이것이 바로 오랫동안 기다리던 하나님의 구원하시는 통치의 출발이었다. 예수님은 하나님 나라가 단번에 오는 것이 아니라 여러 단계에 걸쳐 온다고 보셨다. 곧, 예수님의 공생애라는 단계가 있고, 예수님의 죽음과 *부활이라는 단계가 있으며, 아직 미래의 완성이라는 단계가 남아 있다. 마태는 하나님 나라 대신에 '*하늘 나라'라는 형태를 선호했다. 이는 '하나님'보다는 '하늘'이라는 표현을 사용하는 유대인의 일반적 관행을 따른 것이다. 하늘 나라는 장소('하늘')가 아니라, 예수님과 예수님의 사역 안에서 그리고 그것을 통하여 하나님이 왕이 되신다는 것을 가리킨다. 바울은 예수님이 *메시아로서 이미 자신의 나라를 소유하고 계시며, 최종적으로 그 나라를 아버지께 넘겨드리기를 기다리신다고 말한다(고전 15:23-28; 참고. 엡 5:5).

하나님의 아들 son of God

원래는 이스라엘(출 4:22)과 다윗 가문의 왕(시 2:7)을 일컫는 호칭이었지만, 고대에는 천사와 같은 존재에 대해서도 사용되었다(창 6:2). 신약 시대에 이르러서는 이미 *메시아를 일컫는 호칭으로 쓰이고 있었는데, *사해 사본에서 그 예를 볼 수 있다. 이 표현이 사해 사본에서나 *복음서(예를 들어, 마 16:16)에서 예수님을 가리킬 때는, 나중에 부가된 '신성'의 의미는 없고 그저 '메시아'라는 뜻을 나타내거나 강화해 준다. 그러나 이미 바울 서신에서 하나님의 아들이란 표현은 '메시아'라는 본래 의미를 잃지 않으면서도 (이미 하나님과 동등하셨고, 하나님이 보내셔서 인간이 되시고 메시아가 되신 분이라는) 더 온전한 의미로 전환되는 것을 역력히 볼 수 있다(예를 들어, 갈 4:4).

하늘 heaven

'땅'이 우리가 알고 있는 공간과 시간과 물질의 세계인 반면, 하늘은 창조 질서에서 하나님 차원의 영역이다(창 1:1; 시 115:16; 마 6:9). 따라서 '하늘'은 때로 '하나님'을 대신 일컫는 공손한 표현으로 사용되기도 한다(예를 들어, 마태가 *'하늘 나라'라는 표현을 일반적으로 사용한 것처럼). 하늘은 평소 인간의 눈으로는 볼 수 없게 가려져 있다가도, 가끔씩 그 모습이나 비밀을 드러내어 하나님 차원의 영역에서는 일상으로 일어나는 일을 사람들에게 보여 주곤 한다(예를 들어, 왕하 6:17; 계 1, 4-5장). 따라서 신약에서는 하늘을 하나님의 백성이 죽은 다음에 가는 곳으로 보지 않는다. 이는 최후에 새 예루살렘이 하늘로부터 땅으로 내려와서 두 차원의 영역을 영원히 결합할 것이기 때문이다. '하늘 나라에 들어간다'는 말은 '죽어서 하늘 나라에 간다'는 뜻이 아니다. 이 땅에서 하늘의 기준과 목적에 따라서 살기로 방향을 잡는 사람들(주의 기도를 참조하라. "하늘에서와 같이 땅에서도", 마 6:10)에 지금 합류하는 것, 그리고 *오는 시대에도 그 무리에 속할 것으로 확신하는 사람이 되는 것을 뜻한다.

하늘 나라kingdom of heaven 하나님 나라를 보라.

할례circumcision

포피를 베어내는 것. 남자의 할례는 유대인의 정체성을 나타내는 주된 표시로서, 아브라함이 처음으로 받은 명령에 따랐고(창 17장), 여호수아가 강화시켰다(수 5:2-9). 다른 민족들 또한 남자아이에게 할례를 시행했는데, 예를 들어 이집트인들이 그랬다. 신명기(예를 들어, 30:6)에서부터 예레미야(예를 들어, 31:33)와 *사해 사본, 그리고 신약(예를 들어, 롬 2:29)에 이르는 사고의 흐름을 보면, 하나님이 정말로 원하시는 것은 '마음의 할례'였음을 알 수 있다. 사람들은 마음의 할례를 통해, 유대인 남자가 하나님의 백성임을 나타내는 외적인 표시를 내면화할 수 있다. 유대인이 주변 문화에 동화되던 시기에, 일부 유대인들은 할례의 표시를 제거하려고 했다(예를 들어, 마카베오상 1:11-15).

현 시대present age, 오는 시대age to come, 영생eternal life

예수님의 시대에 이르러 많은 유대교 사상가들은 역사를 '현 시대'와 '오는 시대'라는 두 시기로 나누었다. 오는 시대는 *야웨께서 악을 심판하시고, 이스라엘을 구출하시며, 정의와 평화의 새로운 세계를 만들기 위해 마침내 결정적으로 행동하시는 때를 말했다. 초기 그리스도인들은, 비록 오는 시대의 완전한 복은 여전히 미래에 있겠지만, 예수님과 함께, 특히 예수님의 죽음 및 *부활과 함께 이미 그 시대가 시작되었으며, *믿음과 *세례를 통하여 이미 그 안으로 들어갈 수 있다고 믿었다. '영생'은 단순히 '끝없이 존재하는 것'이 아니라 '오는 시대의 생명'을 의미한다.

헤롯당(원)Herodians

헤롯 대왕은 주전 37년에서부터 4년까지 유대 지방을 통치했는데, 그가 죽은 후 그 영토는 아켈라오, 헤롯 안티파스(복음서에 나오는 헤롯), 빌립이 분할 통치했다. 헤롯당은 안티파스가 유대인의 참 왕이라는 주장을 지지했다. *바리새인들은 보통 그런 주장을 받아들이지 않았지만, (예를 들어, 막 3:6에서처럼 예수님이라는) 공통의 위협 앞에서는 헤롯당과 손을 잡기도 했다.

회개 repentance

문자적으로는 '돌아서는 것'을 의미한다. 회개는 구약과 이후의 유대교 문헌에 널리 나오는 개념인데, 개인적으로 죄에서 돌아서는 것은 물론 이스라엘이 집단적으로 우상숭배에서 *야웨께로 돌아오는 것을 가리켰다. 이 두 가지 의미를 통해, 회개는 '*유배로부터 돌아옴'이라는 개념과 연관이 된다. 따라서 이스라엘이 온전하게 '돌아오려면', 야웨께로 '돌아와야' 한다. 이것이 바로 *세례 요한과 예수님이 촉구하는 핵심이다. 바울 서신에서, 회개는 *이방인들이 우상으로부터 돌아서서 참 하나님을 섬기는 것을 의미하는 말로 대개 사용되었다. 물론 예수님께 돌아와야 하는 범죄한 그리스도인들에 대해서도 사용되었다.

회심 conversion

회심이란 가던 길과 반대 방향으로 가기 위해 '돌아서는 것'을 의미한다. 기독교 용어에서는 자기 뜻대로 인생길을 가다가 하나님이 돌아서게 하셔서 하나님의 길을 따르는 것을 의미한다. (자신은 하나님의 길이라고 생각했지만 아닌 경우도 마찬가지다.) 신학자들은 '회심'으로 정확히 어떤 일이 일어나는지, 그것이 '중생'(요한복음 3장에 나오는 '거듭남') 그리고 '칭의'(이 사람은 자신과 '바른' 관계를 맺고 있다고 하나님이 선언하시는 것)와 어떻게 결부되는지를 분석했다. 중요한 강조점은, 회심이란 하나님이 한 사람의 인생에 하시는 일이며, 하나님의 *성령으로 그 사람이 완전히 변화된다는 것이다. 다소의 사울(즉, 성 바울)처럼 회심은 갑작스럽고 극적으로 일어나기도 하고, 사도행전 16장의 리디아처럼 조용하고 잔잔하게 일어나기도 하지만, 그 결과는 동일하다.

희년 jubilee

고대 이스라엘은 50년마다 '희년'을 지키라는 명령을 받았다. (일곱 번째 '안식년' 후에 오는 해가 희년이 된다.) 레위기 25장에 기본 규칙이 실려 있는데, 후기의 교사들이 그 규칙을 확장했다. 희년이 되면 땅은 원래 소유자나 그 상속자에게 돌려주어야 하고, 빚 때문에 종이 된 동료 유대인은 다 풀어 주어야 했다. 희년에는 씨를 뿌리거나 수확하거나 추수하지 않아야 했다. 요컨대 땅은 *야웨의 것이고, 이스라엘은 땅을 개인 소유가 아니라 위탁받은 것으로 보아야 했기 때문이다. 사람들은 레위기에서 명령하는 대로 희년의 원칙을 그렇게 철저하게 실천한 적이 있는지 논쟁했지만, 희년 정신에 깔려 있는 빚 탕감의 약속은 이사야도 말했고(61:1-2), 결정적으로 예수님이 말씀하셨다(눅 4:16-21). 첫 그리스도인들이 재산을 공유하고 가난한 사람들에 그것을 나누어 준 행위 이면에는 이런 희년 정신이 깔려 있었을 것이다(행 4:32-35 등).

희생, 희생 제사 sacrifice

이스라엘 백성은 모든 고대인처럼 하나님께 동물과 식물을 희생 제물로 바쳤다. 그러나 다른 민족들과 달리 이스라엘은 무엇을 어떻게 바쳐야 하는지에 대해 (주로 레위기에) 매우 상세히 기록된 규정을 갖고 있었는데, 이는 이후에 *미쉬나(주후 200년경)에서 더욱 발전되었다. 구약에서는 예루살렘 *성전에서만 희생 제사를 드릴 수 있다고 정했다. 따라서 주후 70년에 예루살렘 성전이 무너진 후로는 희생 제사가 중단되었고, 유대교에서는 희생 제사의 대안적 형태로 기도와 금식과 구제라는 개념을 더욱 발전시켰다. 이런 것들은 물론 일부 가르침 속에 이미 존재하던 것들이다. 초기 그리스도인들은 거룩함, 전도, *성찬 등을 말할 때 희생 제사의 개념을 사용했다.

옮긴이 이철민은 연세대학교 영어영문학과를 졸업하고, 장로회신학대학원에서 신학을 공부했다(M.Div., Th.M.). IVF 학사사역부 간사를 역임했으며 수원형제교회 대표목사로 섬기고 있다. 『모든 사람을 위한 누가복음』 『모든 사람을 위한 요한복음』 『모든 사람을 위한 고린도전서』 『모든 사람을 위한 고린도후서』 『모든 사람을 위한 갈라디아서·데살로니가전후서』 『모든 사람을 위한 히브리서』 『모든 사람을 위한 공동서신』(공역) 『모든 사람을 위한 요한계시록』(이상 IVP) 등을 우리말로 옮겼다.

모든 사람을 위한 요한계시록

초판 발행_ 2015년 12월 16일
개정판 발행_ 2019년 12월 18일

지은이_ 톰 라이트
옮긴이_ 이철민
펴낸이_ 신현기

펴낸곳_ 한국기독학생회출판부
등록번호_ 제313-2001-198호(1978.6.1)
주소_ 04031 서울 마포구 동교로 156-10
대표 전화_ (02)337-2257 팩스_ (02)337-2258
영업 전화_ (02)338-2282 팩스_ 080-915-1515
홈페이지_ http://www.ivp.co.kr 이메일_ ivp@ivp.co.kr
ISBN 978-89-328-1691-3
ISBN 978-89-328-1160-4(세트)

ⓒ 한국기독학생회출판부 2015, 2019

책값은 뒤표지에 있습니다.
무단 전재와 복제를 금합니다.